길 시리즈 두 번째

불교에 들어서는 길

태호 정창영 편저

을지출판공사

서 문

    나지막한 산봉우리를 오르는 길도 동서 남북을 비롯하여 여러 갈래의 길이 있는데, 정작 인생과 우주의 실상(實相)인 진리에 들어가는 길은 곧은 길, 굽은 길, 작은 길 등 이루 헤아릴 수 없이 많은 것이다.
    그런데, 그러한 많은 길 가운데, 가장 보편적이고 궁극적이며 영생 해탈의 탄탄 대로가 불교임을 허심 탄회한, 진지한 구도자라면 어느 누구도 부인하지 못할 것이다.
    그러나 이와 같이 왕양무애(汪洋無涯)한 불법(佛法)의 바다에 들어가려 할 때 그 핵심을 제시하는 길잡이가 없으면, 사뭇 불안하고 바쁘기만 한 현대인들은 들어가기도 전에 아예 멀미부터 하는 이도 있고, 더러는 어느 한 가닥만을 국집하여, 가뜩이나 혼란한 현대 생활을 더욱 우울하게 만드는 경우가 허다한 것이다.
    그렇다고 광대 무변하고 심오한 불법의 전모(全貌)를 요령있게 정리하여 수행의 지침을 교시하는 작업은 그 지혜와 노력과 용기가 출중한

이가 아니면 감히 엄두도 낼 수가 없는 일이다.

그런데, 이번에 다행하게도 오랜 세월을 두고 불법의 연찬(研鑽)과 포교의 경륜을 쌓아온 태호 청원(泰昊 靑原) 사주(師主)가 시의(時宜) 적절하게 '불교에 들어서는 길'을 편저하게 되어 충심으로 경하하여 마지 않는다.

그 내용을 살펴보건대, 석존 일대기의 간결한 소개와 아울러 불법의 대요(大要)를 평이하게 요약했으며, 특히 승가 생활의 기본 상식을 극명(克明)하게 해설한 점에 이르러서는, 다른 서적에서는 찾아보기 어려운 귀중한 저작임을 감명깊게 생각했다.

가치관이 전도(顚倒)되고 도덕적으로 타락한 현대적 상황에서 인생의 지혜를 얻으려는 이들이 불교에 입문하려 할 때, 이 '불교에 들어서는 길'을 정독한다면, 깊고 넓고, 밝으며 영원히 행복한 해탈의 길로 환희 용약하며 들어서게 될 줄 믿어 의심치 않는다.

불기 2531년 정묘 4월 하랍일(夏臘日)

동리산 태안사에서

석 청 화 합장

차   례

서   문·······················동리산 태안사 청화 큰스님·3

제1편   절을 찾아서

제1장 절이란 어떤 곳인가 ······························ 23

1. 절의 뜻과 유래································· 23
   (1) 절의 뜻·23   (2) 최초의 절-죽림정사(竹林精舍)·24
2. 절은 인생의 귀의처(歸依處) ······························ 25
3. 절은 삼보(三寶)를 모신 곳 ······························ 26

제2장 절은 무엇하는 곳인가 ······························ 28

1. 진리를 배우고 바른길을 찾는 곳······························ 28
   (1) 참된 삶의 길을 찾는 곳·28   (2) 진리(眞理)를 배우는 곳·29
   (3) 바른길을 닦아가는 곳·29
2. 참회하고 기도하고 염불하는 곳······························ 31
   (1) 참회(懺悔)하는 곳·31   (2) 기도(祈禱)하는 곳·32
   (3) 염불(念佛)하는 곳·33
3. 공양 올리고 발원하는 곳 ······························ 34
   (1) 불공(佛供)…삼보 공양(三寶供養)·34 (2) 삼종 공양(三種供養)·34
   (3) 중생 공양이 제불 공양·35   (4) 천도·시식(薦度·施食)·36

제3장 절에 가려면은 ······ 38

1. 절에 가는 좋은 날 ······ 38
    (1) 불교의 명절 날 · 38 　　　　(2) 법회가 있는 날 · 40
    (3) 평상시 자기 마음에 우러나는 날이면 좋은 날 · 40
2. 미리 준비해야 할 것 ······ 41
    (1) 마음의 준비 · 41 　　　　　(2) 단정한 몸가짐의 준비 · 42
    (3) 공양물(供養物)의 준비 · 42 　(4) 목적 행사에는 사전 협의 · 43
3. 알아두어야 할 인사법 ······ 43
    (1) 합장(合掌)하는 인사 · 44 　(2) 큰절-오체 투지(五體投地) · 45

제4장 절에서의 예절 ······ 47

1. 절에 들어서면서 ······ 47
    (1) 단정한 옷차림과 공손한 행동 · 48
    (2) 사원(寺院)에서의 질서를 지켜줄 일이다 · 48
    (3) 만나는 스님마다 합장하여 인사한다 · 49
    (4) 볼일에 따라 안내를 받아야 한다 · 49
2. 법당(法堂) 출입하는 법 ······ 50
    (1) 법당 출입은 가운데 문을 피해야 한다 · 50　(2) 법당에 들어서서 · 50
    (3) 큰 절 · 51 　　　　　　　　(4) 법당을 나서며 · 51
3. 불공 드릴 때 ······ 52
    (1) 근본은 정성이 깃들어야 한다 · 53
    (2) 공양물은 청정하고 후덕하게 한다 · 53
    (3) 공양을 올릴 때 정중하고 조심스레 올린다 · 54
    (4) 의식(儀式) 중엔 법대로 해야 한다 · 54
4. 법회에서 설법을 들을 때 ······ 55
    (1) 몸과 마음을 단정히 · 55 　　(2) 늦게 참석했을 때 · 56
5. 스님을 대할 때의 예절 ······ 57
    (1) 스님을 부를 때 · 57 　(2) 스님에게 예배할 때와 하지 않을 때 · 58

6. 공양(식사)할 때의 예절 ··· 59
  (1) 발우공양 · 59   (2) 다섯 가지 생각 · 59
  (3) 음식은 소중하게 · 60   (4) 일체 만물에 은혜와 감사를 · 61

제2편 위대한 성인 부처님의 일생

제1장 부처님께서 이 세상에 오실 때까지 ················· 65

1. 연꽃을 부처님께 공양한 청년 ······································ 65
   (1) 선혜 행자의 발원 · 65   (2) 선혜 행자와 구리 선녀 · 66
   (3) 부처님의 수기를 받다 · 67
2. 몸을 바쳐 도(道)를 얻으려는 설산 동자의 구도심(求道心) ·· 68
   (1) 구도자 설산 동자로 · 68   (2) 법을 얻으려 몸을 버리다 · 69
   (3) 제석천이 받들고 도솔천으로 · 71
3. 도솔천(兜率天)의 호명(護明)보살 세상을 살피시다 ·········· 71
   (1) 호명 보살로 도솔천에서 교화 · 71
   (2) 호명 보살 행원을 다시 다지다 · 72
   (3) 호명 보살 세상을 살피시다 · 73

제2장 룸비니 동산에서 탄생하심 ························· 75

1. 크나큰 광명이 이 땅 위로ᆢᆢᆢᆢᆢᆢᆢᆢᆢᆢᆢᆢᆢᆢᆢᆢᆢᆢᆢᆢᆢᆢᆢᆢᆢᆢᆢ 75
   (1) 호명 보살이 석가족으로 · 75   (2) 마야 부인을 어머니로 · 76
   (3) 룸비니 동산에서 왕자로 탄생 · 76 (4) 부처님 강생을 찬양 · 77
2. 싯달타(悉達多) 태자로서 ··· 78
   (1) 아시타 선인 왕자를 만나다 · 78 (2) 출가하면 부처님 되리라고 예언 · 79
   (3) 싯달타(悉達多), 태자가 되다 · 80

3. 어머니를 잃고도 훌륭히 자라다 ················· 81
　　(1) 성인의 삶과 목숨을 바꾼 마야 부인 · 81
　　(2) 양모가 태자를 양육하다 · 82　　(3) 온갖 학문과 무예를 익히다 · 82

제3장 인생에 대한 고뇌와 명상 ···················· 84

1. 약육강식(弱肉强食)의 충격을 받고 ················ 84
　　(1) 태자 춘경제에 참석 · 84　　(2) 약육강식의 충격 · 85
　　(3) 고뇌와 명상 · 86
2. 온갖 향락도 부질없는 일 ······················ 86
　　(1) 호화로운 궁전에서도 고뇌는 깊어 · 86　　(2) 결혼을 시키다 · 87
　　(3) 태자궁에 더 많은 궁녀를 두다 · 88　(4) 호사스런 생활 속의 허전함 · 88
3. 세상을 돌아보며 생로병사의 장벽에 서서 ············ 89
　　(1) 늙음은 면할 수 없구나 · 89　　(2) 병도 면할 수 없구나 · 90
　　(3) 죽음도 면할 수 없구나 · 90　　(4) 수행자를 만난 태자 · 91
　　(5) 출가 수도의 길. 마음 굳어져 · 92

제4장 새로운 출발 ····························· 93

1. 세상에서 이루지 못하는 소원 ··················· 93
　　(1) 향락과 탄식 · 93　　(2) 왕과 태자의 소원 · 94
2. 마지막 장애(障碍)를 지나 ····················· 96
　　(1) 아들 라훌라의 태어남 · 96　　(2) 부왕의 원을 이루어줌 · 97
3. 드디어 성을 벗어나다 ······················· 98
　　(1) 도를 구하는 사문의 모습으로 · 98　　(2) 마라의 유혹을 물리치고 · 99

제5장 깨달음을 위한 고행과 수행 ················· 101

1. 홀로 가는 수행자의 길…선인들을 찾아서 ············ 101
　　(1) 고행으로 천상에 가려는 바가바 선인 · 101

(2) 일체식처(一切識處)를 넘어 무소유처를 얻다 · 103
　　　(3) 비상비비상처(非想非非想處)를 얻다 · 103
　2. 불토전의 결의…빔비사라왕의 권유를 물리침 ············· 104
　　　(1) 왕사성에서 걸식 · 104　　　(2) 왕위 자리를 사양하다 · 105
　　　(3) 모든 유혹을 물리치고 불퇴전의 자리에 · 106
　3. 가야산(伽倻山)의 6년 고행 ····························· 107
　　　(1) 혼자 힘으로 깨닫고자 결심 · 107
　　　(2) 육신을 항복받고 최고의 깨침을 성취코자 · 108
　　　(3) 6년 간의 처절한 고행 · 109
　4. 고행(苦行)을 버리고 수쟈타의 공양을 받음 ················ 109
　　　(1) 고행주의, 생사문제 해결 못해 · 109 (2) 고행만으로 할 수 없는 일 · 110
　　　(3) 몸을 씻고 유미죽 공양을 받다 · 111

제6장 어둠을 떨치고 광명으로 ······················· 113

　1. 보리수(菩提樹) 아래에서 마군이와 싸움 ··················· 113
　　　(1) 붇다가야의 보리수 아래에서 다짐 · 113
　　　(2) 마군이의 위협과 마녀들의 유혹 · 115　 (3) 마왕이 직접 나서다 · 116
　2. 드디어 부처님이 되시다 ································ 117
　　　(1) 여덟 가지 마군과 병력 · 117　　(2) 피나는 고투 · 117
　　　(3) 마왕의 항복 · 118　　(4) 사선정에 들어 삼명육통을 얻다 · 119
　　　(5) 찬란한 광명 속에 부처님이 되시다 · 120

제7장 깨달은 진리를 널리 펴심 ····················· 122

　1. 감로의 문이 열리다…범천(梵天)의 삼청(三請) ············ 122
　　　(1) 중생의 근기를 살피심 · 122　　(2) 범천왕의 삼청 · 123
　　　(3) 설법하실 것을 결심 · 124
　2. 인연이 없는 중생(無緣衆生)은 제도를 못 받는다 ·········· 125
　　　(1) 인연 있는 사람들을 생각하시다 · 125　 (2) 인연 없는 중생 · 126

3. 녹야원에서 처음으로 법문을 펴심(初轉法輪) ················ 127
　　(1) 부처님을 맞이하다 · 127　　　(2) 부처님의 위신력에 굴복 · 128
4. 최초의 다섯 제자(五比丘) ······························ 129
　　(1) 중도(中道)의 법문 · 129　　　(2) 중도는 팔정도요, 사성제다 · 130
　　(3) 녹야원에서 최초로 다섯 제자가 득도 · 130
5. 야사의 출가와 최초의 우바새 ··························· 132
　　(1) 야사(耶舍)의 괴로움 · 132　　(2) 야사의 귀의 · 133
　　(3) 최초의 남자 신도(우바새) · 134
6. 최초의 청신녀(淸信女), 늘어가는 제자 ··················· 135
　　(1) 장자 거사 집에서 설법 · 135　(2) 최초의 여자 신도(우바이) · 136
　　(3) 60인의 제자가 득도하다 · 136
7. 포교할 것을 말씀하심 ································· 137
　　(1) 제자들에게 포교의 사명을 내리시다 · 137
　　(2) 부처님도 포교하러 나서시다 · 138
8. 배화교를 믿는 교주와 제자 1천 명을 교화 ················ 139
　　(1) 자기 자신을 찾는 법 · 139　　(2) 가섭 삼 형제 · 140
　　(3) 세 가섭과 제자 1천 명을 교화 · 141
9. 마가다국의 빔비사라왕과 백성들의 교화 ··················142
　　(1) 마가다의 서울 왕사성으로 가시다 · 142
　　(2) 마가다국 백성들과 빔비사라왕의 귀의 · 143
10. 최초의 절〔寺〕 죽림정사(竹林精舍) 헌납 ··············· 144
　　(1) 빔비사라왕의 발원 · 144　　　(2) 보시에 대한 설법 · 145
　　(3) 최초의 절 죽림정사 · 145
11. 사리불(舍利弗)과 목건련(目犍連)의 귀의 ··············· 146
　　(1) 우파싯쟈와 쿠리타 출가 · 146　(2) 아수바짓과 우파싯쟈의 만남 · 147
　　(3) 우파싯쟈, 법의 눈을 얻다 · 148 (4) 우파싯쟈, 구리타 도를 얻다 · 149
12. 마하가섭의 출가 ····································· 150
　　(1) 사람들의 걱정과 비난 · 150　 (2) 비난의 소리 없어지다 · 150
　　(3) 가섭에게 십이두타행(十二頭陀行)을 가르치심 · 151
　　(4) 가섭 부부, 부처님의 제자되다 · 152

13. 스승과 제자는 서로 애경(愛敬)하라 ···················· 153
   (1) 비구들에게 스승을 정하도록 하다·153 (2) 스승과 제자의 할 일·154
   (3) 일백삼갈마법(一白三羯磨法)·154   (4) 우안거(雨安居)·155
14. 수닷타 장자와 기원정사(祇園精舍) ······················156
   (1) 부처님의 위덕이 널리 알려지다·156
   (2) 수닷타 장자의 부처님에 대한 존경심·156 (3) 기타 태자와 수닷타·157
   (4) 기수급고독원(祇樹給孤獨園)·158   (5) 평등심의 보시·158
15. 코살라국 파사닉왕의 귀의 ····························· 159
   (1) 외아들을 잃은 바라문·159   (2) 파사닉왕과 말리왕후·160
   (3) 사랑이 날 때 근심 걱정도 난다·161   (4) 파사닉왕의 교화·162
16. 고향 가비라국의 교화 ······························· 163
   (1) 정반왕의 사신들 부처님 제자가 되다·163
   (2) 가루다이, 부처님께 고향에 갈 것을 청함·164
   (3) 부처님 고향, 가비라성으로·164 (4) 난타왕자 출가 제자가 되다·165
17. 아내 야소다라와 아들 라후라 ························· 165
   (1) 부처님과 야소다라와의 만남·165 (2) 부처님, 아들 라후라를 만나다·166
18. 왕자들의 출가와 함께 이발사도 ························ 168
   (1) 한 가정에 한 사람 출가 결정·168   (2) 아나율의 출가·169
   (3) 일곱 왕자들과 이발사의 출가·170
19. 오백 여인의 출가 ·································· 171
   (1) 여인의 출가 거절·171   (2) 마하파사파제의 간청·171
   (3) 여덟 가지 중한계를 서약·172   (4) 최초의 비구니·173
20. 다른 교도(外道)들의 모함 ··························· 174
   (1) 고타마를 유혹하라·174   (2) 거짓 임신으로 부처님을 모함·175
   (3) 살인 누명을 씌우다·175
21. 나도 밭 갈고 씨 뿌린 다음 먹는다 ······················ 177
   (1) 밭을 갈고 씨 뿌린 다음 먹으십시오·177
   (2) 감로의 과보를 주는 농사·178
22. 살인자 앙굴리마라를 교화 ··························· 179
   (1) 백 사람의 손가락 목걸이·179

(2) 나는 멈췄는데 너는 멈추지 못하는구나 · 180
(3) 살인자를 교화, 출가시키다 · 181

23. 모든 생명을 내 생명처럼 소중히 하라 ············ 182
(1) 자신보다 소중한 것 없다 · 182
(2) 다른 사람에게도 자신이 소중한 것 · 182

24. 부처는 폭력에 의해 죽지 않는다 ················ 183
(1) 신통력만을 위한 데바닷다 · 183 (2) 데바닷다의 반역과 관무량수경 · 184
(3) 화합 승단을 깨뜨리려 하다 · 185
(4) 술에 취한 코끼리로 부처님을 해치려 하다 · 186
(5) 불길 속에서 참회심 일으켜 · 187

25. 업력(業力) 따라 석가족의 멸망 ················· 188
(1) 비두다바왕 가비라성 공격 · 188 (2) 업의 과보는 피할 수 없는 일 · 189

26. 폭군 아사세왕의 감화 ························ 190
(1) 현재 얻는 과보 · 190   (2) 허물을 뉘우치면 편안함을 얻는다 · 191
(3) 일곱 가지 소멸하지 않는 법 · 192   (4) 일곱 가지 불퇴법 · 193

27. 끝없는 교화(敎化) ·························· 194
(1) 간지스강 양쪽에서 히말라야 산맥까지 · 194 (2) 재가 신도의 교화 · 194
(3) 출가 제자들 · 195   (4) 계(戒)·정(定)·혜(慧) 삼학을 닦아라 · 195
(5) 파탈리푸트라에서 간지스강을 뛰어 건너다 · 196
(6) 암바팔리 동산을 기증하고 출가하다 · 197

제8장 영원한 본 생명으로 ················· 198

1. 열반의 예언…내 육신은 낡은 수레같으니 ··········· 198
(1) 부처님 병환이 나시다 · 198 (2) 자신과 법을 등불로 삼고 귀의하라 · 199
(3) 부처님 세 번이나 상(相)을 나타내시다 · 200
(4) 부처님, 열반을 예언하시다 · 200   (5) 인연 따라 떠나는 것이다 · 201

2. 열반의 준비…마지막 공양 ···················· 202
(1) 사리불과 목건련이 먼저 입멸 · 202   (2) 춘다의 최후 공양 · 203
(3) 춘다를 제도하시다 · 204   (4) 풋쿠사의 귀의 · 205

(5) 부처님 대광명이 다시 솟아오르다 · 206
3. 열반의 자리, 쿠시나가라로 ························· 206
   (1) 사라 쌍수 아래 자리를 펴시다 · 206
   (2) 황폐한 땅 쿠시나가라를 위하여 · 207　(3) 장례는 재가 신도들이 · 208
   (4) 쿠시나가라 백성들에게 무상설법으로 이롭게 하시다 · 208
4. 마지막까지 제자를 거두시다 ······················· 209
   (1) 120세 바라문 수밧다를 받아주시다 · 209　(2) 아난다에게도 가르침을 · 210
5. 부처님의 유교(遺敎) ····························· 211
6. 부처님의 대열반 ································ 214
   (1) 선정에 들어, 반열반하시다 · 214　　(2) 장례, 다비(茶毘) 준비 · 214
   (3) 대가섭이 돌아오니 저절로 다비가 되다 · 215
   (4) 부처님 사리를 여덟 나라에 나누어 탑에 모시다 · 215

제3편　부처님의 가르침

제1장 불교(佛敎)란 무엇인가 ······················ 219

1. 불교란 말의 뜻 ································· 219
   (1) 그 뜻이 심오하고 차원이 높아 · 219
   (2) 깨달으신 부처님을 교주로 받들고 믿는 종교 · 220
   (3) 모든 사람이 깨달음을 얻도록 가르치는 종교 · 220
2. 깨달음의 종교 ·································· 221
   (1) 무상정등정각(無上正等正覺) · 221
   (2) 우주와 인간의 모든 근본 진리를 완전히 깨친 깨달음 · 221
3. 불교에서 믿고 의지하는 것 ······················· 222
   (1) 부처님을 믿고 의지 · 222　(2) 부처님의 가르침을 믿고 의지 · 222
   (3) 스님들을 믿고 의지 · 223

4. 불교의 기본 입장·· 223
    (1) 깨달음의 종교 · 223   (2) 세상의 견해 삼종외도설(三種外道說) · 224
    (3) 삼종외도설은 진리가 아니다 · 225   (4) 불교의 기본 입장 · 226

제2장 이 세상을 어떻게 보나 ····························· 227

1. 인식(認識) 가능한 현실 세계로부터························ 227
    (1) 수없는 방편 시설(方便施設) · 227 (2) 현실 세계에서 중심은 인간 · 228
    (3) 현실 세계의 모든 것은 12처(處) · 229   (4) 법(法)과 의지(意志) · 230
2. 모든 존재의 분석적 고찰 ····································· 230
    (1) 육식(六識)의 발생과 18계(界)의 성립 · 230
    (2) 모든 물질의 요소-사대(四大) · 231
    (3) 모든 것은 다섯 가지 쌓임-오온(五蘊)으로 이루어졌다 · 232
3. 현실 세계의 속성(屬性)과 실상(實相)······················ 235
    (1) 일체는 무상(一切無常)이다 · 235
    (2) 일체는 괴로움(일체개고 一切皆苦) · 236
    (3) 모든 것은 실체가 없다(제법무아 諸法無我) · 238
    (4) 진리의 판단 기준 법인(法印)에 대하여 · 242

제3장 깨달은 진리 ·· 243

1. 모든 존재의 법칙·· 243
    (1) 인과율(因果律) · 244   (2) 인연화합(因緣和合) · 244
2. 연기(緣起)의 진리··· 246
    (1) 존재와 존재 사이 · 246   (2) 존재는 결과인 동시에 원인 · 247
3. 십이연기(十二緣起) ··· 248
    (1) 생과 사의 현상을 풀어주는 것 · 248   (2) 역관과 순관 · 249
    (3) 죽음이 있게 되는 형성 과정 · 250   (4) 유전문 · 환멸문 · 251
4. 십이연기(十二緣起)의 깊은 뜻································ 252

(1) 종교적 사색이 도달한 최고 성과 · 252
  (2) 연기법은 상주(常住)요, 법주(法住)요, 법계(法界)니라 · 252
  (3) 모든 법은 연기법에 · 253   (4) 연기법은 심심(甚深)한 것 · 254
  (5) 연기론, 실상론 · 254

5. 연기(緣起)는 곧 중도(中道) ·· 255
  (1) 두 극단을 떠나며 종합하는 중도론 · 255   (2) 무아 · 망아 · 256
  (3) 이 세상 모든 것은 중도(中道) · 257   (4) 거문고 줄에 비유 · 258
  (5) 연기(緣起)는 중도(中道) · 258

제4장 해탈(解脫)의 수행도(修行道) ····················· 260

1. 아는 것과 실천(解와 行) ·· 260
  (1) 이론과 실천 · 260   (2) 받들어 행하라 · 261
  (3) 알고 행하면 도를 얻으리라 · 261
2. 업보(業報)를 알아 악업(惡業)을 타파하는 일 ··············· 262
  (1) 업인 · 과보 · 262   (2) 업에는 틀림없이 과보가 따른다 · 263
  (3) 열 가지 악업과 삼독(三毒) · 263   (4) 열 가지 선업(十善業) · 264
3. 현실에 나타나지 않는 업보의 인식(三世業報說) ············· 265
  (1) 유신론, 운명론, 우연론에서의 인간 · 265
  (2) 삼세인과업보설(三世因果業報說) · 266
  (3) 육도윤회설(六道輪廻說)은 해탈케 하려는 가르침 · 267
4. 괴로움을 벗어나는 길 ·· 268
  (1) 모든 교설은 사성제(四聖諦)에 집약 · 268   (2) 고성제(苦聖諦) · 268
  (3) 집성제(集聖諦) · 269   (4) 멸성제 · 270   (5) 도성제(道聖諦) · 270
5. 괴로움의 멸에 이르는 길 ·· 271
  (1) 팔정도(八正道) · 271   (2) 정견(正見)과 정정(正定) · 272
6. 기본적인 수행법 ·· 274
  (1) 삼학(三學) · 274   (2) 삼학에 대한 부처님 말씀 · 275
  (3) 오정심관(五停心觀) · 276   (4) 삼십칠도품(三十七道品) · 276

제5장 궁극의 목표 · 279

1. 수행 결과 나타나는 네 단계 · 279
   (1) 사향사과(四向四果) · 280   (2) 정견(正見)이 가장 기본 · 281
   (3) 마지막에는 어리석음을 없애는 것 · 281
2. 해탈과 열반 · 282
   (1) 삼독심(三毒心)이 영원히 다한 것이 열반 · 282
   (2) 해탈(解脫) · 283   (3) 열반은 모든 생사 고뇌의 해탈 · 284
3. 완전한 열반은 현재의 법에서 얻음 · 285
   (1) 불교는 소극적도, 염세주의도 아니다 · 285
   (2) 악, 삼독, 무명을 선, 정견, 광명으로 돌리는 것 · 286
   (3) 완전한 열반은 현재의 법에서 생사 해탈 · 286
   (4) 열반은 상(常) · 락(樂) · 아(我) · 정(淨) · 287

제6장 지혜의 완성 · 289

1. 모든 법은 다 공(空) · 289
   (1) 근본 불교적인 아함부 · 289 (2) 전문적이고 출가 위주적인 불교로 · 290
   (3) 불타 근본 사상의 재조명 · 290   (4) 모든 법은 다 자성이 빈 법 · 291
2. 공의 참뜻 · 292
   (1) 큰 지혜로 저 언덕에 이르는 중심된 경 · 292
   (2) 조견오온개공(照見五蘊皆空)은 주제 · 292
   (3) 모든 물질(色) · 정신 세계의 실체는 공 · 293
   (4) 제법공(諸法空)의 실상 · 294
   (5) 12연기 · 4성제도 무소득(無所得) · 295
   (6) 현장법사 역 반야심경 · 295
3. 마하반야바라밀(摩訶般若波羅蜜) · 298
   (1) 마하반야바라밀은 큰 지혜의 완성 · 298
   (2) 반야바라밀로 구경열반(究竟涅槃) · 299
   (3) 생사고를 해탈하는 진실된 길 · 300

4. 지혜의 완성자, 보살(菩薩) ························· 301
      (1) 도를 차츰 열어보이는 가르침과 부처의 본원 · 301
      (2) 보살은 반야바라밀다의 성취자 · 301
      (3) 보살은 중생과 함께 깨달음 · 302   4) 발사홍서원(發四弘誓願) · 303
   5. 육바라밀의 수행 ································· 304
      (1) 육바라밀 · 304   (2) 육바라밀의 공덕 · 305

제7장 부처님의 위덕과 자비 ···················· 306

   1. 부처님은 어떤 분이신가 ························· 306
      (1) 영원한 생명의 화현(化現) · 306   (2) 부처님의 위덕(如來十號) · 307
      (3) 부처님의 공덕(十八不共法) · 307
      (4) 육신은 멸해도 법신은 상주(常住) · 308   (5) 부처님의 자비 · 309

제4편 여러 가지 상식

제1장 절의 구조와 각 건물의 명칭 ··············· 313

   1. 절 입구에서 본당(本堂)까지 ····················· 313
      (1) 우리 나라 절의 구조 · 313 (2) 일주문(一柱門) · 불이문(不二門) · 314
      (3) 사천왕문(四天王門)-중문(中門)-해탈문(解脫門)-봉황문 · 315
      (4) 누각(樓閣)-문루(門樓)-강당(講堂) · 315
   2. 절의 중심부 ··································· 316
      (1) 법당(法堂)-불당(佛堂)-금당(金堂) · 316   (2) 대웅전-큰법당 · 316
      (3) 팔상전(八相殿-捌相殿) · 316   (4) 대적광전(大寂光殿)-대광보전 · 317
      (5) 무량수전(無量壽殿)-미타전(彌陀殿)-극락전(極樂殿)-무량광전 · 317
      (6) 천불전(千佛殿)-삼천불전(三千佛殿)-만불전(萬佛殿) · 317

(7) 미륵전(彌勒殿)-용화전(龍華殿)·318　　　(8) 약사전(藥師殿)·318

　3. 각 건물의 명칭 ·· 318
　　　(1) 관음전(觀音殿)-원통전(圓通殿)·318　　(2) 지장전(地藏殿)·319
　　　(3) 명부전(冥府殿)-시왕전(十王殿)·319　　(4) 영산전(靈山殿)·320
　　　(5) 나한전(羅漢殿)-응진전(應眞殿)·320　　(6) 독성각(獨聖閣)·320
　　　(7) 장경각(藏經閣)·320　　　(8) 선불당(選佛堂)-선불장(選佛場)·321
　　　(9) 조사당(祖師堂)-조사전(祖師殿)-조당(祖堂)·321
　　　(10) 국사전(國師殿)·321　　　(11) 그 외 수행처(修行處)·322

　4. 기타 시설물 ··· 322
　　　(1) 탑(塔)·부도(浮屠)·322　　　(2) 찰간(刹竿)·당간(幢竿)·323
　　　(3) 삼성각(三聖閣)·칠성각(七星閣)·산신각(山神閣) 등·323
　　　(4) 요사(寮舍)·후원(後院)·정재소(淨齋所)·323

　5. 우리 나라의 유명한 절 ································ 324
　　　(1) 적멸보궁(寂滅寶宮)-보궁(寶宮)·324　　(2) 삼보 사찰(三寶寺刹)·325
　　　(3) 구산선문(九山禪門)·326

제2장 절에 모셔진 상(像) ···························· 327

　1. 부처님 상(像) ·· 327
　　　(1) 석가모니불(釋迦牟尼佛)·327　　(2) 아미타불(阿彌陀佛)·328
　　　(3) 미륵불(彌勒佛)·329　　　(4) 약사 여래불(藥師如來佛)·329
　　　(5) 비로자나불(毘盧遮那佛)·330

　2. 보살 상(菩薩像) ··· 330
　　　(1) 관세음 보살(觀世音菩薩)·330　　(2) 대세지 보살(大勢至菩薩)·332
　　　(3) 문수사리 보살(文殊師利菩薩)·332　　(4) 보현 보살(普賢菩薩)·333
　　　(5) 지장 보살(地藏菩薩)·333　　　(6) 미륵 보살(彌勒菩薩)·334
　　　(7) 제 보살(諸菩薩)·334

　3. 탱화(幀畵)·괘불(掛佛)·벽화(壁畵) ···················· 335
　　　(1) 탱화(幀畵)·335　　(2) 괘불(掛佛)·335　　(3) 벽화·단청·336

차례 19

제3장 절에서 사용되는 도구 ······················· 337

1. 부처님 앞에 갖추어지는 도구-불구(佛具) ············· 337
  (1) 천개(天蓋)…닷집 · 337　　　　(2) 당(幢) · 번(幡)…보상개 · 338
  (3) 화만(華鬘)…꽃다발 · 338　　(4) 연화대좌…화대 · 연대 · 연화대 · 339
  (5) 부처님께 올리는 공양구 · 339

2. 의례와 수행에 사용되는 도구-법구(法具) ············· 340
  (1) 법구 사물(法具 四物) · 340
  (2) 그 외 수행과 의식에 사용되는 도구 · 344

제4장 스님들의 사용 물품 ························ 346

1. 가사(袈裟)-법복(法服) ······················ 346
  (1) 삼의일발(三衣一鉢) · 346　　(2) 가사가 지니는 열두 가지 이름 · 347
  (3) 가사의 종류와 색깔 · 348　　(4) 가사의 다섯 가지 공덕 · 349

2. 장삼(長衫) · 승복(僧服) ····················· 350
  (1) 장삼(長衫) · 350　　　　　　(2) 승복(僧服) · 351

3. 바릿대(鉢盂-발우)…식기(食器) ················· 352
  (1) 그릇 하나 · 352　　　　　　(2) 여래응량기(如來應量器) · 353
  (3) 검소한 식생활 · 354

4. 염주(念珠) ···························· 355
  (1) 염주 · 수주 · 355　　　　　(2) 염주의 유래 · 355
  (3) 염주 종류 · 356　　　　　　(4) 염주의 공덕 · 357

5. 기타 승물(僧物) ························· 358
  (1) 스님이 갖는 여섯 가지 물건(六物) · 358
  (2) 스님들이 왕래에 필요한 열여덟 가지 물건(十八物) · 358
  (3) 기타 승물 · 358

제5장 절에 가서 의문나는 점 ·························· 360

1. 불상(佛像)은 우상(偶像)인가 ···························· 360
(1) 우상이란 실상이 아니고 허상 · 360　　(2) 우상 숭배는 무엇인가 · 361
(3) 부처님 말씀 · 362　　　　　　　　　(4) 불상을 통해 위덕과 자비를 · 362

2. 나무 아미타불, 관세음 보살은 왜 부르는가 ················ 363
(1) 천백억 화신으로 화현(化現) · 363　　(2) 나무 아미타불 · 363
(3) 관세음 보살 · 364　　　　　　　　　(4) 나무 아미타불 관세음 보살 · 365

3. 부처님이 왜 여러 분인가 ······························ 365
(1) 역사상에는 석가무니 부처님뿐 · 365
(2) 과거, 현재, 미래에도 부처님이 존재 · 366
(3) 언제나, 어디에나 계시는 영원한 부처님 · 367

4. 사람이 죽은 뒤에는 어떻게 되나 ························ 368
(1) 일체 만유는 윤회 전생 · 368　　　　(2) 업에 따라 육도에 윤회 · 368
(3) 해탈하기 전에는 사후가 있다 · 369

5. 극락과 지옥은 어떤 곳인가 ··························· 370
(1) 극락은 영원한 생명의 본 고향 · 370　(2) 지옥은 136 종류 · 371
(3) 극락과 지옥이 실재(實在)하는가 · 371
(4) 극락과 지옥은 죽어서만 가는 것이 아니다 · 372

6. 연꽃(蓮花)이 왜 불교의 꽃인가 ························ 373
(1) 중생들의 근기가 연꽃같아 · 373
(2) 연꽃은 불교의 이상을 표현 · 374
(3) 연꽃은 부처님 가르침의 상징 · 374

주해(註解) ··· 376
책을 펴내며 ··· 382

제1편
절을 찾아서

제1장 절이란 어떤 곳인가

1. 절의 뜻과 유래

(1) 절의 뜻

"절은 부처님을 모셔 놓은 곳이다"
"절은 스님들이 사는 곳이다."
"절은 절을 하는 곳이다."
"절은 복을 비는 곳이다."
"절은 불도(佛道)를 닦는 곳이다." 등등의 말이 있다.
또 "절은 절을 하니 절이요, 절을 하면 모든 것이 절로 된다 하여 절이다"는 속언도 있다. 모두 다 맞는 말이다.
절은 스님들이 부처님을 받들고 수행하는 곳이며, 수행하는 일로써 절을 하는 곳이며, 이로써 복을 짓는 마음을 기르는 곳이며, 불교를 배우고 펴는 곳이다.
절을 가리켜 다른 말로는 가람(伽藍), 정사(精舍), 승방(僧房), 사찰(寺刹), 사원(寺院), 정람(精藍), 전당(殿堂) 등으로 일컬어지기도 한다.

가람(伽藍)이란, 인도 말로 **승가람마**(Sāṅghārāma)의 줄인 말이다. 번역해서 중원(衆園)이라 하며, 여러 스님들이 모여 불도를 수행하는 곳을 말한다.

우리 나라 말의 절은 테라(Thera)라고 하는 인도 말(팔리어)에서 나온 것이라고도 하고, 또 우리 나라에 불교가 처음 전래될 때(신라) 서역의 스님인 묵호자 스님이 우리 나라에 와서 모례(毛禮)라는 사람 집에서 불교를 펴기 시작한 연유로 **모례**가 음대로 털례가 되고 변해서 절로 되었다고도 한다.

여하간 절은 불교를 받드는 곳이요, 불교를 펴는 곳이라고 할 것이다.

(2) 최초의 절— 죽림정사(竹林精舍)

부처님께서 성도하신 뒤, 여러 곳을 돌아다니시며 교화하시는데 **마가타국**의 큰 부호 장자가 대나무 숲이 있는 동산을 바치고 왕인 **빔비사라**와 신하들이 이 죽림원에 수천 명을 수용할 수 있는 강당과 집을 지어 드렸는데, 이것이 절(寺院)의 시초가 되는 죽림정사(竹林精舍)라 한다. 이곳은 부처님의 교화를 받고 설법을 듣고자 몰려드는 수많은 사람들이 모여서 수행할 수 있도록 만들어진 것이다.

이후 **기타태자**와 **수닷타장자**가 기증한 기원정사 등이 있고, 중국에 와서는 왕실에서 지은 백마사가 처음이다.

우리 나라에서 맨 처음 지은 절은 고구려 소수림왕 5년(375)에 지은 성문사(省門寺)와 이불란사(伊弗蘭寺)라고 한다.

2. 절은 인생의 귀의처(歸依處)

인간이 한평생을 살아가는 데는 별의별 과정을 겪기 마련이다.

인간이 겪는 일들 중에는 즐겁고, 기쁘고, 행복할 때도 있으나 이보다는 괴로움과 번민과 슬픔과 애달픔 등 불행을 더욱 느끼면서 살아가는 것이 인생이다.

이는 우리 인생이 아무리 즐겁고 행복하다고 큰소리를 쳐봐도 그러한 행복과 즐거움은 잠시일 뿐 영원히 계속되는 일은 없기 때문이다.

이에 우리 인간이 원하는 대로 되어지지 않고, 구하는 대로 얻어지지 않는 부족함을 느끼게 될 때 인간은 방황하면서 고뇌와 불안에 휩싸이게 된다.

"무엇을 웃고 무엇을 기뻐하랴, 세상은 지금 불타고 있는데, 정말 그와 같다. 불타는 세상, 어찌할 바를 모르고 헤매이며 발버둥친다."

"이 세상은 괴로운 바다와 같느니, 이를 일러 사바(娑婆) 고해(苦海)라 한다."

이 세상은 아무리 허우적거리고 버둥대도 더욱더 깊은 곳으로 빠져들어가는 것만 같다. 잠깐 마음 놓으려 하면 또 커다란 일이 부딪쳐 오고, 잠깐 숨이라도 쉬려고 하면 더 심한 고난이 닥쳐온다. 이러한 세계, 이러한 세상에서 우리는 어떻게 살아가야 할 것인가?

갈 길 몰라 헤매이고, 할 줄 몰라 망설이며, 믿지 못해 찾지 못하는 어두움의 고뇌에서 괴로워하는 사람들에게 빛을 주는 곳, 안심을 주는 곳이 절이다.

세상은 불타는데, 마음속으로 치밀어 오르는 불길은 한량없는데, 이 불길을 꺼주는 곳이 절이요,

고난의 늪에서 빠져 나오지 못하고 발버둥치다가 지친 사람들에게 저 언덕으로 건너갈 배를 만들어 주는 곳이며,

옛 3천 년 전부터 우리 인생에게 걸어갈 보람된 삶의 길을 가르쳐 주신 분이 계신 곳이 바로 절(寺)이다. 우리가 돌아가 의지할 곳인 인생의 귀의처(歸依處)인 것이다.

3. 절은 삼보(三寶)를 모신 곳

절에는 세상에서 가장 귀중한 보배가 되는 세 가지 보배(三寶)를 모신 곳이다.

첫째, **불보(佛寶)**다.

불(佛)이란, 부처님으로 우리 인생과 우주의 참다운 진리를 깨달으신 분이다. 부처님은 우리에게 그 깨달음을 가르쳐 깨닫게 하여 주시는 분이니, 세상의 귀중한 보배가 되는 것이다.

둘째, **법보(法寶)**다.

법(法)이란, 우리 인생과 온 우주의 참다운 진리다. 이러한 진리가 우리 인생과 우주에 꽉 차 있어 그 진리, 그 법대로 운행이 되고 있으나 우리는 눈이 어두워 그것을 깨닫지 못하는데 부처님께서 깨달으시어 가르쳐 주신 법은 소중하고 귀중한 보배가 되는 것이다.

셋째, **승보(僧寶)**다.

승(僧)이란, 부처님께서 깨달으신 진리대로 수행하는 부처님 제자들이다. 이 부처님 제자인 스님(僧侶·승려)들로 인하여 부처님께서 깨달으심과 그 깨달으신 법을 전해 오면서 우리 인생에게 그 보람된 길을 제시해 주시는 것이니, 존경스럽고 귀중한 보배가 되는 것이다.

이와 같이 절(寺)에는 부처님과 부처님 법과 스님들인 삼보(三寶)가

있는 곳이다.
 곧, 삼보(三寶)인 불(佛)·법(法)·승(僧)이 있는 절은 우리 인생의 괴로움을 멸하여 타오르는 불길을 끄고, 빠져 들어가는 괴로움의 늪에서 벗어나 저 언덕 안락의 세계, 해탈의 세계, 안심의 세계로 모든 중생을 이끌어주는 우리 중생의 귀의처(歸依處)…… 돌아가 의지할 곳인 것이다.

제2장 절은 무엇하는 곳인가

1. 진리를 배우고 바른길을 찾는 곳

(1) 참된 삶의 길을 찾는 곳

어느 곳을 찾아가는 데에도 길이 있고, 우리가 살아가는 데에도 길이 있다.

부모는 부모로서의 길, 자식은 자식으로서, 또 남편과 아내로서, 선생과 학생으로서, 남자와 여자로서, 국민과 정부로서, 나아가 국가와 국가로서의 길이 있다.

육지에는 육로가 있고, 바다에는 뱃길이 있고, 심지어 아무런 걸림이 없는 하늘에도 비행기가 다니는 길이 있다.

이러한 길은 세상에 한 길만이 있는 것이 아니고 수없이 많이 있다. 우리는 이 수많은 길 가운데서 어느 길로 가야만 할 것인가?

어느 길이 가장 빠른 길이며, 가장 안전한 길이며 또한 곧바로 갈 수 있는 올바른 길인가?

 우리는 틀림없는 길이라고 접어 들었다가도 뜻밖의 장애를 만나기도 하고, 엉뚱한 곳으로 빗나가기도 하고, 더 나아갈 수 없는 막다른 곳에 이르기도 한다. 그리하여 헤매이고 방황하고 좌절하기도 하며 새로운 길을 찾으려 발버둥치기도 하는 것이 우리 인생이다.

 우리가 걸어가야 할, 살아가야 할, 삶의 길(道), 참다운 우리 인생의 길(道)을 찾는 곳이 바로 절인 것이다.

(2) 진리(眞理)를 배우는 곳

 절에서는 법회(法會)가 있다.

 법회는 진리인 법을 강설하여 어두움을 깨치고 눈을 바로 뜨게 하여 바른길을 찾을 수 있도록 안내하고 일러주는 모임이다.

 법(法)이란, 일체 만물이며 또한 도리(道理)의 뜻이다. 우리가 살아가는 모든 도리, 진리, 법을 법회 때 배우고 일러 준다.

 여기에서는 가장 크고 원만하고 깊은 도리를 완전히 깨치신 분, 불타(佛陀)의 길을 배워 바른길을 찾는 곳이다.

 그 가르침은 '달을 가리키는 손가락과 같다'고 한다. 허공에 떠 있는 달을 보게 하기 위하여 길게 손을 뻗치고 손가락을 펴서 가리키게 되는 것과 같은 것이다.

 하지만 가리키는 손가락이 어디를 향하고 있는지 알지 못해 진정 달을 바라보진 못하고 가리키는 손가락만 더듬는 일로 그쳐서는 안된다.

(3) 바른길을 닦아가는 곳

 달을 가리키는 손가락을 보고 허공에 떠 있는 달을 찾는 일이 수행이다. 가르침대로 그 길을 따라서 직접 본인 스스로 찾아나서는 노력의 일이 수행이다.

분명한 길이라 배워 알아 해득하는 것과 더불어 실제로 행하는 실천 수행이 함께 있어야 하는 것이다.

① 참선(參禪)

수행에도 여러 가지 길이 있으나 수행의 가장 요긴한 방법으로 참선 수행이 있다. 참선은 마음을 한 곳에 정하고 깊이 사유(思惟)하고 연수(硏修)하여 안정된 마음(定心)을 얻는 수행법이다.

우리가 살아가는 이 세상은 온갖 일들로 번거롭고 혼란스럽기 이를 데 없어 바른길에 들어서기가 매우 어렵다. 이러한 번잡하고 뇌란스러운 망령된 잡념을 모두 순일하게 하여 바르고 환한 길로 나아가게 정려(靜慮)하는 것이다.

참선 수행법은 익숙해지면 어느 때 어느 곳에서나 할 수 있는 것이나 수행법의 지도를 받지 않으면 또한 올바른 길에 들어서기가 어려운 것이다.

② 염불(念佛)

염불이란 부처님의 원만하고 구족한 덕상을 관찰하면서 그 공덕을 생각하고 또 입으로는 부처님의 명호를 일념으로 일컫는 수행법이다. 입으로 부처님 명호를 일심으로 부르며, 부처님의 원만한 자비의 상호와 한량없는 공덕을 관(觀)하면서, 나아가 자기 자신과 일체 만유의 진실한 자성이 곧 부처임을 관하고 느껴 깨닫는 수행법이다.

③ 독경(讀經)

독경이란 불경을 외우는 독송(讀誦)을 하는 것이다. 부처님 경전은 곧 미망(迷妄)을 벗어나 깨달음으로 이끄는 말씀이다. 이 경전을 의지해 읽고 외우면서 그 뜻을 깊이 생각하고 그 뜻에 따라 깨달음을 얻는 것이다. 한번 독송으로 깨닫기도 하나 그렇지 않을 때는 몇 번이고 계속 독송하는 것이다.

④ 주력(呪力)

주력이란 부처님께서 말씀하신 비밀진언(眞言), 다라니를 읽고 외워서 불보살의 가피력을 입는 것이다.
이외에도 여러 수행 방법이 있으나 따로 자세히 하겠다.
이러한 법회와 수행을 통하여 인생이 걸어가는 참다운 길을 확연히 알 수 있는 것이고 가장 바른길을 찾아 안심(安心)하고 궁극적인 보람을 얻을 수 있게 되는 곳이 곧 절이다.

2. 참회하고 기도하고 염불하는 곳

(1) 참회(懺悔)하는 곳

사람은 태어나면서부터 알게 모르게 수없는 업(業)을 짓고 살아간다. 이렇게 지어가는 업(행위) 가운데는 좋은 업도 있고 좋지 않은 나쁜 업도 있게 된다.
뿐만 아니라 이 세상에 태어나기 전, 전생에서부터도 업을 지었으며 이 업에 따라 이 세상에 태어나게 된 것이다.
이렇게 무시 이래로 지어진 업들은 우리들의 앞길에 커다란 장애(障碍)가 되어 좋은 길로만 가지 못하게 하는 것이다.
이러한 업의 장애, 업장(業障)을 소멸하고 다시는 짓지 않도록 하는 것이 우리 인생의 길을 밝게 하는 것이다.
그렇게 하기 위한 첫걸음이 참회다.
참회는 먼저, 지은 죄악을 드러내어 지나간 잘못을 뉘우치고 다시는 짓지 않도록 다짐을 하는 것이다.
참(懺)은 인서(忍恕)요, 회(悔)는 회과(悔過)다.
"만일 죄를 숨기면 죄는 날마다 더욱 자랄 것이요, 드러내서 참회하면 죄가 소멸된다"

"만약 사람이 중죄를 짓고 이미 깊이 자책하고 참회하여 다시 짓지 않으면 능히 근본 죄를 벗는다"고 하셨다.

이 세상에 죄를 짓지 아니한 사람은 하나도 없다. 알게 모르게 또 살아가는 삶 때문에 어쩔 수 없이 지어진 죄들이 한없이 많다.

이를 참회하는 길만이 곧, 우리의 앞길을 밝히는 일이 된다. 이와 같이 지극한 마음으로 참회를 하는 곳이 절인 것이다.

(2) 기도(祈禱)하는 곳

기도는 기원(祈願)이요, 기청(祈請)이요, 기념(祈念)이다.

기도는 마음속에 원을 세워서 그 소원이 성취되기를 빌고 구하는 것이다.

이 세상에 소망이 없고 소원이 없고 바람이 없는 사람이 있겠는가?

그러나 그저 막연한 소원을 갖고 터무니없는 바람을 갖는 우리들에게 좀더 구체적이고 좀더 커다란 소원을 갖게 할 뿐만 아니라 소원을 이루게 하는 곳이 절이다.

소원을 성취케하는 데는 기도의 방법이 있다.

기도하는 데에는 막연한 기도가 아니라, 거룩하시고 훌륭하신 불보살님을 향하여 그분들과 같은 원력을 세우고 오직 한마음으로 일념(一念)이 되어서 몰입될 때 그분들의 위신력에 의하여 가피를 입게 되는 것이다.

기도에는 관음기도 · 약사기도 · 지장기도 등등 여러 가지 기도가 있고 또, 기도하는 방법이 있다.

(3) 염불(念佛)하는 곳

이 세상에서 가장 원만하고 가장 훌륭하며 모자람이 없이 완전한 지혜와 복덕을 갖추신 분이 부처님이시다.

인간인 우리 중생은 완전하지 못하여 어딘가에 모자람이 있기 마련이다. 불완전하고 부족한 우리들이 완전하고 구족함을 바라는 것은 필연적인 이상이다. 그러기에 우리들의 이상을 향한 끊임없는 향상의 노력은 곧 부처님을 염(念)하게 하는 것이다.

나의 부족하고 갖추어지지 못한 모든 복덕과 지혜, 자비와 원력을 두루 원만하게 갖추신 분을 흠모하고, 공경하고, 염원하여서 이루려는 간절한 마음이 염불(念佛)인 것이다.

염불은 부처님을 일념으로 염원하는 것이요, 나도 함께 부처님을 닮아 부처님과 같은 공덕과 지혜를 갖추고자 노력하는 수행이요, 부처님의 한없는 힘을 얻으려는 발원인 것이다.

① 나무석가무니불
지극한 마음으로 석가무니 부처님께 돌아가 의지하나이다.

② 나무아미타불
영원한 생명이신 부처님(無量壽佛)께 귀의하나이다. 한량없는 광명이신 부처님(無量光佛)께 귀의하나이다.

③ 나무관세음보살
몸과 마음을 다 바쳐 관세음보살님께 돌아가 의지하나이다.

단 한 순간이라도 끊이지 않는 간절한 염불은 곧 불·보살과 통하게 되는 것이다.

3. 공양 올리고 발원하는 곳

(1) 불공(佛供)…삼보 공양(三寶供養)

부처님께 받들어 올리는 공양을 불공(佛供)이라 한다.

공양(供養)이란 부처님과 법보(法寶)와 승보(僧寶)에 대하여 공경하는 마음으로 여러 가지 물품(物品)을 받들어 올리는 일이다.

공양을 올리는 데는 여러 가지 종류가 있는데 그중에 다섯 가지 공양(五種供養)으로 향(香) 공양, 등(燈) 공양, 꽃〔花〕 공양, 다과(茶菓) 공양, 음식〔米〕 공양이 있다.

이는 부처님 당시부터 신도들이 받들어 올리던 공양의 평상적인 일이었다.

또 삼보에 올리는 공양에 네 가지 일로써 사사공양(四事供養)이 있으니 방사(房舍) 공양, 음식(飮食) 공양, 의복(衣服) 공양, 탕약(湯藥) 공양이다. 불전을 아름답게 하는 향, 화, 등촉과 다과 음식 뿐만 아니라 더 근본적으로 거처할 방사(房舍)와 의복과 의약품까지 포함되어 우리가 살아가는데 필요한 물품들이 모두 공양의 대상으로 된다. 다시 말하면 우리의 일상 생활에 필요한 모든 물자들이 공양물이 되는 것이다.

(2) 삼종 공양(三種供養)

다음에 삼종 공양(三種供養)이 있으니 ① 이공양·재공양(利供養·財供養) ② 경공양·법공양(敬供養·法供養) ③ 행공양·관행공양(行

供養・觀行供養)이다.

① 이공양(利供養)

이공양(利供養)이란, 재(財)공양이라고도 하며 이 세상에 있는 모든 재물・향화・의복 등의 물자를 공양하는 일이다.

② 경공양(敬供養)

경공양(敬供養)이란, 법(法)공양이라고 하여 부처님을 찬탄하고 공경 예배하며 가르치신 교법(敎法)에 따라 보리심(菩提心…인생의 근본을 깨닫고자 하는 마음)을 일으켜서 나 뿐만 아니라 남도 이익되게 하는(自利利他行) 보살의 행을 닦는 공양이다.

③ 행공양(行供養)

행공양(行供養)은 관행(觀行)공양이라 하며 부처님의 교법을 잘 믿고 간직하여 수행하며 이 세상의 근본을 관조하여 행하는 공양이다.

이와 같이 재물의 공양에서 부처님 법을 받드는 법공양과 교법에 따라 진리대로 수행하는 일까지 공양이요, 우리가 살아가는데 참답고, 보람된 삶은 모두 공양이라 할 것이다.

곧바로 삼보를 받들면서 모든 중생을 나와 함께 이롭게 하면서 살아가는 진실된 삶은 참다운 공양이 된다 할 것이다.

(3) 중생 공양이 제불 공양

서방 정토 극락 세계의 교주이신 아미타불께서도 사십팔대원을 세우신 가운데 제 23원으로 공양제불원(供養諸佛願)을 세우셔, 정토 세계의 보살이 부처님의 위신력을 받아 자유스럽게 모든 부처님에게 공양하게 되기를 서원하셨으며, 또 제 24원 공양여의원(供養如意願)으로 마음과 뜻대로 공양할 수 있도록 원력을 세우셨다.

또한 중생 공양이 제불 공양이라 하여 모든 중생들을 이롭게 하는 공양이 모든 부처님을 받드는 공양과 같다고 한다.

(4) 천도 · 시식(薦度 · 施食)

① 천도 · 시식

 천도(薦度)란 천혼(薦魂) · 천령(薦靈)이라 하며 죽은 이의 명복을 빌기 위하여 불보살님께 재(齋)를 올리고 영혼들로 하여금 정토 극락세계나 천상에 태어나도록 기원하여 좋은 길로 천거하는 법식이다.
 시식(施食)이란 널리 베풀어 먹임이니 천도재를 올릴 때 천도하려는 친속 뿐만 아니라 선망부모와 일체 유주 무주 고혼 등을 모두 청하여 그들에게 널리 법문과 염불을 일러주고 음식을 베풀어 주는 일이다.
 천도 · 시식은 고통받는 모든 망령들에게 명복을 빌고 위안하여 이고득락(離苦得樂)의 길로 천거하는 일이다.
 부처님께서 여러 경전에 천도 · 시식에 대한 말씀을 하셨다.
 조상을 받들며 부모를 공양하는 일을 힘써야 할 것이며 또한 당대의 부모님뿐 아니라 상세 선망부모 유주 무주 고혼 등 일체의 모든 중생들에게 재를 베풀고 공양을 하여 다 함께 배부르고 마음을 흡족하게 법식(法食)을 베푸는 일이 공덕을 쌓는 일이라고 하신 것이다.
 "7대 선망부모와 이 세상의 살아 있는 부모를 위하여 그들이 받는 고통을 벗어나게 하려거든—
 좋은 음식과 온갖 과실을 공양하고 지극한 정성으로 구제 천도의 법요를 받들어 행할지니라.
 이러한 공덕으로 산 부모는 백세 장수를 하되 병고액난이 없을 것이요, 선망부모는 아귀보를 벗어나 천상이나 인간에 태어나서 극락이 무궁하리라"
 "만약 어떤 사람이 지극한 정성으로 천도재를 베풀고 공양을 올려 복되게 하더라도 이 공덕의 7분 가운데 1분 공덕은 부모에게 가고 6분 공덕은 베푸는 이에게 이익이 돌아가느니라"고 말씀하셨다.

부모를 위하는 일이 곧 나 자신을 위하는 일이요, 자손을 위하는 일이며, 남에게 베푸는 공덕이 곧바로 나에게 돌아오는 일임을 분명히 가르치신 천도·시식의 일이다.

② 천도·시식의 여러 가지

㉮ 사십구재(四十九齋)

사후 49일에 올리는 천도재를 말한다. 또는 七·七재라 하여 사후 7일마다 재식을 베풀어 독경하고 염불하며 죽은 이가 좋은 곳으로 태어나기를 기원하는 것이다.

이는 49일 동안을 중유(中有) 또는 중음(中陰)이라 하여 죽은 뒤에 다음 생(生)을 받을 때까지의 기간이 되기 때문이다.

49재 외에 매 7일마다 올리는 7·7재, 또 반혼재·백일재 등이 있다.

㉯ 예수재(豫修齋)

죽은 뒤에 행할 불사를 미리 생전에 닦는 재를 말한다. 미리 사후의 길을 닦는 재식을 올리는 것이다.

㉰ 수륙재(水陸齋)

수륙재는 물과 육지에 있는 모든 중생들에게 공양하는 재식의 법회다. 사람 뿐만 아니라, 육지나 물에서 사는 모든 중생(곤충·짐승·물고기 등)에게 공양을 베풀어 천도하는 것이다.

이외에도 오백승재(五百僧齋)·천승재(千僧齋) 등 수많은 스님들에게 공양을 올리는 재와 팔관재(八關齋) 등 수행을 중심으로 하는 재, 칠월 백중날 드리는 우란분재 등 여러 종류가 있다.

제3장 절에 가려면은

1. 절에 가는 좋은 날

어느 날, 어느 때 절에를 가야 할까? 흔히 절에 가는 좋은 날은 언제인지 궁금히 생각한다.

어느 때고, 어느 날이고 마음이 일으켜진 날이면 좋지 않은 날이 없다. 그러나 좀더 구분하면 여러 가지 좋은 날이 있기 마련이다.

(1) 불교의 명절 날

절에 가면 좋은 날에 첫째로 불교의 명절 날을 꼽을 수 있다. 세상에서도 명절 날은 모든 사람들이 기뻐하고 즐거워하는 날이니 불교의 명절도 마찬가지이다.

① 부처님께서 탄생하신 날

이 세상의 모든 중생들이 고통에서 벗어나질 못하고 헤매이면서 허우적거리는 모습을 가엾이 여겨 이 세상에 오신 날이다. 이 날은 음력으로 四월 초파일이니 모든 중생이 경축하고 환희하며, 부처님의 은혜를 입게 되는 날이다.

② 부처님께서 성도하신 날

이 사바 세계에 태어나신 석가무니 부처님께서 우리 인간이 걸어가고 있는 길을 똑같이 걸으시고 난 뒤, 이제 그 괴로움의 길에서 벗어나 해탈의 도를 이루신 날이다.

이 세상에 태어나실 때는 싯달타 태자의 몸으로 오셔서 우리 인간과 똑같은 생활을 하신 뒤 수도의 길에 들어서서 인간의 괴로움으로부터 벗어나는 깨달음의 도를 성취하신 부처님이 되신 날이다. 음력으로 12월 8일이니 이 날을 성도재일이라 한다.

③ 부처님께서 열반하신 날

석가무니 부처님께서 도를 이루시어 부처님으로서 중생들을 제도하기 위하여 45년 간이라는 긴 세월을 교화하시다가 열반(涅槃-入滅)하신 날이다. 음력으로 2월 15일이니 육신의 몸으로 오셨던 부처님께서 육신의 몸을 떠나 영원한 진신(眞身)으로 돌아가신 날이다.

④ 부처님께서 출가하신 날

여기에 부처님께서 출가하신 날을 명절로 보기도 한다. 출가일은 음력 2월 8일이니 싯달타 태자로서 궁중 생활을 하다가 인간의 고통의 근본을 밝히고 고뇌에서 벗어나는 해탈의 길을 찾고자 용감히 집을 떠나신 날이다. 이는 곧 진리를 향하고 바른 법을 얻기 위한 출발이라 성스러운 날인 것이다.

⑤ 우란분재일

또한 부처님께서 중생을 교화하시면서 현재 이 세상에 살아 있는 중생 뿐만 아니라 지옥에 떨어져 극심한 고통을 받고 있는 중생들을 위하여 구제하고 천도하는 가장 좋은 날로 우란분재일, 7월 백중날을 말씀하셨다.

(2) 법회가 있는 날

절에는 법회가 있다. 위에서 말한 불교의 명절 날에는 반드시 법회가 있다. 뿐만 아니라 이외에도 뜻 깊은 날에 법회가 열리고 있으니 법회가 있는 날은 절에 가는 것이 좋은 날이다.

법회는 정기적으로 열리고 있는 정기 법회와 특별한 날에 열리는 특별 법회가 있다.

① 정기 법회

정기적으로 매월 관음재일(음 24일)에 열리는 관음법회, 지장재일(음 18일)에 열리는 지장법회, 매주 일요일에 열리는 일요법회, 또 특별한 날을 정하여 열리는 법회 등 각 사찰에 따라 정기적으로 개최되는 법회날이 있다.

② 특별 법회

특별 법회는 불교의 명절 날이나 또는 특별히 정해진 날에 열리는 법회가 있으니 방생법회, 대승보살계법회, 예수재, 백일기도 등 법회가 있다.

이러한 법회 날에 절에 가면 좋은 날일 뿐만 아니라 불교 신도로서는 당연히 가야 되는 날이다.

(3) 평상시 자기 마음에 우러나는 날이면 좋은 날

한 해가 시작되는 정월, 또는 그 달이 시작되는 초하룻날 또는 집안 식구의 생일날, 조상들의 제삿날, 결혼식 등 집안에 애·경사가 있는 날이나 마음으로 부처님께 공양을 올리고 싶은 날, 부처님의 가피를 원할 때, 새로운 용기를 얻고 싶을 때, 어느 날이든 마음에 우러나는 날이면 모두 좋은 날이 된다.

자칫, 절에 가면 좋지 않은 날이 있다고 하여 가리고 기피하는 경우가 있으나 좋은 일을 당하여서보다 좋지 않은 일을 만났을 때 절에 가는 것이 더욱 의의가 있을 것이다.

2. 미리 준비해야 할 것

절에 갈 때 준비해야 할 일들은 어떤 것인가?

(1) 마음의 준비

우리 인간의 마음은 극히 요사스럽고 변덕스러운 것이다. 조금만 좋지 않은 일이 있으면 짜증내고, 슬퍼하고, 성내고, 괴로워하며 노여워하기 쉽고, 조금만 좋은 일이 있어도 기뻐하고, 환희하고, 들뜨고 날뛰는 일이며 그 뿐인가, 전연 아무런 노력도 없이 가당찮은 요행과 헛된 꿈을 가지기 쉽다. 이렇게 번잡스러운 것이 우리들 인간의 마음인데 이러한 마음들을 거두어 잡아 안정시켜야겠다는 마음을 내는 것이 마음의 준비다.

다시 말해서, 좋지 않은 일이나 괴로움이 있을 때 '그것을 벗어나 본래의 안정을 찾아야겠다'고 하는 마음, 좋은 일, 기쁜 일이 있을 때 '이 기쁨이 쉬이 사라지지 않게 더욱 공덕을 쌓아야겠다'고 하는 마음, 이러한 원(願)을 세우는 것이 마음의 준비다.

그저 구경삼아, 관광삼아 또는 호기심이나 요행심을 가지고 둘러보듯하는 마음의 자세에서는 아무것도 얻는 바 없게 된다. 그러나 더러 마음의 준비없이 절에 들렀다가도 신심을 일으켜 진정한 마음이 되는 경우도 없지 않다.

하지만, 절에 가야겠다고 마음을 일으켰을 때 우리는 잡스러운 일들을 제치고 마음을 가지런히, 차분히 원을 세우는 마음의 준비가 있어야 한다.

(2) 단정한 몸가짐의 준비

절에 가는 일은 한갓 유흥의 일이 아니다. 단정한 몸가짐이 있어야 하는 것이다. 남에게 돋보이려는 화려하고 사치스러움이나 또는 보기에도 민망스럽고, 흉하고, 지저분한 몸가짐이어서는 안된다.

옛분들은 또 지극한 신심을 가진 분들은 미리 목욕 재계하는 정결한 준비까지 했다. 특별한 몸차림을 준비할 필요는 없으나 평소의 차림에도 단정하고 정결한 몸가짐으로 절을 찾아야 한다.

이는 단정한 몸가짐에 진실된 마음이 깃들을 수 있기 때문이다.

그러나 등산이나, 관광이나 다른 일들을 하다가 절에 갈 경우에는 그대로의 복장이어도 상관없다. 다만 어떠한 차림이라 할지라도 단정하게 하려는 몸가짐이면 된다.

또 몸이 불편하고 환부가 있고, 생리 등이 있어 불결하므로 갈 수 없다 하는데 이는 잘못된 생각이다. 우리 몸뚱이는 본래 부정(不淨)한 것이 아닌가? 오히려 생긴 그대로, 있는 그대로의 몸을 가지고 거리낌을 갖는다면 마음의 준비가 덜된 일인 것이다.

(3) 공양물(供養物)의 준비

절에서는 거룩하신 부처님과 법보와 승보에 공양을 올리게 된다.

공양에는 여러 가지 공양이 있는데, '나는 오늘 어떤 공양을 올릴 것인가' 준비하는 일이다.

이미 '공양의 종류'에서 밝혔지만 향(香)·등촉(燈燭)·꽃·다과(茶

菓) · 공양미(米) 등이 있고 사사공양(四事供養)이 있으며 또 삼종공양(三種供養)이 있으나 처음으로 절에 찾아갈 때에는 어떠한 공양물을 준비하여도 좋다.

한 가치의 향이나, 한 자루의 촛불도 좋다. 또 할 수 있다면 모두를 준비하여도 좋다. 많고 적음에 관계가 없고 더불어 아무런 공양물의 준비없이도 갈 수 있다. 절을 하는 예경도 공양이기 때문이다.

(4) 목적 행사에는 사전 협의

어떠한 목적을 가지고 행사를 하기 위해 갈 때에는 그에 따른 준비에 대해서는 사전에 사찰측과 상의가 있어야 한다.

특별히 불공을 드리는 일이나 제사를 지내는 일 등에는 그에 따른 최소한의 시간과 물품들이 따르기 마련이기 때문이다.

좋은 향초며, 잘 익은 과일이며, 깨끗한 공양미의 준비에는 우리들의 마음과 정성이 깃들여지게 되기에 이미 준비하는 과정에서부터 부처님께 공양을 올리는 일이 되는 것이다.

물건으로써 우리의 마음을 다 할 수는 없는 것이나, 마음의 표시는 최소한 정성들여진 물품의 준비로써도 나타나지는 것이기 때문이다.

3. 알아두어야 할 인사법

우리가 세상을 살아가는 데 빼놓을 수 없는 일이 인사다.

사람으로서는 꼭 해야 할 일이기에 인사(人事)요, 지켜야 될 예절이 인사이기에 이런 사람의 하는 일, 지켜야 할 예절을 차리지 못하고 정신을 잃어버리는 것을 인사불성(人事不省)이라 하지 않는가?

인사에는 여러 가지가 있다.

살며시 눈짓으로 오고 가는 눈인사, 말없이 머리만 숙여 인사하는 묵례(默禮), 서로 손을 마주 잡고 반가움을 표하는 악수(握手), 두 어깨를 끌어안고 인사하는 포옹(抱擁), 손이며 이마며 입술에 입맞춤하는 키스, 무릎 꿇고 고개 숙여 인사하는 큰절 뿐인가, 두 손을 마주잡고 허리 굽혀 인사하는 읍(揖)이며, 혼인을 치를 때 올리는 대례(大禮) 등 민족과 나라에 따라, 또 때와 장소에 따라, 종교와 문화에 따라 갖가지 인사법이 있다.

이러한 인사법이 우리들의 평상시에 일상적인 인사로 연결되는 장소가 아니었을 때 우리는 당황하거나 두렵거나, 어떻게 처신을 해야 할지 망설여지게 된다.

절에 가면 우리가 생활하는 사회와 좀 다른 곳인 것 같은데, 어떤 인사를 하고 어떻게 행동을 해야 할까?

(1) 합장(合掌)하는 인사

사람들은 옛날부터 손을 어떻게 처리하는 가가 문제였다.

유교에서는 수용공(受容拱)이라 하여 손은 언제나 공경스러운 자세를 취하라는 것이다. 손의 모양과 움직임에 따라 그 사람의 마음과 뜻이 표현되기 때문이다.

① 절에서 하는 인사는 첫째가 합장이다.

합장(合掌)이란 좌우로 갈라진 두 손을 하나로 모으는 것이다. 두 손바닥을 마주대고 열 손가락을 모두어 서로 사이가 뜨지 않게 꼭 닿게 하는 것이다.

두 손을 앞으로 올려 가슴 위에서 서로 맞닿게 하되 두 손과 열 손가락을 한데 모으고 손끝이 너무 위로 치켜지지도 않고 아래로 흘러내리지도 않게 반비스듬히(약 45도) 세워지도록 하고 머리와 허리를 숙여 자연스럽게 인사하면 된다.

② 합장은 공경하는 마음의 표시

합장하여 인사하는 법은 상대방을 공경하는 마음의 표시이기도 하며 흩어진 마음을 한데로 모아 일심(一心)이 되는 거룩한 모습이다.

동·서양을 막론하고 기도하고 간구할 때에 두 손을 마주잡아 합장하고 무릎 꿇는 모습은 모두 공통된 마음의 발로다.

합장은 갈라진 것을 한데 모아 하나로 돌아간다는 뜻이니 정신과 육체가 하나로 되고, 나와 남이 하나로 되고, 부처님과 나(중생)가 하나로 되고, 이상과 현실이 하나가 되는 표현이다.

또한 우리 몸에는 신비로운 영기(靈氣)가 있고 심장을 박동시키는 양·음의 전기가 있다고 한다. 두 손에 흐르는 이러한 기운을 하나로 합하여 서로 원활한 교류를 시키므로써 우리 몸의 활성화를 촉진시키게 된다는 의학적인 견해도 있다.

③ 연화합장

합장에도 여러 가지가 있으나, 대개 연화합장(蓮花合掌)이라 하여 연꽃 봉오리처럼 두 손을 합하는 것이다. 두 손이 융합된 믿음과 조화(調和)·근본[體]과 활용(用)이 하나가 되고, 지혜와 복덕이 구족해져 진정한 행복을 가져오는 인사법이다.(定慧相應 理智不二)

합장을 할 때 손가락만 합하고 손바닥을 합하지 않는 것은 마음이 거만하고 생각이 흩어져 겉 시늉만 하는 때문이라 꺼리는 것이다.

만일 서로 주먹을 쥐고 주먹끼리 맞대거나, 손가락질하는 모습들로 인사한다면 이 세상은 얼마나 불행해질 것인가?

(2) 큰절-오체 투지(五體投地)

우리가 서서 간단히 합장하며 허리를 굽혀 하는 인사를 합장 반배(合掌半拜)라 하고 큰절을 드릴 때는 오체 투지의 인사법으로 한다.

오체 투지(五體投地)의 절은 최상의 경례법이다. 우리 몸의 다섯 군데를 땅에다 던져 예를 올리는 것이니 다섯 군데란 양쪽 팔, 양쪽 무릎 그리고 이마다.

세상에서는 흔히 두 무릎을 꿇고 두 손을 짚고 머리를 숙여 인사하나 오체 투지의 인사법은 꼭 두 무릎을 꿇고 두 팔을 땅에 대며 이마를 땅에 닿게 하여야 한다.

그리고 엉덩이가 높아지지 않게 온 몸을 땅에 붙이듯이 엎드려 절하는 것이니 이 오체 투지의 예법이 가장 경건한 예법이어서 자신을 극도로 낮추고 상대방에 가장 큰 존경을 바치는 것이다.

절하는 사람의 마음에 조금이라도 교만한 마음이 한구석에라도 숨어 있으면 그것은 비록 형식을 갖추었더라도 진정한 절이 아닌 것이다.

육조 혜능대사 앞에 절하는 스님이 머리가 땅에 닿지 않으므로 나무라신 일이 있다.

"절이란 본래 교만하고 거만함을 꺾는 것인데 어찌하여 머리가 땅에 닿지 않느냐? 나[我]라는 것을 내세우면 죄가 생기고 제 공로를 잊으면 그 복이 한량 없느니라.(禮本折慢幢, 頭奚不至地, 有我罪即生, 忘功福無比)" 하셨다.

제4장 절에서의 예절

1. 절에 들어서면서

　이제 절(寺)을 찾을 모든 마음의 준비가 되어서 절을 찾게 된다. 하지만 절에 들어서면서부터 어떻게 해야 예의와 교양에 어긋나지 않을까 망설여지게 된다. 그러나 두려워할 것은 없다.
　내가 찾아가는 곳, 방문하는 곳의 예법을 모두 알지 못한다 할지라도 최대한의 경의를 표하는 몸가짐이면 된다.
　그러면, 절에서의 예절은 어떤 것일까?
　절은 일주문 또는 불이문이란 문(門)으로부터 시작된다. 문에 들어서면서 인사를 하게 된다.
　합장 반배(合掌半拜)를 하게 되니, 문 앞에 서서 공손히 두 손을 모두어 가슴 앞에 하고 머리와 허리를 굽혀 큰 법당 쪽을 향하고 절을 하는 것이다.
　경건한 마음과 단정한 몸가짐으로 절의 경내(境內)에 들어서면서 경내에서 지켜야 할 몇 가지 예절이 있게 된다.

(1) 단정한 옷차림과 공손한 행동

단정한 옷차림과 공손한 행동을 해야 하니 옷깃을 풀어 헤치고 팔을 휘저으며 걸어서는 안되고(不得開襟掉臂) 말을 할 때에는 큰소리로 희롱하며 웃어서는 안되니(不得高聲戲笑) 일행이 있다 하여 함께 떠들고 웃고 큰소리로 말하면 예의에 어긋나는 것이다.

처음 스님이 되려는 행자들에게 절에서 가르치는 예법으로 계초심학인문(誡初心學人文)과 사미율의(沙彌律儀)에서 이와 같으나 일반인들도 지켜야 할 예절로 여기에 간추려 말한다.

"나아가서는 옷을 단정히 하여 걷어부치지 말고, 뜀박질하지 말고, 쭈그려 앉지 말고, 뒷짐지지 말고, 몸을 흔들며 다니지 말고, 발이나 팔을 흔들며 앉지 말고, 좌·우를 두리번거리지 말고, 희롱하는 웃음을 짓지 말고, 곁눈질하지 말고, 조용히 앉고 서고 해야 한다"고 한다.

이는 모두 교양과 품위를 갖추는 일반 상식적인 예절이니 절이 아닌 사회에서도 지켜져야 할 몸가짐일 것이다.

(2) 사원(寺院)에서의 질서를 지켜줄 일이다

절은 수도 도량(修道道場)이다. 부처님을 받들고 부처님 법(佛法)을 배우면서 인생의 참된 이치를 찾으려는 수도 도량인 것이다. 한갓 관광명소나 유원지처럼 여겨서는 안될 것이니 절에 와서 잡된 세상의 이야기들로 쓸데없는 시간을 보내서도 안되고(不得亂說雜事) 경내에서 술을 마시거나 담배를 피워서도 안된다. 담배를 피워야 할 사람은 재털이나 휴지통이 있는 곳에서 흡연하는 것이 예의일 것이다.

절 안에 있는 물건이나 시설들은 함부로 만지거나, 기웃거려 살펴보거나 사용하여서도 안된다. 아무 데나 침뱉고 오물을 버리는 일이 있어서는 더욱 안될 일이니 이 모두가 교양에 속한 예절이라 할 것이다.

(3) 만나는 스님마다 합장하여 인사한다.

우리는 흔히 일상 생활에서 악수하는 인사법이 습관화되었듯이 절에서의 합장하는 인사도 자연스러운 것이다. 만나게 되는 스님마다 인사를 해야 할 것이다. 모르는 스님이라 하여 또는 정식으로 주고 받는 인사가 아니라 하여 인사를 하지 않으면 안된다. 이미 인사를 했던 스님을 다시 만나게 될 때에도 다시 합장 반배해야 하니 이는 스님에 대한 예절일 뿐만 아니라 내 스스로에게 마음을 쏟는 일이 되기 때문이다.

(4) 볼일에 따라 안내를 받아야 한다.

법당에서 부처님께 참배를 올리고자 할 때나 불공을 드릴 일이 있거나, 스님을 찾아뵙고 상의할 일이 있거나 할 때에는 먼저 스님에게 여쭈어 안내를 받고 허락을 얻어야 한다.
아무런 볼일도 없으면서 이곳 저곳 필요하지 않은 곳에 기웃거려 수도하는 스님들에게 산란케 하거나 일을 방해하여서는 안된다.(無緣事則 不得入他房院)
물론 절에서는 일반 참배객들을 위하여 법당은 항시 개방되어 있다. 부처님께 참배하고자 할 때에는 허락이나 안내를 받지 않고도 법당을 자유로이 출입할 수는 있다. 그러나 법당 참배도 그 절에 따라 시간이 있으니 대개 오전 4시부터 오후 9시까지다.

2. 법당(法堂) 출입하는 법

절에 들어서면 공손하고 경건한 마음으로 예의를 갖추면서, 이제 절의 가장 중심부이고 핵심적인 법당(法堂)에 들어서게 된다.

(1) 법당 출입은 가운데 문을 피해야 한다.

법당에는 전면과 좌우로 문이 나 있다. 법당에 출입할 때에는 전(前)면의 문을 피하고 좌·우의 문을 이용해야 한다. 혹 좌·우에 문이 없고 전면에만 있을 때 역시 중앙에 있는 문을 피하고 전면 양쪽 가에 있는 옆문을 이용해야 한다.

전면 중앙에 있는 문은 어간문(御間門)이라 하여 그 절의 조실(祖室) 스님이나 주지 스님, 법사 스님, 원로 스님 등이 출입하는 문이다. 법당의 중앙에 부처님이 앉아 계신 주좌(主座)에서 정면으로 난 문을 어간문이라 하니 곧, 부처님의 정면으로는 일반 신도는 물론 보통 스님들도 출입해서는 안된다. 뿐만 아니라 부처님 앞인 어간을 지날 때에는 반드시 합장하고 허리를 굽힌 채 지나가야 한다.

법당의 좌·우에 난 옆문을 이용하여 출입하면서 문을 여닫는 법도 조용히 정중하게 경건한 마음으로 조심스럽게 하여야 한다.

(2) 법당에 들어서서

법당에 들어가서 문을 닫고 돌아선 다음에는 우선 부처님을 향하여 합장 반배(合掌半拜…합장하고 선 채로 허리를 굽혀 인사)한다.

부처님 앞에 나아가 다시 합장 반배를 하고 촛불을 켠다. 이때 촛불이 켜 있으면 초를 준비했다 할지라도 그대로 탁자 앞에 놓고 향을 사른다.

향을 사를 때는 준비한 향이 많다 하여도 한 가치(一柱香)만 촛불에 붙여서 그대로 향로에 올린다.

향을 사르어 올린 뒤 가능하면 다기(茶器)에 청수(淸水·玉水)를 새로 올리고, 공양미(供養米)를 준비했으면 불기(佛器)에 담아 올리고 과일 등을 준비했으면 또 깨끗이 씻어서 불전에 바쳐 올린다.

(3) 큰 절

모든 준비가 끝나면 불전에서 서너 걸음 물러서서 정면을 피하여 절을 올린다. 합장 반배한 다음 오체 투지의 큰절을 한다.

큰절은 적어도 세 번이니 그 이상은 일곱 번 또는 백팔 번, 천 번, 삼천 번, 할 수 있는 대로 하게 된다.

절을 하는데 삼배(三拜)·구배(九拜)·백팔배(百八拜)하는 뜻은 세 번 하는 것은 불·법·승 삼보에 각각 올리는 것이요, 아홉 번은 삼보에 각각 세 번씩이요, 백팔 번은 우리의 백팔 번뇌를 참회하는 뜻이다. 그 이상 천배·삼천배 많이 할수록 좋다.

큰절을 하고 맨 마지막에 고두례(叩頭禮)·유원 반배(唯願半拜)를 하니 이는 엎드려서 일어나지 않고 팔굽을 땅에 붙인 채 머리와 어깨만 들고 손을 합장하고 고두(공경하여 머리를 숙임)하는 예인 것이다. 그리고 일어나서는 서서 합장 반배한다.

(4) 법당을 나서며

법당 안에서 불공을 드리거나 예경을 올리고 볼일이 다 끝난 다음

법당을 나오려고 할 때는 모든 기물을 제자리에 가지런히 해놓고 켜놓았던 촛불을 반드시 끄고 나와야 한다. 법당을 나서면서 다시 합장 반배를 하고 법당문을 조용히 꼭 닫아둔다.

여기에서 주의해야 할 일은 촛불이나 향의 불을 끄는데 불어 꺼서도 안되고 옷소매를 흔들어 꺼서도 안되고 손으로 부채를 부쳐서도 안된다(사미율의)고 한 예의를 알아야 한다.

3. 불공 드릴 때

부처님께 공양(供養)을 올리는 것을 불공(佛供)이라고 한다. 우리는 불공을 드리는데 여러 가지 경우가 있다. 크게 보아

첫째로, 우리의 삶이 뜻대로 되지 않아 괴로움과 어려움에 부딪쳤을 때 그 고난을 하소연하고 벗어나고자 하는 기원을 올리려는 마음에서다. 하고 있는 사업이 무난히 성공하길 바라고, 건강치 못한 가족이 건강하길 원하고, 풍족하지 못한 살림이 펴나길 바라고, 모든 어려움을 벗어나 안정되지 못하는 마음을 편안케 하고자 불공을 올린다.

둘째로, 여러 가지 일이 뜻대로 또는 의외로 이루어졌을 때 감사하는 기쁜 마음으로 불공을 올린다. 바라던 소원이 성취되었거나, 생각지도 못했던 일들이 성공적으로 이루어졌을 때 부처님을 찾고 절을 찾아 은혜에 감사하는 불공을 드리게 되는 것이다.

셋째로, 일의 성패와, 고난과 행운의 결과에도 불구하고 항상 부처님의 커다란 위신력과 대자 대비의 공덕을 존경하고 본받기 위한 수행으로, 자기 자신의 성찰과 무량한 공덕으로 민족과 온 세계와 중생의 평화와 안락을 간구하는 염원으로 불공을 올리게 된다.

어떠한 경우에든 갖추어야 할 예법이 있다.

(1) 근본은 정성이 깃들어야 한다

불공을 올리려는 마음가짐에서부터 준비하는 과정까지 깊은 정성이 우러나지 않으면 안된다. 그저 해볼까 하는 시덥지 않은 마음이나, 어떨까 하는 반신반의나, 행여나 하는 요행심으로 불공을 올린다면 한갓 허공에 금을 긋듯 막연한 일이 되고 만다. 깊은 신심(深心), 굳은 마음(堅心), 기필코 이루리라는 간절한 바람과 곧바른 믿음(直心)이 성취를 가져오는 근본이 되기 때문이다.

(2) 공양물은 청정하고 후덕하게 한다

부처님께 올리는 공양은 청정하지 않으면 안된다. 부정스레 준비한 것이나 부정한 마음을 지녔을 때 참된 불공이 되지 못한다.
"삼륜이 청정(三輪淸淨)하여 불위도용(不違道用)이어다."하니, 이는 공양을 올리고 베풀려는 사람이나 공양물이거나, 공양 받는 사람이나 모두 청정하여 도(道)에 어긋나서는 안된다는 말이다. 청정(淸淨)한 마음으로부터 준비하는 공양물이 청정하여야 하니 맑고 청정한 옥수, 좋은 향, 싱싱한 꽃이며 잘 익은 과일 등이 이지러지거나 부서짐이 없이 온전한 것이어야 하며, 또한 떳떳하게 준비되었을 때 청정한 공양물이 될 것이다.
또한 준비하는 과정에서도 인색하지 않고 후덕해야 한다. 내가 갖고 있지 않은 물건을 사야 될 때에는 값을 깎지 않는 법이다.
"싸고 비싼 것을 다투지 않고 한번 사기로 값을 정했으면 아무리 싼 것이 있더라도 그것을 버리고 다른 것을 사지 말고, 다른 이가 흥정하거든 피하여 살 것이며 부처님께 공양하는 꽃은 잘 핀 것을 택하되 냄새를 먼저 맡지 말며, 시들은 것을 들어내고 새 것을 공양하며 시들은

것은 땅에 던져 밟게 하지 말고 한쪽에 버려야 한다"(사미율의)

(3) 공양을 올릴 때 정중하고 조심스레 올린다

공양물을 불전에 올릴 때는 정중하고도 조심스레 올려야 한다. 두 손으로 받쳐서 이마 위로 올려야 하니 잘못하여 눈과 코와 입에서 부정한 것이 떨어질까 조심하여서이다.

공양물을 담는 그릇도 깨끗이 할 뿐만 아니라 집고 놓음에 안전하게 하며 함부로 하여서는 안된다. 만일 두 손으로 받들기에 어려운 높은 곳이나 먼 곳이어서 한 손을 쓸지라도 다른 손으로 또 한 손을 받쳐들어야 하는 것이다.

(4) 의식(儀式) 중엔 법대로 해야 한다

의식을 할 때는 혼자 할 때나 스님과 더불어 여럿이 함께 할 때나 여법(如法)하니 행해야 하니 절을 해야 할 때에 앉아 있거나 조용히 축원할 때에 돌아다녀서는 안된다.

잘 알지 못하는 일은 스님께 여쭈어 보고 또한 스님이 하시는 대로 함께 따라서 행하면 제일 무난한 일이다. 스님이 일어설 때에 일어서고, 예배드릴 때 예배하며 정진(정근)할 때에 함께 염불을 드리면 된다.

특히 축원을 올릴 때 마음을 다른 데 두어 산란하거나 잡생각과 행동으로 일심을 잃어서는 안된다. 또한 의식이 모두 끝나기 전에 혼자 나가버리는 일도 삼가하여야 할 것이니 처음부터 끝까지 시종이 여일하니 마음을 쏟아야 할 것이다.

불공을 올리는 일이 모두 끝나게 되면 다시 부처님과 스님께 합장 인사하여 감사의 뜻을 표하여야 한다.

4. 법회에서 설법을 들을 때

(1) 몸과 마음을 단정히

우리는 불교를 알고자 할 때 스님을 찾아뵙고 설법을 듣게 된다.
설법을 들을 때는 혼자 들을 때도 있고 또 대중이 모여 함께 듣는 법회에 나가 들을 때도 있다.
법을 듣는다는 것(聽法)은 불교를 배우는데 가장 첫걸음이 되는 중요한 일이다. 그래서 옛부터 법을 들을 때에는
"모름지기 잘 들어서 생각하고 생각하여서 닦아 행하라. 이것이 세 가지 지혜니라(須聞而思 思而修 是三慧也)"라 한다.
나아가 말 구절만을 기억하여서 이야기거리로 삼아서는 안되고, 알지 못하면서 아는 척하여 귀로 듣고 입으로 흘려버리면 안된다고 경계하신다.
설법을 잘 듣기 위해서는 먼저 그 몸과 마음이 단정해야 하고 예의 범절이 있어야 한다.
먼저 법문을 듣고자 할 때에는 의복을 단정히 하고 공경스럽게 삼배(三拜)를 드려 설법하시길 청해야 한다.
설법을 들을 때에는 단정히 앉아서 두리번거리거나 쓸데없는 이야길하지 말고 큰기침이나 소리를 내지 않으며 다른 사람과 소근거리지 않으며 손이나 발로 딴짓을 하여서 마음을 다른 곳에 두어서는 안된다. 오로지 법문의 뜻이 무엇인가 귀기울여 경청할 것이요, 또한 깊이 생각하고 마음에 새겨야 할 것이다.
또한, 법문을 들을 때는 가지고 있는 염주나 단주를 굴리는 일도 삼

가해야 할 것이다.

(2) 늦게 참석했을 때

혹시 법회에 갔을 때 늦게 참석하여 이미 법회가 시작되었으면 다른 사람에게 방해되지 않도록 살며시 자리잡고 앉아야 한다.

이때에는 향을 사르거나 촛불을 켜거나 또 큰절을 한다 하여 앞에 나가 번잡하니 해서는 안되고 오로지 묵례하고 가만히 참석했다가 법회가 끝난 뒤에 하는 것이 좋다.

또한, 설법 도중에 자리에서 일어나 먼저 나가는 것은 큰 실례이며 부득이 피치못할 일이 있을 때에는 미리 맨 뒷자리에 앉았다가 다른 사람에게 폐가 되지 않도록 살며시 일어나야 한다.

설법을 들을 때 마음가짐으로 두 가지를 경계하라는 가르침이 있다.

"절벽에 부딪힌 것과 같이 어렵다는 생각을 내어서 물러날 마음을 갖지 말며, 흔히 들은 말이라 생각하여 용이하다는 마음을 내지 말고 모름지기 생각을 비워 들어야 한다."

또 설법하시는 스님을 가벼이 생각하면 나아갈 바가 없고 얻을 것이 없게 되는 것이라 비유하여서 "어떤 사람이 밤중에 길을 가는데 죄인이 불을 밝혀준다 하여 그 불빛을 받지 않으면 구렁에 떨어지리라" 하시는 말씀도 있다.

설법을 들을 때에는 마치 살얼음을 밟듯이 눈과 귀를 기울여서 들어야 한다.

설법이 끝나면 감사의 예를 드리고 조용히 일어나 물러나와야 한다. 만일 의심스러운 일이 있으면 스님에게 다시 물어보아도 상관없으나 스님의 형편과 시간을 존중해서 무리하지 않게 해야 할 것이다.

5. 스님을 대할 때의 예절

(1) 스님을 부를 때

① 법명과 법호

스님은 이름이 여럿 있다. 출가하기 전의 이름은 속명(俗名)이요, 출가하여 계를 받고 득도하면 법명(法名)이 있게 된다. 스님을 부를 때는 속명을 쓰지 않고 법명을 부르게 된다. "○○스님"

스님이 된 지 오래 되어 모든 경전을 배우고 도가 깊어져 능히 남을 가르칠 수 있고 불법을 펼 만한 스님이 되었을 때는 큰스님으로부터 인가(認可)를 받고 법을 전해받게 된다. 이때를 입실(入室)·건당(建幢)이라 하며 법맥을 상속(法脈相續)한다고 한다. 이때 당호(堂號) 또는 법호(法號)를 받게 된다.

법을 이어받아 법호를 얻으신 스님에게는 법명을 부르지 않고 법호를 불러야 하는 것이 예의다. 그러나 스님 본인은 겸손하고 사양하여 법호가 있으면서도 법명으로 칭하나 다른 분이 부를 때는 꼭 법호를 사용하여야 하는 것이다.

② 소임과 별칭

스님들에게는 각기 절에서 맡은 바 직책이 있다. 그 절의 모든 운영을 책임한 주지(住持) 스님, 모든 대중들의 수행과 위의와 법도를 지도하시는 조실(祖室) 스님·방장(方丈) 스님, 법문을 설하여 주시는 법사(法師) 스님, 경을 가르치시는 강사(講師) 스님, 또 주지 스님 아래서 일을 보는 총무 스님, 교무 스님, 재무 스님, 절 살림을 맡아하는 원주 스님, 법당에서 부처님을 받들며 공양을 올리는 부존 스님 등

각기 스님에게 부여된 직책이 있다. 이때에는 법호가 있다 하여도 직책을 붙여서 조실 스님, 주지 스님, 부존 스님 등으로 부르게 된다.
  큰스님의 법명을 부르지 않고 법호나 당호로 불러야 하지만 법호를 함부로 부르는 것도 송구하기 때문에 따로이 호칭〔別稱〕하는 것이 더 좋은 예의다.
  예를 들면 큰스님이 계신 곳의 이름을 붙여 ○○산 큰스님, ○○사(암) 큰스님 등 산 이름이나 절 이름으로 대신하기도 하고 또 그 스님이 계신 건물의 이름을 따라서 ○○실 스님, ○○당 스님, 별당(別堂) 스님 등으로 호칭하기도 한다. 방장 스님이나 조실 스님은 ○○ 큰스님이라 하며 나이 많으신 원로 스님들에게는 꼭 노(老)자를 붙여 ○○ 노스님이라 하는 것이 예의가 된다.

(2) 스님에게 예배할 때와 하지 않을 때

  스님을 만나게 되면 반드시 합장하고 예를 드린다. 밖에서 만났을 때는 그대로 서서 합장 반배로 좋으나 방 안에 들어가면 다시 합장하고 오체 투지의 큰절을 한다.
  설사 밖에서 인사를 했다 할지라도 스님이 자리에 좌정하시게 되면 다시 큰절을 하는 것이 예의다.
  또 법문을 청할 때는 큰절로 삼배하며 법문이 끝나거나 예식이 끝났을 때도 은혜에 감사하는 예를 드려야 한다.
  스님을 만나 예배를 하지 않아야 할 때가 있다. 스님이 좌선하여 정(定)에 들었을 때, 스님이 공양할 때, 스님이 설법할 때, 스님이 세수하고 양치할 때, 스님이 목욕하거나 누워서 쉴 때, 화장실에서 만났을 때는 절을 하지 않아야 한다. 다만 묵례로써 공손한 태도만 보이면 될 것이다. 스님이 답례를 하려면 하던 일을 멈추거나 번거롭게 되기 때문이다.

6. 공양(식사)할 때의 예절

옛부터 사람이 식사하는 모습을 보고 '복스럽게 먹는다' 또는 '식복(食福)이 있겠다'고 말해오고 있다.

동양이나 서양이나 사는 곳과 풍습에 따라 각기 식사하는 법이 다르지만 공통적인 것은 식사할 때에도 분명히 예절이 있고 그 예절에 따라야 대접을 받게 된다.

(1) 발우 공양

절에서 스님들이 공양하는 것은 원칙으로 '발우 공양'이다.

발우 공양이란 각기 자기의 음식 그릇인 발우(바릿대)를 가지고 여기에다 자기가 먹을 음식을 받아 먹고 씻어서 지니는 것이다. 요즈음 서양식인 '부페'와 식당에서 주문 식단제의 원천같은 방식이다.

발우 공양의 특징은 자기가 먹을 수 있는 만큼의 음식을 자기 그릇에 담아 먹고 남기지 않으며 다른 음식에 함부로 손을 대어 지저분하지 않게 하는 가장 위생적인 방법이라 할 것이다.

또 음식에 탐을 내어 혼자만 많이 먹으려는 과욕을 부리지 않고 골고루 나누어 먹는 평등 공양이라 할 것이다.

(2) 다섯 가지 생각

절에서는 스님들에게 공양할 때의 예절을 강조하여 가르친다.

"공양 시간이 되면 의복을 단정히 하고 음식을 받을 때는 차례를 넘지 않게 하며 많지도 적지도 않게 자기가 먹을만큼 받아야 하며 만일 돌아온 음식이 다 먹지 못하겠다 하면 미리 덜어내야 한다. 또 음식을 먹기 전에는 다섯 가지를 생각하고 염불을 해야 한다."

　'이 음식이 내가 먹게 될 때까지는 얼마나 많은 수고와 노력이 들었겠는가?
　나의 덕행(德行)은 공양을 받음에 부족함이 없는가?
　이 공양을 받으며 탐욕심을 일으킴이 없는가?
　이 공양은 내 몸을 유지하는 약으로 생각하고,
　이 공양을 받음은 오직 불도를 이루려 함이다.'
하고 오관게(五觀偈)를 하는 것이다.

(3) 음식은 소중하게

"받은 음식을 좋다 나쁘다 가려서는 안되고, 먹고 마심에 씹는 소리, 훌쩍거리는 소리를 내어서도 안되고, 밥을 먹으면서 말해서도 안되고, 혹시 벌레나 티끌이 들어있어도 살며시 혼자만 알지 다른 사람에게 말하여서는 안되고, 한 자리에서 먹고 자리를 옮겨 다니며 먹지 말고, 그릇을 부딪히거나 긁는 소리를 내지 말며, 음식을 먹고 난 뒤 찌꺼기를 남기지 말고 깨끗이 먹어야 한다."

이와 같이 자세하게 음식 먹을 때의 예절을 가르친다.

음식을 소중히 하여야 한다고 강조하는 가르침으로 "한 알의 곡식도 소홀히 버려서는 안되니 만일 한 알의 곡식을 버리게 되면 곡식이 다 썩어 없어질 때까지 합장을 하고 서 있어도 그 과보를 면하기 어렵다"고 한다.

(4) 일체 만물에 은혜와 감사를

 우리의 생명을 이어주는 모든 음식이 우리와 같은 생명을 가졌던 것, 설사 식물이라 할지라도 한 방울의 물이라 할지라도 같은 생명인 줄을 깨닫게 하는 첫걸음이 되기 때문이다.
 절에서 스님들에게 가르치고, 스님들이 행하는 공양법을 재가 신도들도 참작하여 따르는 것이 또한 절에서의 예절일 것이다.
 공양이 끝나면 꼭 합장하고 일체 만물의 은혜와 감사한 마음을 가지는 예를 표해야 한다.

제2편
위대한 성인 부처님의 일생[1]

제1장 부처님께서 이 세상에 오실 때까지
도솔래의상(兜率來儀相)[2]

1. 연꽃을 부처님께 공양한 청년[3]

(1) 선혜 행자의 발원

어느 때 선혜(또는 유동)라는 젊은 수행인이 있었다.
생사의 고통 속에서 방황하는 자신과 세상의 모습을 보고 크게 발심하여 지극한 정성으로 큰 행원(行願)[4]을 발했다.
"이 세상에서 고통받는 중생들이 끝없이 많사오매, 내 부처되어 마지막 한 생명까지 기어이 건지오리다"〈불본행집경(佛本行集經)〉
연등 부처님(燃燈佛·錠光佛)[5]께서 마침 이 나라에 오신다는 소문을 듣고 길에 나섰을 때는 나라의 왕과 백성들은 모두 다 부처님께 꽃을 공양하려 했다.
선혜행자도 부처님께 꽃을 공양하려 하였으나 꽃을 구할 수가 없었다. 그러나 지성으로 꽃을 구함에 **구리선녀**에게 푸른 연꽃 일곱 송이가 감추어져 있다는 것을 알게 되었다.

선혜행자는 **구리선녀**를 찾아가서 꽃을 나누어 달라고 사정을 했다.

꽃을 숨겨 두었던 **구리선녀**는 저절로 드러난 꽃을 보고 크게 놀라면서도 부처님께 공양할 꽃이라고 거절했다.

그러나 꽃을 구하려는 선혜행자는 다시 간청했고 선녀는 팔고 싶지 않은 생각으로 꽃 한 송이에 아주 비싼 값인 금전 백 닢을 요구했더니 행자는 선뜻 금전 오백 닢을 내놓고 꽃 다섯 송이를 달라고 했다.

(2) 선혜 행자와 구리 선녀

구리선녀는 다시 어려운 요구를 했다.
"꽃을 팔기는 하되 당신과 세세생생에 부부가 되어줄 것을 약속하셔야 되겠습니다."
"나는 도를 닦는 사람이라 생사의 인연을 다시는 맺을 수가 없소"
선혜행자는 거절했다.
이에 **구리선녀**는
"정히 그러하다면 나도 이 꽃을 팔 수가 없습니다"
행자는 어찌할 수 없었다.
'부처님 소리만도 이 세상에서 듣기 어렵거든 부처님을 만나 뵈옵기는 더욱 어려운 일, 더구나 이러한 기회에 꽃을 공양하는 인연을 놓칠 수도 없는 일 아닌가?' 다시 한번 생각하고 말했다.
"그대의 원이 그러하다면 나도 원이 한 가지 있소. 그대와 함께 부부가 된 후에 내가 무엇이든지 하고자 하는 일에, 더구나 도(道)에 나아가는 보살행을 할 때에 방해하지 않으리라는 다짐이 있다면 들어주리다."

구리선녀는 크게 기뻐하며 맹세를 한 후, 연꽃 다섯 송이와 나머지

두 송이를 내어주며 부탁했다.
"당신이 하는 일은 무엇이든지 방해하지 않으리, 이 두 송이는 나의 발원으로 대신 연등 부처님께 올려 주시오"

(3) 부처님의 수기를 받다

곧바로 선혜행자는 연등 부처님 계신 곳에 가서 저 구리선녀가 부탁한 두 송이 연꽃과 함께 일곱 송이 꽃 칠경화(七莖花)를 부처님께 받들어 올렸다.

왕과 백성들이 올린 꽃들은 모두 땅에 흩어졌으나 오직 선혜행자가 올린 일곱 송이 연꽃만이 부처님의 머리 위에 화대로 장식되었다.

마침 부처님이 지나시는 길이 진흙투성이라 입고 있던 옷을 벗어 길에 깔고, 그래도 부족하여 머리카락을 풀어 엎드려 땅에 펴고 부처님께서 지나가시게 했다.

이를 본 연등 부처님은 말씀하셨다.

"오, 장하다 선혜야, 그대의 보리심은 갸륵하구나. 그대는 과거 오랫동안 여러 생애를 두고 수행을 쌓았고, 몸과 목숨을 바쳐가며 남을 위해 애를 썼으며, 욕망을 버리고 자비로운 행을 닦아 왔다. 이 지극한 공덕으로 오는 세상에 기필코 부처가 되리니 그 이름을 석가무니라 부르리라"[6]

선혜행자를 찬탄하며 수기(授記)를 내리셨다. 수기란 부처님이 보살과 불제자 수행인들에게 다음 어느 세상에 성불하리란 것을 낱낱이 예언하시는 교설이었던 것이다.

이후 선혜행자는 싯달타태자로 태어나게 되고 구리선녀는 야소다라공주로 태어나서 둘이 부부가 되는 인연이 되었다 하여 불교에서는 남녀가 부부되는 결혼식을 화혼식(華婚式)이라 하고 부처님께 꽃을 공양하는 일이 이에서 비롯된다 한다.

2. 몸을 바쳐 도(道)를 얻으려는 설산 동자의 구도심(求道心) 〈대반열반경(大般涅槃經)〉

(1) 구도자 설산 동자로

지난 옛날 연등 부처님께 연꽃을 공양하고, 진흙 길에 머리를 풀어 깔고 부처님을 지나가시게 한 지극한 공경심과 구도심에 '미래에는 부처가 되리라'는 수기를 받은 선혜행자는 한 생을 지나 다시 도를 닦는 수행자로 태어났다.

히말라야 깊은 산속에 설산동자라는 한 소년이 발심하여 열심히 수행하고 있었다.

어느 날 동자가 '이 세상의 근본 진리는 무엇일까?' 도(道)를 생각하며 수행하고 있을 때 어디선가 청아하고 그윽한 소리가 들려왔다.

"이 세상 모든 일 덧 없으니(諸行無常)

그것은 곧 나고 죽는 법이라네(是生滅法)"

설산동자는 들려오는 시구 한 구절에 마음이 활짝 열린 듯 무한한 기쁨을 느꼈다. 자리에서 일어나 주위를 살펴보았으나 아무도 보이지 않았다. 오직 험상궂게 생긴 나찰귀신[7] 뿐이었다.

그는 생각했다.

'저처럼 추악하고 무서운 얼굴을 가진 것이 어떻게 그런 시를 읊을 수가 있을까? 그것은 불속에서 연꽃이 피고, 햇볕 속에서 찬물이 흘러 나오는 것과 같다. 그러나 또 알 수 없다. 혹 저것이 과거에 부처님을 뵙고 그 시를 들었는지도……'

그는 나찰에게 가서 물었다.

"당신은 어디서 그토록 거룩한 시구를 얻었습니까? 그 시는 과거 부처님의 말씀이며 여의주의 반쪽과 같습니다. 나는 그 시를 듣고 마치 망울진 연꽃이 피는 것처럼 마음이 열립니다."
"나는 그런 것은 모르오. 여러 날 굶어 허기가 져서 헛소리를 했을 뿐이오."
"그런 말씀 마십시오. 당신이 만일 그 시를 전부 내게 일러주신다면 나는 일생토록 당신의 제자가 되겠습니다. 물질의 보시는 없어질 때가 있지마는 법의 보시는 없어질 수 없는 것입니다."
"당신은 지혜는 있어도 자비심이 없소. 자기 욕심만 채우려 하고 남의 사정은 모르고 있소. 나는 지금 배가 고파 죽을 지경이요."
"그러면 당신은 도대체 어떤 음식을 먹습니까?"
"놀라지 마시오. 내가 먹는 것은 사람의 살덩이이고 내가 마시는 것은 사람의 따뜻한 피요. 그러나 그것을 구하지 못해 나는 괴로워하고 있소."

(2) 법을 얻으려 몸을 버리다

설산동자는 법을 얻기 위해 몸을 바치기로 작정하고 말했다.
"그러면 좋소. 당신이 그 시를 다 들려주면 나는 그것을 다 듣고 내 몸을 당신에게 드리겠소. 나는 이 무상한 몸뚱이를 버려 영원한 법을 얻으려 하오."
"그러나 누가 당신 말을 믿겠소? 겨우 시 반쪽을 듣기 위해 그 소중한 몸을 버리겠다니……"
"당신은 참으로 어리석소. 마치 어떤 사람이 질그릇을 주고 칠보로 된 그릇을 얻듯이, 나도 이 무상한 몸을 버려 금강석처럼 굳센 법을 얻으려는 것이오."
마침내 **설산동자**는 높은 벼랑에 올라가 한 손으로 나뭇가지를 잡고 매달렸다.
"자, 이제 시구를 마저 들려 주시오. 그러면 이 손을 놓을테니 그때 당신이 먹으면 될 것이오."

나찰은 설산동자가 진심으로 몸을 바쳐 도를 얻으려는 구도심이 지극한 것을 알고 시의 뒷부분을 외웠다.

"나고 죽음이 다 사라진 뒤(生滅滅己)

아, 그것은 열반, 즐거움이어라(涅槃爲樂)"

그는 이 시를 마저 듣고 더욱 환희심이 솟았다. 시의 뜻을 깊이 생각하고 음미한 뒤에 벼랑과 나무와 돌에 새겼다. 그때 나무신〔木神〕이 그에게 물었다.

"그 시에는 어떤 공덕이 있기에 그리 소중합니까?"

"이 시는 과거 모든 부처님께서 말씀하신 것입니다. 내가 이 시를 들으려고 몸을 버리는 것은 나 하나를 위해서가 아니라 모든 중생을 이롭게 하기 위해서 입니다."

그는 다시 최후로 생각을 했다.

'이 세상의 인색한 모든 사람들에게 내 몸을 버리는 이 광경을 보여주고 싶다.

조그만 보시로 마음이 교만해진 사람들에게 이 모습을 보여주고 싶다.

내가 한 구절의 시를 얻기 위해 기꺼이 목숨을 버리는 것을……'

전생에 연꽃을 부처님께 공양했던 선혜행자는 이제 또 설산동자로서 자기의 목숨을 바쳐서까지 진리를 찾으려는 지극한 구도심(求道心)으로 보살행을 닦고 있다. 자신을 돌보지 않는 구도심은 보살이 가야 할 길이며 곧 영원한 생명인 것이기에 수 억겁의 세월 동안 원행(願行)의 길을 닦아온 것이다.

(3) 제석천이 받들고 도솔천으로

설산동자는 나찰과의 약속을 지키기 위해 나뭇가지를 잡았던 손을 놓았다. 천길 만길 낭떠러지로 떨어지는 설산동자, 그런데 그 몸이 땅에 닿기도 전에 나찰은 제석천으로 화하여 설산동자를 받들고 하늘 나라 도솔천으로 올랐다.

하늘의 모든 천신들이 그의 발에 예배하고 그 지극한 구도 정신과 서원(誓願)을 찬탄했다.

이제 부처님이 되기 전, 부처님 자리를 보충하는 보처 보살(補處菩薩)로서 마지막 수행을 하게 된다.

도솔천에서의 모습은 어떤가?

3. 도솔천(兜率天)의 호명(護明) 보살 세상을 살피시다

(1) 호명 보살로 도솔천에서 교화

선혜행자가 발심한 이래 한량없는 겁(세월)을 지나면서 보살의 원행(願行)을 닦아 이제는 보처(補處) 보살이 되어 하늘 나라 도솔천에 나아갔다.

선혜행자는 다만 중생의 교화를 목적으로 도솔천에 났기 때문에 이곳에서 **호명(護明)**보살이라 불리우며 온갖 하늘꽃이 아름답게 피어 있는 가운데 미묘한 향기를 풍기고 기이한 새들이 아름답게 노래하는 동산에서 천신들을 위하여 법문(法門)을 설하고 있었다.

"설사 커다란 복을 지어 하늘에 태어났다 할지라도 그 복이 다하면 다시 떨어지는 법, 다함이 없는 무루(無漏)법을 닦아 영원한 해탈의 길에 들어서야 하느니라."

하루는 어디선가 청아한 시구가 들려온다.

"일찍이 연등 부처님께서 보살에게 수기하셨네. 돌아오는 세상에 부처되리라."

"끊임없이 보살도를 닦아 가없는 공덕을 쌓으시고, 모든 번뇌 떨치고, 지혜의 빛을 놓으사, 청정행을 성취하셨네."

"생과 사의 바다 뛰어 넘어서 해야 할 일, 마치실 날이 이제야 다가왔나니, 가여운 우리 중생을 보살님, 버리지 마옵소서."

"목마른 중생들에게 감로수를 뿌리시고 번뇌의 불길에 진리의 비(法雨)를 내리소서."

"악마의 무리 쳐부수고 외도들을 교화하시며, 대자 대비의 길 펴보시어 구원한 보살 원행(願行)을 마침내 성취하소서."

(2) 호명 보살 행원을 다시 다지다

천녀들의 악기가 아름답게 울리는 가운데 들려오는 천신들의 노래 소리, **호명보살**은 이에 때가 된 줄 알고 이 세상을 두루 살펴보셨다. 보살은 이제 마지막 한 중생을 찾아서 하늘 나라를 떠나서 사바 세계로 내려 오시려 한 것이다.

보살은 발심(發心)할 때 세운 지극한 행원(行願)을 다시금 다졌다.

"이 세상에서 고통받는 중생들이 끝없이 많사오매 내 부처되어 마지막 한 생명까지 기어이 건지리라" 〈불본행집경(佛本行集經) 권5〉

보살이 되고 부처가 되는 일이 홀로 영원한 생명과 안락을 누리자는 일이 아니다. **호명보살**은 이 세상을 살펴보시며 말씀하신다.

"반드시 알라! 보살은 청정한 업(業)과 보(報)를 스스로 버리고 내가 멸도한 후에도 중생을 가엾이 여기어 정토를 버리고 악한 세상에

태어나서 부처의 법을 널리 설하리라."〈법화경(法華經)-법사품〉

"내가 능히 중생들의 고통을 구할 수 있다면 지옥의 고통이라도 기꺼이 받으리니, 이런 까닭에 나는 항상 지옥 가운데 머무르며, 세상 사람들과 함께 하느니라."〈열반경(涅槃經)〉

하늘에 있는 모든 천신들은 **호명보살**께서 하강하시려는 것을 알고 근심에 쌓여 슬퍼했다. 그때에 **호명보살**은 모든 천신들에게 말했다.

"내가 이제 사바 세계에 하강하는 것은 결정코 의심없는 일이다. 그러므로 그대들은 마땅히 무상(無常)을 생각할지며 마땅히 미래가 두려울 것을 생각하라. 그대들은 지금 천상락을 받고 있지만, 신체의 더러움과 마음의 강한 애착을 잘 관찰하라. 이 모든 욕망이 함께 서로 얽매고 둘러쌈으로써 생사중에서 벗어나지 못하나니 이 법을 잘 관찰하라. 그리하여 너무 근심하거나 슬퍼하지 말라."〈불본행집경(佛本行集經)〉

(3) 호명 보살 세상을 살피시다

그리고 보살은 곧 다섯 가지 일을 관찰했다.
① 모든 중생의 근기(根機)가 성숙했는가? 미숙했는가?
② 때가 이르렀는가?
③ 모든 나라 중에서 어느 나라로 갈 것인가?
④ 여러 종족 중에서 어느 누가 가장 진정하며
⑤ 누가 마땅히 부모가 될 만한가?'

이 다섯 가지를 관찰하고 생각하기를 '이제 모든 중생은 내가 초발심 이래로 성숙시킨 바이니 청정한 묘법을 능히 받을 수 있고 삼천대천 세계중 남섬부주 가비라국 석가족이 제일이며 정반왕 부부는 진정하여 부모가 될 만하구나.' 했다. 〈과거현재인과경(過去現在因果經) 권1〉

모두가 다 천국과 극락을 바라고 원하는데 보살은 이제 행복과 안락을 버리고 고통의 세계, 사바 세계로 돌아와 괴로움 속에 뛰어들어,

뭇 중생을 보살피려는 상생이 아니라 하생의 자비심을 내신 것이다. 부처님께서 사바 세계에 오시는 뜻이 이러한 데 있는 것이다.[8]

제2장 룸비니 동산에서 탄생하심
비람강생상(毘藍降生相)[9]

1. 크나큰 광명이 이 땅 위로

(1) 호명 보살이 석가족으로

우리가 살고 있는 이 세계(사바 세계 남섬부주)의 정상 **히말라야** 영봉의 남쪽 산기슭, 그중에 인도지역, 열여섯 개 나라 중 현재, 인도 북쪽 네팔의 남쪽 **타라이**지방에 자리한 **카필라**(kapilavatthu 가비라)성 (城)이 있었다.

이 성은 조그만 나라로서 **샤카**(석가)족이 농업을 주로 하는 왕성(王城) 국가였다. 이 나라에는 **수도다나**(Śuddhodana - 정반)를 왕으로 농사를 지으면서 화평하게 살고 있었다.

석가족은 예로부터 '태양의 자손'이라 불리는 총명하고 용기있는 백성들이었다. 왕은 선정을 베풀고 백성들은 순종했으나 왕의 나이 40

여 세, 또 결혼한 지 20년이 지나도록 뒤를 이을 왕자가 없었다.

더구나 강대국인 이웃 나라 **코살라**(교살라)국으로부터 항상 침략의 위험이 있었으니 태자가 없는 왕과 백성들은 항시 근심에 쌓여 편할 날이 없었다.

도솔천(兜率天)에서 천신들을 교화하고 있던 **호명보살**은 사바 세계에 내려오실 생각을 일으키신 뒤 이곳을 택했다.

"저 히말라야 산기슭, 예로부터 코살라국에 속하는 땅에 부(富)와 용기를 아울러 갖춘 한 단정한 겨레가 살고 있었으니 그들은 '태양의 자손'이라 일컬어지는 내 생족(生族) 석가족이다" 〈숫타니파아타3대품·1출가경〉

(2) 마야 부인을 어머니로

정반왕의 왕비인 **마야부인**[10]이 어느 날 기이한 꿈을 꾸게 된다.

'하늘이 크게 빛나며 여섯 개의 이빨을 가진 눈부시도록 하얀 코끼리(白象)가 오른쪽 옆구리로부터 태내에 들어오는 꿈'이었다.

그 꿈은 곧 태몽이었다. 또 왕자를 낳게 될 꿈이라 하여 온 백성이 기뻐했고 그로부터 왕비는 태기가 있어 날이 가고 달이 차 산월이 가까워지자 **마야부인**은 출산을 위하여 친정으로 향했다.

마야부인이 친정인 데바다성으로 향하는 도중 **룸비니**(비람) 동산에 이르렀다. 때마침 봄볕은 따사하고 **아쇼카**(무우수-無憂樹) 꽃들은 동산에 만발하여 향기가 그윽했다.

(3) 룸비니 동산에서 왕자로 탄생

때는 바로 만물이 힘차게 성장하는 4월 초파일이었다.

마야부인은 시녀들과 함께 잠시 쉬어가기로 하고 동산에 올라 오른

손을 뻗쳐 아름다운 무우수꽃 가지를 잡으려는 순간 애기 왕자가 탄생했다.

하늘엔 대광명이, 땅에는 진동이 울리며 애기 왕자가 탄생했다. 하늘의 신들인 **인드라**(제석천)와 **브라만**(범천)신이 공손히 양산을 바치고 사해의 용왕은 물을 뿜어 첫 목욕물을 올렸다. [11]

이때 애기 왕자는 맑은 눈(천안)으로 사방을 돌아보고 일곱 걸음을 옮기신 뒤 한 손은 하늘을 가리키고 한 손은 땅을 가리키며 큰소리로 사자처럼 외치신다.

"하늘과 땅 위에 나홀로 존귀하네. 온 세상이 모두 괴로우니 내 마땅히 이를 편안케 하리라" 〈잡아함경(雜阿含經), 수행본기경(修行本起經) 권상〉

옮기는 발자국마다 송이송이 연꽃이 솟아나고 외치는 소리는 천지를 뒤흔들었다.

역사 이래 최초의 자기 존엄의 선포요, 인간 존엄의 선포니, 이 사바 세계의 새로운 광명이며 인간이 비로소 인간을 찾게 되는 무한 생명의 외침이었다.

(4) 부처님 강생을 찬양

하늘의 신들과 바다의 용들과 선남 선녀들이 노래하고 춤추며 강생을 찬양한다.

"하늘과 땅 위에 홀로 존귀하신 님, 이 세상의 보배시여, 깨침의 광명이시여, 만 생명의 행복을 위하여, 평화와 기쁨을 위하여 이 세상에 강생하시네. 연꽃 송이 솟아나는 여기 **룸**비니, **샤카**족의 마을에, 모든 생명 가운데 으뜸이시니 진리의 소리 사자의 외침이시라" 〈잡아함경(雜阿含經)〉

"크나큰 광명이 솟아 위로 하늘을 비추고 아래로 지옥에 뻗치니, 하늘에서는 꽃비, 땅에서는 감로의 샘, 마른 나무에 꽃이 피고, 병든 자는 일어서며, 집 떠난 자들 다 돌아옴이라. 만세만세 만만세, 신들도 사람들도 용들도 기뻐 춤추네. 소리소리 노래하네."〈팔상록(八相錄) 2〉

2. 싯달타(悉達多) 태자로서

(1) 아시타 선인 왕자를 만나다

도솔천의 **호명보살**로서 이 세상을 살피시고 사바 고해의 뭇 중생을 보살피러 하강하시는 부처님! **정반왕**과 **마야부인**의 태를 빌어 화창한 봄날 사월 초파일 사슴동산 **룸비니**(비람원-毘藍園)에서 애기 왕자로 탄생하시었다.[12]

애기 왕자가 탄생하자 나라에서는 모든 죄수를 방면하고 살생을 금하라는 명령을 내리고 만 백성이 환호하는 속에 왕자는 **가비라성**으로 돌아왔다.

때에 **아시타**(Asita)라는 선인이 한낮의 휴식 때에 정결한 옷을 입은 서른 명이나 되는 신들이 기뻐하고 즐거워하면서 공손히 **인드라**(제석천)를 극구 찬탄하는 것을 보고 조심스레 물었다.

"신들이시여, 기쁨에 넘쳐 있는 것은 무슨 까닭입니까? 어떠한 희귀한 일이 있기로 그처럼 기뻐하며 소리치고 노래하고 춤추며 환희합니까?"

신들은 대답했다.

"비할 데 없이 묘한 보배인 저 보살은 모든 사람의 이익과 안락을 위해 인간 세계에 태어났습니다. **석가족** 마을 **룸비니** 동산에…… 무릇 살고 있는 자 중에서 가장 으뜸가는 사람, 가장 높은 사람, 황소같은 사람. 살아 있는 것 중에서 가장 높은 분은 머지않아 선인들이 모이는 숲에서 법바퀴(法輪)를 굴릴 것입니다. 용맹스런 사자가 뭇 짐승들을 이기고 포효하듯이, 그래서 우리는 기쁨에 넘쳐 있는 것입니다."

선인은 그 말을 듣자 인간 세계로 내려와 가비라성으로 찾아갔다.

마침 왕은 애기 왕자의 모습을 보고 이름을 짓고자 제일 훌륭하다는 아시타선인을 찾고 있었다.

"왕자는 어디에 있습니까? 나도 한번 뵙고 싶습니다."

석가족들은 솜씨 있는 금공(金工)이 만든 황금처럼 반짝이며 행복에 빛나는 거룩한 아기의 얼굴을 아시타선인에게 보였다. 불꽃처럼 빛나고 하늘의 달처럼 밝으며 구름을 헤치고 비치는 가을 태양처럼 환한 아기를 보고 환희에 넘쳐 몹시 기뻐서 가슴에 안았다.

(2) 출가하면 부처님 되리라고 예언

사람의 용모와 베다(Vada 성전)에 정통한 아시타선인은 애기 왕자를 보고 상을 살피더니 환성을 질렀다.

"이 아기는 위없는 사람, 인간 중에서 가장 뛰어났습니다. 마침내 위없이 존귀한 분이 탄생하셨도다!"

그러더니 선인은 갑자기 눈물을 흘린다. 왕은 크게 염려되어 물었다.

"우리 왕자의 앞길에 무슨 장애라도 있습니까?"

"왕자에게 어떤 불길한 상이 있어 그런 것이 아닙니다. 이 왕자는 깨달음의 궁극에 이를 것입니다. 많은 사람들에게 이익을 주고 불쌍히 여긴 나머지 법바퀴(法輪)를 굴릴 것이며 그의 청정한 행은 널리 펼쳐질 것입니다."〈숫타니파아타 3대품·11〉

"대왕이시여, 근심하고 걱정하지 마옵소서. 태자는 장수(長壽)의 상이 있어 의젓하고 큰 위덕이 단정하며, 그 누르고 흰빛을 띠신 금색 얼굴에 이마는 일산과 같고, 전체는 풍만하고, 마치 금상(金像)과 같은데 몸에는 서른두 가지의 비범한 장부상(三十二相)과 팔십종의 미묘한 형호(八十種形好)가 있어 세상에서는 천하를 다스릴 전륜성왕(轉輪聖王)[13]이 될 것이요, 나아가 결정코 큰 깨침을 이루어 청정법륜(淸淨法輪)을 굴리며 저 모든 하늘과 세상 사람들을 위하여 법을 설해서 일체 중생을 안락하게 할 것이옵니다. 만일 이런 법을 들으면 태어나는 중생은 곧 나는 생법(生法)을 면할 것이며, 늙은 중생은 곧 늙는 법(老法)을 면할 것이며, 병든 자는 병을 면하고, 죽을 자는 죽음을 면할 것이며, 우비고뇌(憂悲苦惱) 등의 일체 중생은 모두 해탈을 얻을 것이옵니다. 대왕이시여, 내 이제 나이 많고 몸이 쇠해서 그때를 만나 은혜를 입지 못하리니 이보다 더 큰 슬픔이 어디 있겠습니까? 그래서 눈물이 나온 것입니다."〈불본행집경(佛本行集經) 권10〉

아시타선인은 같이 데리고 왔던 조카 나이라카를 불러 "만일 네가 나중에 부처님이 깨달음을 펴고 진리의 길을 간다는 말을 듣거든 그때 그곳으로 가서 그분의 가르침을 따라 그 밑에서 청정행을 닦아라."고 말한 뒤 자리를 떠났다. 〈숫타니파아타 3대품 11나아라카품〉

왕은 애기 왕자가 전륜성왕이 되리라는 말이 기쁘면서도 한편 출가하면 부처님이 되리라는 말에는 서운한 마음도 있었다. 지금 이 나라는 왕의 뒤를 이어 나라를 다스려줄 태자를 고대했고, 나아가 이웃 강대국으로부터 끊임없이 위협을 받아온 터에 강력한 힘을 가진 전륜성왕의 출현이 절실했기 때문이다.

(3) 싯달타(悉達多), 태자가 되다

애기 왕자가 태어난 지 닷새째 되는 날 왕은 태자의 두 발을 씻고 명명식(命名式)을 거행했다. 왕궁에는 갖가지 향을 피우고 꽃으로 장식하며 맛있는 음식을 장만하고 모든 학문에 정통한 바라문 팔백 명을 초청하여 보시한 다음 태자의 이름을 짓게 했다.

태자는 비범한 모습대로 '일체 뜻을 성취(一切義成)하며 모든 목적을 완성하는 자'라는 뜻으로 싯달타(Siddhārtha 悉達多)라 했다.

이로써 애기 왕자는 부왕의 성을 따라 고타마(Gotama 瞿曇) 싯달타로서 태자가 된 것이다.

'마침내 위없이 존귀하신 분의 탄생'이시며 '마치 우담발라화(花)가 3천 년 만에 한번 피어남과 같이, 바다의 눈 먼 거북이 물 위에 뜬 나무를 만남과 같이' 부처님은 싯달타태자로서 이 사바 세계에 강림하신 것이었다. 〈대반열반경(大般涅槃經)-순타품〉

3. 어머니를 잃고도 훌륭히 자라다

(1) 성인의 삶과 목숨을 바꾼 마야 부인

고타마 싯달타태자가 태어나 커다란 기쁨에 들떴던 왕궁에는 슬픔이 따라왔다. 태자가 태어난 지 만 이레 만에 어머니 마야부인이 돌아가신 것이다. 뜻하지 않은 불행이 닥쳐온 것이다.

위대한 성인을 낳은 어머니는 그 성인의 삶과 자신의 목숨을 맞바꾼 셈이다.

마야부인이 태자를 낳고 나자 다시 모든 하늘의 위력은 사라지고 또 태자가 태중에 있을 때에 받던 쾌락을 능히 얻지 못하니 힘이 약해지고 형상이 달라져 마침내 목숨을 마치게 되었다. 〈불본행집경(佛本行集經) 11〉

태자를 출산하는데 너무나 무리가 되었던 것도 큰 이유였다. 친정으로 향하는 도중에 동산에서 출산을 했고 또 잠시의 휴식도 없이 왕궁으로 돌아와야 했던 중년으로서의 산후는 어려웠으리라.

마야부인은 이레 동안 위대한 성인의 탄생을 보고 흐뭇해 하다가 이제 할 일을 다 했으니 마음을 놓고 사바 세계를 떠나 **도리천상으로** 향한 것이다.

(2) 양모가 태자를 양육하다

이 세상에 태어난 지 칠일밖에 안된 애기 태자 **싯달타** 앞에 이제 생과 사의 문제가 직접적으로 주어진 것이다.

정반왕은 곧 태자의 이모-마야 부인의 끝 동생인 **마하파사파제**(Mahàpràjpati-摩訶波闍波提-大愛道)부인에게 양모로서 태자의 양육을 부촉했다.

"부인은 이 태자를 마땅히 양육하되 잘 보호하여 자라게 하시오."

또 따로 서른두 명의 여인을 가리어 양육을 돕게 하되 안아주고, 목욕시키고, 젖먹이고, 같이 놀아주는 일들이었다. **마하파사파제부인은** 곧 대답했다.

"삼가 왕칙을 받들어 감히 어기지 않겠나이다."

어머니를 일찍 여읜 어린 **싯달타태자는** 아버지 정반왕과 이모인 양모 **마하파사파제부인의** 애정 속에서, 또 모든 사람들의 깊은 사랑을 받으면서 참으로 자상하게 양육되었다. 〈장아함경(長阿含經)〉

(3) 온갖 학문과 무예를 익히다

일곱 살부터는 선생인 **비사마미트라**에게서 범어(梵語-고대 인도어)와 글싸 등 64종이 넘는 학문을 공부했고 기예(技藝)·천문·지리·산수 등을 공부하고 **크샨티데바**에게서는 활쏘기, 말달리기 등 29종이 넘는 무예를 익혔다. 태자는 하나를 들으면 열을 아는 성지(聖智)였다.

태자는 총명하고 비범하여 가르치는 스승들을 놀라게 했다. 〈불본행집경(佛本行集經) 11〉

  태자의 나이 열 살이 되던 때에는 태자가 단련한 무예는 동갑내기 다른 왕족들이 따라오기 어려울 정도로 출중하여 무예를 겨루는 경기에서 우승을 하기도 했다. 관중들은 모두 "태자는 지혜가 수승할 뿐만 아니라 그 힘에도 비할 자가 없다"고 탄복하지 않는 사람이 없었다.

제3장 인생에 대한 고뇌와 명상
사문유관상(四門遊觀相)[14]

1. 약육강식(弱肉强食)의 충격을 받고

(1) 태자 춘경제에 참석

고타마 싯달타태자는 어려서부터 학문과 무예를 배우면서도 항시 마음 한 구석을 누르고 있는 인생에 대한 회의와 명상의 시간은 길어졌다.

 태자의 나이 열두 살 되던 해 봄, 나라에서는 봄이 되면 그 해 농사가 잘 되기를 기원하는 '춘경제(春耕祭)'가 있었다. 태자는 부왕을 따라 '춘경제'에 참석하여 농민들의 일하는 모습을 관찰할 수 있었다.

 뜨거운 햇볕 아래서 땀과 흙이 뒤범벅이 되어 고되게 쟁기를 끌며 짐승처럼 일하는 농부들, 땅을 파느라 쟁기질하는 보습 끝에 일구어지는 흙덩이 속에서 수많은 벌레들이 두 동강이 난 채 꿈틀거린다.

바로 그때 어디선지 한 마리 새가 날아들어 동강난 벌레를 쪼아 물고 날아가는 것이었다. 곧 이어 다른 새가 또 날아와서 벌레를 쪼아 먹고, 또 하늘의 커다란 독수리는 벌레를 쪼아 먹는 이 새를 채어가지 않는가?

이 광경을 본 태자는 커다란 충격을 받고 더 이상 그 자리에 머물러 있을 수 없었다. 숲속으로 들어가 염부수나무 아래 홀로 앉아 깊은 고뇌에 빠져 들어갔다.

(2) 약육강식의 충격

'농부들은 어찌하여 땀을 뻘뻘 흘리며 짐승처럼 허덕이면서 일을 하여야 하는가? 가엾어라, 산 것들은 저토록 서로 잡아 먹어야 하는가?'

'살려고 바둥거리는 것과 강한 것은 약한 것을 잡아먹고 약한 것은 강한 것에게 잡혀 먹혀야 하고,…세상은 이렇게 살벌한 것인가?' 생각에 잠겨 시간 가는 줄을 몰랐다.

춘경제가 끝나자 왕과 신하들은 곁에 있어야 할 태자가 보이지 않음에 깜짝 놀라서 사방으로 찾아 나섰다.

겨우 염부수나무 아래 앉아 있는 태자를 발견하고 왕은 반갑게 태자의 두 손을 잡으며 물었다.

"너는 어찌하여 여기에 앉아 있느냐?"

"예, 모든 중생들이 살기를 원하면서 또 살기 위하여 서로를 잡아먹는 것을 보니 불쌍하여 아픈 마음을 금할 길이 없습니다" 〈불본행집경(佛本行集經) 11〉

태자는 그가 목격한 충격적인 생의 아픔 앞에서 인생의 괴로움을 느끼기 시작했다. 중생들이 살려고 바둥대는 모습에서 서로가 살기 위해 약육강식하는 중생들의 모습이 곧바로 인간의 고뇌로, 곧바로 나의 문제로 다가와 고뇌는 더욱 깊어졌다.

(3) 고뇌와 명상

중생들의 모습이 불쌍하여 아픈 마음은 그의 동심에 깊은 고뇌의 뿌리를 내리고 '일체 중생이 앓고 있음에 나도 앓게 된다'는 대비(大悲)의 마음이, 보살의 마음이 움트면서 참 생명의 진실을 찾으려는 뜨거운 구도심(求道心)의 고뇌가 깊어진 것이다.

이를 바라본 정반왕은 마음으로 아시타선인의 예언이 생각나 불안함을 금할 수 없었다. '이제 저 나이 어린 태자가 왕궁을 버리고 출가(出家)하려는 뜻을 품지 않을까?' 걱정이 되었다.

그 날 이후 태자의 사색과 명상은 깊어지고 얼굴에선 밝은 표정을 찾아볼 수 없게 되었다.

고뇌와 명상 속에만 잠겨 있는 태자의 모습을 보고 왕은 더욱 걱정이 되어 태자가 밝은 모습으로 기뻐할 수 있는 온갖 노력을 기울였다.

2. 온갖 향락도 부질없는 일

(1) 호화로운 궁전에서도 고뇌는 깊어

싯달타태자가 갈수록 고뇌와 명상에만 잠기는 모습에 걱정이 된 왕은 삼시전(三時殿)을 짓게 했다.

첫째는 난전(暖殿)으로 한겨울에도 따뜻하게 했고,

둘째는 량전(凉殿)으로 더운 여름에는 서늘하게 했으며

셋째는 온전(溫殿)으로 봄, 가을처럼 꾸미고 궁중 후원에는 연못을 만들어 갖가지 화초를 심어 호화롭게 장식하여 마음껏 향락하도록 했다.

봄, 가을 궁전이며 여름 궁전, 겨울 궁전 등 궁중의 생활은 온갖 호화스러운 환경이었으나 태자의 가슴 깊이 품어진 인생에 대한 회의는 그러한 호사의 즐거움으로도 어떻게 메워질 수 없었다.

호사스런 생활 속에 스며드는 허전함을 맛볼 때마다 태자의 고뇌는 더욱 깊어갈 뿐이었다.

스승 **비사마미트라**가 알고 있는 깊은 학문도 오래지 않아 다 배우게 되었고, **크샨티데바**에게서의 무예와 병법도 모두 다 습득했다.

그러나 깊은 학문과 무예를 연마하여도 학문이란 한갓 지식을 넓혀 줄 뿐 인생의 근본적인 문제에 대해서는 어떠한 책에서도 어떠한 학문에서도 해답을 주고 있지는 않았다.

(2) 결혼을 시키다

싯달타태자의 나이 이제 열아홉, 그의 총명과 기상은 석가족의 젊은 이들 가운데서 대적할 자가 없었다. 그러나 태자는 인생에 대한 고뇌와 명상이 더욱 깊어가며 출가 수도를 생각하기에 이르렀다.

왕은 태자의 출가할 마음이 점차 깊어짐을 알고 마음속에 아시타선인이 태자의 모습을 관상할 때에 '태자가 재가(在家)하면 반드시 위대한 전륜성왕이 될 것이오. 만일 출가하면 반드시 무상도(無上道)를 성취하리라' 하던 말을 생각했다.

'무슨 방법으로써 태자의 출가를 막을 수 있을까?'

'이제 태자의 나이 성년이 되었으므로 서둘러 결혼을 시켜야겠다.'

곧 신하들에게 명하여 태자비가 될 만한 공주를 구하도록 했다.

태자의 나이 19세, 왕은 **데바다하**의 성주 **수프라붓다**의 딸인 **야소다라**(Yasodhrra-耶輪陀羅) 공주와 결혼을 시켰다.

슬기로운 **야소다라공주**는 상냥하게 태자의 마음을 위로하는데 정성을 다했고 궁중의 생활은 안락하고 부족함이 없었지만 그는 점점 인생에 대한 깊은 고뇌에 빠져 갔다.

(3) 태자궁에 더 많은 궁녀를 두다.

다시 왕은 세 궁전에 수많은 궁녀들을 두게 했으니 제 1궁에는 **야소다라**가 상수가 되어 궁녀를 두고, 제 2궁에는 **마누다라**가 상수가 되어 궁녀를 거느리고, 제 3궁에는 **구다미**가 상수가 되어 궁녀를 거느리며 초야와 야반과 후야에 각각 태자를 모시고 즐겁게 하도록 명했다.

그리고는 날마다 여러 궁녀들에게 태자와 태자비가 서로 가까이 하는가 않는가를 물었다. 그들은 "태자에게는 부부의 도가 있음을 보지 못했나이다" 했다.

왕은 근심이 되었다. 날이 가도 여전하여 십 년이 가까워지는데……왕은 태자가 남자가 아닌가 하는 의심까지 들었다. 〈불본행집경 11 오분율(五分律) 15〉

싯달타태자는 **야소다라공주**가 정성스럽게 받들고, 수많은 궁녀들이 그의 둘레에서 춤과 노래와 온갖 쾌락으로 이끌었으나 고뇌와 명상은 모든 인간의 모든 문제로 확대되고 심화되어 갔다.

(4) 호사스런 생활 속의 허전함

부처님은 뒷날 태자 시절을 회상하면서 이렇게 말씀하신 적이 있다.

"나는 이루 말할 수 없이 호사스런 나날을 보냈었다. 아버지의 왕궁에는 커다란 아름다운 빛깔의 연꽃이 피어 있었다. 그런 것들은 모두가 나를 즐겁게 하기 위해 마련된 것이었다. 나는 카시지방에서 나는 향(香)밖에는 쓰지 않았고, 내가 입던 옷감도 역시 카시산이었다. 내가 밖으로 나갈 때는 언제나 양산을 들어주는 시종이 따랐다. 게다가

나는 겨울과 여름과 장마철에 따라 그때 그때 편리하도록 꾸며진 궁전을 세 채나 가지고 있었다. 나는 아름다운 여자들에게 둘러싸여 장마철에도 지루하지 않게 보낼 수 있었다."

태자 시절이 얼마나 호사스러웠던가? 그러나 한번 깊이 품은 인생에 대한 회의는 그런 호사와 즐거움으로도 어떻게 메꾸어질 수 없었다. 호사스런 생활 속에 스며드는 허전함을 맛볼 때마다 태자의 회의는 더욱 깊어갈 뿐이었다.

3. 세상을 돌아보며 생로병사의 장벽에 서서

(1) 늙음은 면할 수 없구나

어느 화사한 봄날, **싯달타**태자는 문득 궁전 밖에 나가 바람이나 쏘였으면 하고 생각했다. 그리고는 그 뜻을 부왕에게 사뢰었다.

부왕은 마음속으로 '태자가 궁중에만 오래 있으니 답답할 것이다. 원림(園林)에 나갔다 오면 태자의 마음도 밝아질 것이다.' 생각하고 허락했다.

왕은 신하들에게 태자가 이르는 곳마다 깨끗이 하고 값진 향과 아름다운 꽃을 장식하여 태자를 기쁘게 해주도록 분부했다.

싯달타태자를 태운 수레가 동쪽 성문을 막 벗어났을 때, 머리는 희고 등은 굽고 지팡이에 매달려 숨을 헐떡이며 다가오는 한 노인과 마주쳤다. 태자는 시종에게 물었다.

"저 사람은 누구인가? 왜 저토록 비참한 모습을 하고 있는가?"

"늙은 사람이올시다. 나이가 많아지면 모든 근육이 힘이 없고, 형용이 변하고 살빛이 달라지고 앉고 서기에도 몹시 괴로우며, 목숨이 얼마 남지 않은 것을 늙었다고 하나이다."
"나도 저렇게 늙어갈 것인가?"
"그렇습니다. 태자님도 피할 수는 없습니다."
싯달타태자는 문득 마음이 상하여 수레를 돌려 궁으로 돌아와 스스로 생각에 잠겼다. '늙는 법은 면할 수 없구나' 근심과 고뇌에 즐거워할 줄을 몰랐다.
정반왕은 태자의 모습을 보고 걱정과 출가에 대한 두려움이 생겨 더욱 향락할 수 있게 갖추어 주도록 했다.

(2) 병도 면할 수 없구나

태자는 얼마 후 다시 시종과 함께 남문 밖으로 나갔다가 병든 사람을 만났다. 그 형체는 극도로 수척하고 숨이 차서 성문에 의지하여 헐떡이고 있었다.
"저 사람은 어떤 사람인가?"
"그는 병든 사람이올시다. 병이 드는 것은 네 가지 요소(四大)가 조화되지 못하여 음식을 먹지 못하고 숨길이 가늘어지며 목숨이 경각에 있게 되는 것을 병이라고 하는 것입니다."
"나는 그것을 면할 수 있는가?"
"면할 수 없습니다."
태자는 또 수레를 돌려 환궁하고 더욱 근심에 잠겼다.

(3) 죽음도 면할 수 없구나

태자는 그 후 다시 서문 밖으로 나가 죽은 사람을 메고 가는 장례행렬을 보았다. 남녀 가족들은 통곡하면서 그 뒤를 따르고 있었다.
"저것은 무엇인가?"

"죽은 사람을 장례하는 행렬입니다. 사람이 기운이 끊어지고 혼신이 떠나서 다시는 아는 것이 없고 저렇게 가져가 버리면 영원히 친척을 이별하게 되는 것을 죽음이라고 하나이다."
"나는 저것을 면할 수 있는가?"
"면할 수 없습니다."
태자는 자신의 죽음을 본 것처럼 가슴이 내려 앉았다. 스스로 늙고 병들고 죽는 것을 생각했다. 지금 살고 있는 것이 아니다. 순간 순간 죽음의 길을 걷고 있다는 사실을 비로소 깨달은 것이다. 죽음의 공포가 다가옴을 느끼며 혼자 있는 시간이 더욱 잦게 되었다. 주로 질병과 늙음과 죽음에 대한 명상이었다. 〈중아함경(中阿含經) 29-유연경, 파리증지부 3-38〉

(4) 수행자를 만난 태자

얼마 후 태자는 다시 북문으로 나가 한 사람을 만났다.
수염과 머리를 깎고 다 헤어진 누더기를 걸친 사람이 손에는 바루를 들고 땅만 보며 걸어가고 있었다. 비록 남루한 옷차림이었지만 걸음걸이는 의젓했고 숭고한 기품이 감돌았다. 너무도 의연한 그의 모습에 태자는 자신도 모르게 존경심으로 물었다.
"그대는 어떤 분이십니까?"
"나는 출가 사문입니다."
"무엇을 출가 사문이라 합니까?"
"나는 세상에서 늙음과 질병과 죽음의 고통을 맛보고 모든 것이 덧없음을 알았습니다. 그래서 그 고통을 벗어나기 위해 수행하는 것이오, 세속에 물들지 않는 영원한 평안을 위해서……"
"무슨 까닭으로 형용과 의복을 세상과 달리 했습니까?"
"스스로 몸과 마음을 잘 가져 모든 위의를 갖추고 항상 인욕하며 중

생을 불쌍히 여기므로 출가하여 이렇게 수행하는 것이오."〈오분율(五分律) 권15〉

'이 길이야말로 내가 찾던 길이다. 옳다, 이것이 오직 좋은 길이구나.'

수행자의 말을 듣고 태자의 가슴은 말할 수 없는 시원함과 유쾌함으로 한 줄기 빛이 다가옴을 느꼈다.

(5) 출가 수도의 길, 마음 굳어져

동서 남북 네 성문 밖을 돌아보며 늙고 병들어 필경에는 죽게 된다는 사실을 직접 보고 들어 실감하게 된 태자는 깊은 사색에 잠겼다.

'궁중의 영화도, 건강한 이 육신도, 사람들이 부러워하는 이 젊음도 결국 나에게 무엇을 가져올 것인가? 나는 병들고 언젠가는 늙어 죽음을 면할 수 없다. 젊음을 자랑하며, 건강을 자랑하며, 생존을 자랑하는 일은 적어도 생각 깊은 사람들에게는 무의미한 일이 아닐 수 없다'

'세상의 어리석은 사람들은 자기 자신이 늙고 병들고 죽으며, 또 늙고 병들고 죽는 것을 피할 수 없는 몸인 줄 알지 못하고 남의 늙음과 병듬과 죽음을 보고서 웃고 있구나!'〈파리증지부 3-38〉

그리고는 해맑으면서도 편안했던 출가 사문의 얼굴에서 모든 고민을 해결할 수 있는 실마리를 찾은 듯 가슴이 확 트이는 기쁨을 느끼게 된 것이다.

태자는 생사를 해결해야겠다는 마음이 굳어짐과 더불어 출가 수도의 길로 향하는 마음이 점점 깊어지고 있었다.

제4장 새로운 출발
유성출가상(踰城出家相)[15]

1. 세상에서 이루지 못하는 소원

(1) 향락과 탄식

 싯달타태자가 네 성문을 돌아보고 난 뒤, 더욱 깊은 명상과 고뇌에 들게 되자 정반왕은 '이제 태자가 출가할 생각을 하는가 보다' 생각하고 다시 다섯 가지 욕락(五慾樂)을 더하여 밤낮으로 즐겁게 하라고 명하니 태자도 부왕의 명에 따라 기녀들과 어울려 향락을 즐겼다.
 향락을 즐긴 후 태자가 잠깐 잠이 들었다가 깨어나 보니 모든 기녀들도 혼곤히 잠이 들었는데 서로 베기도 하고, 혹은 살덩이를 드러내어 마치 송장같기도 하며 콧물, 눈물이며 입에서는 침을 흘리며 거문고, 비파 등 악기는 이리저리 흩어져 있었다. 또 궁전을 돌아보니 마치 묘지와 같이 느껴졌다.

태자는 이것을 보고 탄식했다.

"화근이로다, 화근이로다"

모든 것을 여의고 출가해야겠다는 생각이 더욱 굳어졌다.

'인간이 살고 있다는 것은 결국 무엇인가를 구하고 있는 것에 지나지 않는다. 그러나 구하는 것에는 잘못된 것을 구하는 것과 바른 것을 구하는 두 가지가 있다. 자신이 늙음과 병듦과 죽음을 면할 수 없는 자이면서 똑같이 구하는 것들이 많으나 이 늙고 병들고 죽는 것을 벗어나 슬픔이 없고 고뇌가 없는 최대의 자유와 행복을 구해야 할 것이 아닌가? 나는 지금 잘못된 것을 구하고 있지 아니한가?'〈파리증지부 3-38〉

'깊은 명상에 잠기고 참을성 있으며, 항상 끊임없이 노력하는 지혜로운 이야말로 절대의 자유와 행복인 열반을 성취하리라.'〈법구경(法句經) 방일품 23〉

싯달타태자는 출가를 마음속으로 생각하면서도 한편 자기가 떠난 뒤의 일들을 생각하니 한 가닥 불안이 뒤따랐다.

'부왕의 실망이 얼마나 클 것인가? 왕위 계승이 문제가 되긴 하지만, 다행히 이모인 마하파사파제왕비에게서 태어난 동생이 있질 않은가? 하지만 부왕과 아내 야소다라는 얼마나 슬퍼할 것인가?'

그러나 그러한 일들로 더 커다란 인생의 문제를 해결하기 위한 결심을 버릴 수는 없었다.

(2) 왕과 태자의 소원

어느 날 태자는 부왕인 정반왕 앞에 나아갔다.

"저는 아무래도 사문의 수행길로 가야겠습니다. 은애(恩愛)로써 모인 것은 반드시 이별의 고통이 있는 것이오니 오직 원컨대 출가를 허락하여 주십시오."

부왕은 이 말을 듣는 순간 눈 앞이 캄캄해지고 온 몸이 부서지는 것 같았다. 마지막으로 한번 아들의 마음을 돌려 보려고 했다.
"사랑하는 태자야. 무슨 소원이든지 다 들어줄테니 제발 출가할 뜻만은 버려다오."
"그러하시다면 저에게 한 가지 소원이 있습니다."
"오! 그 소원이란 대체 무엇이냐?"
"이 소원만 들어주신다면 저는 출가의 뜻을 버리겠습니다."
"어서 그 소원을 말해 보아라."
"제 소원은 죽음을 뛰어 넘는 일입니다. 늙고 병들어 죽어가는 고통에서 벗어나도록 해주신다면 출가의 뜻을 버리겠습니다."
부왕의 온 몸은 굳어버렸다. 태자의 손을 잡은 채 말을 못하고 눈물만 흘리고 있었다. 이렇게 얼마나 지난 뒤에 작은 목소리로 겨우 입을 열었다.
"나는 이제 나이도 많고 늙었다. 나라에는 뒤를 이을 사람이 없는데 내게만 맡기고 떠나려 하느냐? 원컨대 나를 위하여 아들을 낳은 후에 출가하도록 하라."
싯달타태자도 부왕께서 눈물로써 애원하는 바람을 꺾기가 어려웠다.
'부왕께서 애써 나를 만류하는 것은 바로 국사를 이을 사람이 없음을 걱정하심이로다.'
'내 이제 결혼한 지 10년이 되도록 아들을 낳지 않은 것도 잘못이구나. 마땅히 아내인 **야소다라**와 사이에 아들이 있어야 할 것 아닌가?'
태자는 그 뜻을 굽혔다. 〈과거현재미래인과경(過去現在未來因果經) 권2〉
인류 사상 처음으로 생과 사의 장벽을 부딪쳐 깨뜨리려는 굳건한 의지, 그러면서도 가장 순수하고도 깊은 인간애를 갖고 고뇌하는 **싯달타**였다.

2. 마지막 장애(障碍)를 지나

(1) 아들 라훌라의 태어남

싯달타태자의 나이 스물아홉 살이 되었을 때 궁전 안에는 크나큰 경사가 있게 되었다.

태자비 **야소다라**가 아들을 낳은 것이었다.

숲속에서 온종일 홀로 명상에 잠겨 있다가 궁전으로 돌아오던 태자에게 긴급히 달려온 대신으로부터 아들이 태어났다는 소식이 전해졌다.

싯달타태자는 자신도 모르게 탄식했다.

"아, 라훌라야!"

그리고는 마음속으로 어쩔 수 없는 절망감을 느꼈다.

'이제는 출가 수도하기가 더욱 어려워졌구나! 나를 얽매는 장애가 하나 더 늘었으니 말이다.'

태자가 외친 **라훌라**라는 말은 장애(障碍)란 뜻이다. 자기의 갈 길을 막는 존재라는 뜻이다. 그를 얽어맬 인정이 또 하나 태어났기 때문이다.

태자가 아들을 낳았다는 소식을 듣고 처음으로 나온 말이 **라훌라**였다는 보고를 받은 정반왕은 아기의 이름을 **라훌라**라고 부르기로 했다. 싯달타태자에겐 아들 **라훌라**가 생긴 것이다. 〈본생경(本生經) 1〉

(2) 부왕의 원을 이루어줌

태자는 아들 **라훌라**로 인하여 깊은 장애를 느끼면서도 또 한편으로 생각했다.

'내 이제 뒤를 이을 아들이 태어났으므로 부왕에게도 조금의 효도는 한 것이 아닌가? 집안의 대를 잇게 한 것이니 머뭇거림으로 해서 더 이상 얽매임이 두터워지게 할 수는 없다. 이만하면 부왕이 애원하던 바도 이루어지게 된 것이다.'

태자는 마침내 결심을 했다. 곧바로 출가를 실행하려 생각한 것이다.

태자가 아들을 낳았다는 경사로운 소식은 온 나라에 퍼져 만 백성들은 기쁨에 젖었고 궁중 안에서는 큰 잔치가 베풀어졌다.

마침내 어느 날 밤, 밤이 깊어졌을 때 호화스런 잔치 뒤에 남은 흐트러진 모습들의 허전함은 한층 더 태자의 결심을 재촉했다.

"무엇을 웃고 무엇을 기뻐하랴! 세상은 쉬임없이 불타고 있는데 모두들 어둠 속에 덮여 있구나. 어찌하여 등불을 찾지 않는가······"〈법구경(法句經) 노모품 146〉

태자는 시종인 **찬타카**(차익)를 깨웠다.

"너는 일어나 말에 안장을 지워 끌고 오되 다른 사람이 알지 않도록 하라."

"깊은 밤에 어디를 가시려 합니까? 적군이 쳐들어오는 것도 아닌데 어찌 말을 끌어 오라 하시나이까?"

"**찬타카**야, 너는 무서운 원적이 있는 것을 알지 못하느냐? 늙음과 병듦과 죽음의 원적은 가장 큰 원적이니라. 속히 말을 끌어 오너라."

싯달타태자는 **찬타카**를 보낸 후 어린 아기를 한번 안아보고 싶다는 생각이 났다. 아들 **라훌라**와 **야소다라**태자비가 있는 방으로 살며시 다가갔다. **야소다라태자비는 라훌라를** 팔에 안고 곱게 잠들어 있었다.
  '내가 만일 태자비의 손을 치우고 아기를 끌어 안는다면 잠이 깰 것이다. 그러면 가는 길에 또한 장애가 될 것이다. 내가 부처가 되어 돌아와 다시 만나리라' 생각하고 방문을 나섰다.
  "나는 하늘에 태어나기를 원치 않는다. 일체 중생이 생사의 윤회에 매어 고통받고 있지 않은가? 나는 이를 구제하기 위하여 출가하는 것이니 위없는 깨달음을 얻어 부처를 이룰 때까지 결코 돌아오지 않으리라……"〈오분율(五分律) 권15〉

3. 드디어 성을 벗어나다

(1) 도를 구하는 사문의 모습으로

  2월 초 여드레날 새벽, 모든 사람들이 잠들어 있는 시간에 살며시 밖으로 나와 시종인 **찬타카**(차익)와 함께 평소 사랑하던 말 **칸타카**(건척)를 타고 **가비라** 성벽을 넘어 동쪽을 향하여 어둠을 뚫고 달려갔다.
  싯달타는 새벽녘에 아노마강을 건너 선인들 마을에 다다랐다. 그는 말에서 내려 몸에 지녔던 마니보주 등 패물을 **찬타카**에게 주면서 말했다.
  "수고했다. 이 목걸이를 부왕에게 전해라. 내가 출가 사문이 되는 것은 생로병사에서 벗어나기 위함이니 위없는 큰 깨침(무상보리)을 성취하기 전에는 결코 돌아가지 않을 것이다"
  태자는 차고 있던 칼을 빼어 머리를 깎아버리고 마침 지나가던 사냥꾼의 다 헤어진 옷과 화려한 자기 옷을 바꿔 입었다.
  이제 누가 보아도 태자로는 보이지 않았다. 그의 모습은 도(道)를 구하는 사문(沙門)의 모습이 되었다.
 태자의 출가는 사는 집을 벗어난 출가만은 아니다. 무한한 생명을 발견하려는 자기 혁명, 생명의 혁신인 것이었다.
 "너희들이 문득, 무상보리심을 발하면 이것은 곧 출가며 이것이 곧, 구족이니라."〈유마경(維摩經) 제자품9〉
 "낡고 허약한 거짓 나, 거짓 세상의 집을 박차고 나와 영원히 죽지 아니하는 생명의 기쁨, 영원히 불타지 않는 세상의 행복을 찾기 위하여 출가한 것이다."〈파리증지부 3-38〉
 "출가의 진의는 가족을 떠나고 산중에 들어가는 형식을 말함이 아니라 보리심을 발하여 낡은 고집을 떠남이다"〈유마힐소설경강의(維摩詰所說經講議)-한용운〉
 새 세상, 새 역사의 짐을 지고 이 역사의 현실 속에서 모든 인간의 고통을 풀어 헤치려는 대비원력(大悲願力)이었다.
 찬타카를 돌려 보낸 태자는 강렬한 뙤약볕을 그대로 쪼이면서 맨발로 동쪽으로 **구시나가라**를 향하여 걸었다. 그리고는 한곳에 자리잡고 수행에 들어갔다. 끼니때가 되어도 제대로 먹지 못하고 밤이 되어도 편히 쉴 수가 없었다. 심한 갈증과 허기를 느끼고 번거로운 기억들은 꼬리를 물었다.

(2) 마라(Māra)의 유혹을 물리치고

 이때 **마라**(Māra 악마魔)가 나타나 속삭였다.
 "태자여, 어서 궁중으로 돌아가는 것이 좋을 것이요. 가서 때를 기다리시오. 그러면 이 세상 모두가 그대의 것이 될 것이요."
 마라의 유혹에 **싯달타**는 소리높여 꾸짖었다.
 "마라여, 어서 물러가거라! 지상의 모든 것은 내가 구하는 것이 아니니라……"

한 주일을 같은 자리에 앉아 정진했으나, 깨달음을 얻지는 못했다. 깨달음이 그렇게 쉽게 얻어지는 것이 아니라는 것을 비로소 알게 되었다. 또 너무나 조급해서는 안되겠다고 생각했다.

여드레 만에 자리를 떨치고 일어나 마을로 밥을 빌러 내려갔다. 이제 걸식하는 수행승이 완전히 되어 버렸다.

그리고는 이제 홀로 걸어가는 길, 수행의 길로 들어서게 된 것이다. 나를 둘러싸고 있는 껍질들을 모두 벗어버리고 나를 에워싸고 있는 성벽을 뛰어 넘어 대해탈(大解脫), 대자유의 길을 찾는 구도(求道)의 길에 들어선 것이다.

그러나 그러한 큰 길이 어디에 있을 것인가?

지치고 피곤한 몸을 이끌고도 계속 걸었다. 마침 도중에서 고행하는 두 여인을 만났다. 이들에게서 처음으로 접대를 받고 다시 기운을 내어 그들이 스승으로 받들고 있다는 이름 높은 선인들을 찾아보려고 생각했다.

우선 수행을 많이 하여 도를 깨쳤다는 선인들에게서 얻을 것이 있을까 해서다.

제5장 깨달음을 위한 고행과 수행
설산수도상(雪山修道相)[16]

1. 홀로 가는 수행자의 길…선인들을 찾아서

(1) 고행으로 천상에 가려는 바가바 선인

고행하는 두 여인으로부터 수행 높은 선인들의 이름을 듣고 그 선인들이 수행하고 있는 곳으로 발걸음을 옮겼다.
 베살리(Vesali-비사리)성 근처의 이름 높은 바가바(Bhagavat)선인을 찾았다.
 그 숲속에는 모든 새와 짐승이 있었고, 선인은 반갑게 태자를 맞이했다. 태자는 그 선인들의 수행하는 모습을 보았다. 풀이나 나무껍질이나 나뭇잎으로 옷을 만들어 입고, 초목의 꽃이나 열매를 먹으며 하루에 한번, 혹은 이틀에 한번, 혹은 사흘에 한 번씩 먹으며 스스로 굶주리는 법을 행하는 자도 있으며 물과 불을 섬기며, 해와 달을 받들며 혹은 한 다리를 들고 있고, 혹은 진흙 속에 누워 있기도 하며 혹은 가시나무 위에 누워 있는 자, 뜨거운 불길 속을 드나드는 자도 있었다.

태자는 이와 같은 고행을 보고 곧 **바가바**선인에게 물었다.

"그대들이 이제 이런 고통을 닦는 것이 기특한 일이요, 이렇게 힘든 고행을 닦는 것은 무엇 때문입니까?"

"이 고행을 닦아서 이 세상의 고통을 버리고 천상에 태어나기 위해서요."

"천상의 즐거움을 다하면 또 어찌하렵니까?"

"……"

그들은 아무 대답이 없었다.

'즐거움을 얻기 위해 괴로움을 참는다고? 일부러 고통을 가지면 즐거움이 올 수 있는가? 또 비록 천상이 안락하다 할지라도 그 즐거움이 다하면 다시 인간계에 떨어져 다시 괴로움을 겪을 것이 아닌가? 고통과 즐거움이 영원히 되풀이 될 뿐이다.'

이와 같이 생각한 태자는 스스로 탄식했다.

"상인들은 보물을 얻기 위해 바다에도 들어가고 국왕은 나라를 지키기 위하여 병사들을 기르는데, 이 선인들은 하늘에 나기 위해 이 고행을 닦는구나"

"이 선인들이 비록 고행을 하나 이것은 모두 해탈하는 진정한 길이 아니다. 나는 이제 여기에 머물지 않겠노라"

태자가 떠나려 하자 그들은 만류했다.

"그대들이 수행하는 것은 괴로움의 인(因)을 주장하는 것이요, 내가 배우고자 하는 도는 괴로움의 근본을 끊는 것이다. 그러므로 나는 떠나는 것이다" 하고 길을 떠났다. 〈과거현재인과경(過去現在因果經) 권2〉

하지만, 태자는 그렇게 어려운 고행을 견디어 내고 있는 그들에게서 인간의 능력을 다시 보는 것 같았다.

(2) 일체식처(一切識處)를 넘어 무소유처를 얻다

길을 떠나 라자그라하(왕사성) 근처에서 3백 명 제자를 이끌고 수도하고 있는 아라라카르마(Kalma) 선인을 찾아갔다.

연소하고 청정한 29세의 청년 싯달타. 그는 병이 없고 위없이 편안 열반, 늙음도 없고, 죽음도 없는 편안한 열반을 구하고자 한 것이다.

"아라라선인이여! 나는 그대의 법에 의하여 수행을 하고자 합니다. 어떤 것이 그대의 법으로써 스스로 알고 스스로 깨닫고 증득하는 것입니까?"

"나는 일체식처(一切識處)를 넘어서 무소유처(無所有處)를 얻었노라"

싯달타도 열심히 수행하여 오래지 않아 그 선인의 경지에 이르렀다. 아라라선인은 그 증득한 바를 인정하고 함께 대중을 영도하도록 했다.

그러나 태자는 생각했다.

'이 법은 지혜나 각(覺)에 나가는 것도 아니요, 또한 열반에 나가는 것도 아니다. 나는 무상안온(無上安穩)의 열반을 구해야 한다'

생사의 장벽이 해결되지 못함을 알고 다시 길을 떠났다.

(3) 비상비비상처(非想非非想處)를 얻다

세 번째로 웃다카-라마푸트라(Ramaputra)라는 선인을 만나 그의 가르침을 받았다. 그는 칠백 명의 제자를 거느리고 일체무소유처를 넘어서 사유를 초월하고 순수한 사상만 남는 비상비비상처(非想非非想處)를 얻은 선인이었다.

태자도 이 법을 닦기 시작하여 오래지 않아 이 경지에 이르렀다. 그러나 다시 생각했다.

'이 법은 지혜나 각(覺)이나 열반에 나아가는 것이 안된다. 모든 생사를 벗어나는 열반의 길이 아니다. 나는 이제 차라리 이 법을 버리고 다시 병도 없고 늙음도 없고 죽음도 없고 근심도 없는 위없이 편안한 열반을 구하리라.' 〈중아함경(中阿含經) 권56 라마경(羅摩經)〉

태자는 다시 수행의 길을 떠났다.

2. 불퇴전의 결의…빔비사라왕의 권유를 물리침

(1) 왕사성에서 걸식

싯달타태자는 제일 큰 나라인 **마가다**(Magadha 摩竭陀)의 서울 **라자그라하**(Raja-graha 王舍城)의 근교 **판다바산**[白善山] 동쪽 동굴에 자리를 잡았다.

태자가 왕사성으로 내려와 바루를 들고 수행자의 법도에 따라 걸식할 때 그 엄숙하고도 단정한 모습을 보고 백성들은 서로 속삭였다.

"저 분은 신일까? 어떤 성인이실까?"

그때에 왕성의 누각에서 거리를 바라보고 있던 마가다국왕 **빔비사라**(Bimbisara) 왕은 멀리서 태자의 정중한 거동을 보고 신하들에게 그 엄숙한 위의를 찬탄했다.

"그대들은 저 사람을 보아라. 아름답고 건장하고 청정할 뿐 아니라, 행동도 위의 있게 앞만을 보고 간다. 그는 눈을 아래로 뜨고 정신을 차리고 있다. 저 사람은 천한 집 출신이 아닌 것 같다. 사신들이여 뛰어가 그를 따르라. 저 수행자는 어디로 가는가?"

왕의 사신들은 그의 뒤를 따라갔다.

"저 수행자는 어디로 가는 것일까? 그는 어디에 사는 것일까?"

그는 감관을 억제하며 잘 지키고 바르게 깨닫고 조심하면서 집집마다 음식을 빌어 잠깐 동안에 바루를 채웠다.
거룩한 분은 탁발(걸식)을 끝내고 왕사성 밖 **판다바산**으로 향했다. 아마 그는 그곳에 살고 있는 모양이다.
사신들은 **싯달타태자**의 처소를 확인하고 왕궁으로 돌아가 왕에게 아뢰었다.
"대왕이시여, 그 수행자는 **판다바산** 앞쪽에 있는 굴 속에 호랑이나 황소처럼 그리고 사자처럼 앉아 있습니다."
사신의 말을 들은 왕은 신하들과 함께 태자가 거처하는 동굴로 갔다. 태자를 보고 기뻐하며 말했다.
"당신은 젊음이 넘친 인생의 봄입니다. 용모도 수려하고 귀한 왕족 태생인 것 같습니다. 내가 거느리는 군대와 마음에 드는 땅을 드리겠으니 그것을 받아 주시오. 또 나의 왕위라도 물려줄 것이요."

(2) 왕위 자리를 사양하다

"왕이시여, 저쪽 히말라야 중턱에 한 민족이 있습니다. 옛부터 **코오살라나라**의 백성으로 부(富)와 용기를 갖춘 태양의 후예 **석가족** 출신으로서 출가했습니다. 욕망을 채우기 위해서가 아닙니다. 모든 욕망에는 근심이 있고 출가는 안온하다고 알아 힘써 정진합니다. 내 마음은 이것을 즐기고 있습니다." 〈숫타니파아타 대품3. 출가〉
"나는 전륜왕위를 버리고 출가하여 도를 구하거늘 어찌 또 왕위를 탐하여 세속에 처하겠습니까? 왕이시여 이제 마땅히 아십시오. 마치 어떤 사람이 대해수를 본 뒤에 소 발자국의 물을 보는 것과 같으며 또 입에 씹던 음식물을 토했다가 그것을 다시 먹을 수 없는 것과 같으니 어찌 거기에 애착심을 일으키겠습니까?"
왕은 태자가 결코 물러서지 아니하는 확고한 신념에 차 있는 고결한 뜻을 움직일 수 없음을 알았다.
"그러하시면 만일 무상도(無上道)를 이루시거든 제일 먼저 왕사성에 와서 나와 만나주시기 바랍니다."
왕은 태자가 도를 성취하기만 바랐다.
태자는 그렇게 하기로 승낙을 했다. 〈사분율(四分律) 권31〉
"곧은 길 설함을 듣자온 바엔 그 길 가고 물러섬이 없어야 하리, 제가 저를 채찍질하여 궁극의 경지에 이를지로다." 〈아함경(阿含經)-장로게경〉
그런 까닭에 싯달타는 '눈을 아래로 뜨고 좌우를 돌아보지 않는 정중한 거동으로 정신을 차려서 행동도 단정하게 앞만을 보고 가는 것'이었다.

(3) 모든 유혹을 물리치고 불퇴전의 자리에

한번 마음속으로 결단하고 출가한 태자는 앞길에 어떠한 유혹과 권유가 있다 하여도 이를 물리치고 오직 생사 문제를 해결할 대도(大道)의 성취에만 마음을 두는 것이었다.
태자는 지나온 일을 생각했다.
'나는 수행자가 되어서 어떤 것이라도 모든 선한 것을 구하고 위없는(無上) 적정(寂靜)·최상의 도를 구하여 선인들의 주처에도 갔다.
그러나 그들의 법은 모두 생사·고통을 여의지 못하고 탐욕에서도 벗어나지 못하여 멸진(滅盡)·적정(寂靜)·지(知)·각(覺)·열반(涅槃)에 인도하지 못했다. 그래서 나는 그 법을 버렸다. 그리고 나는 어떤 것이라도 모든 선한 것을 구하고 무상·적정·최상도를 구하고자 **마가다국을 전전 유행하며 찾아나서리라**' 〈파리증지부3·85, 中部經三·85〉

새로운 길을 찾아 나섰다. 어떠한 일이 있더라도 결코 물러설 수 없다는 불퇴전(不退轉-아비발치 Avinivartaniya)의 자리에 이르렀다.

3. 가야산(伽倻山)의 6년 고행

(1) 혼자 힘으로 깨닫고자 결심

이제 싯달타태자는 **라자그라하(왕사성)**를 떠나 서남쪽으로 길을 잡아 **나이란자나강(니련선하)**이 굽이쳐 흐르는 **우루벨라촌**의 **가야산(Gaya 伽倻山)**으로 들어갔다.

그곳은 사랑스러운 지역, 고요한 수풀, 맑은 물, 사방이 풍부해 보이는 곳이었다.

'이곳은 참으로 정근(精勤)하고자 하는 선남자에게 적당한 땅이다' 생각하고 그곳에 머물기로 했다. 〈중부경(中部經) 3·85〉

'어디를 찾아가 보아도 내가 의지해 배울 스승이 없구나. 이제는 내 자신이 스승이 될 수밖에 없다. 그렇다, 나 혼자 힘으로 깨달아야만 한다.

번뇌를 끊을 수도처를 구하고자 할진대 이곳이 적합하다. 내 이제 여기서 번뇌를 끊으리라.' 〈중부경(中部經) 12 대사자후경〉

태자는 어디에 의지할 바 없이 오직 자신에게만 의지하여 홀로 인생의 생로병사 큰 문제를 해결하려고 결심했다. 그리고는 수행을 어떻게 해나갈까를 생각했다.

'사문들 가운데는 마음과 몸은 쾌락에 맡겨버리고 탐욕과 집착에 얽힌 채 겉으로만 고행하는 사람들이 있다. 이런 사람들은 마치 젖은 나무에 불을 붙이려는 어리석은 사람과 같다. 몸과 마음이 탐욕과 집착

을 떠나 고요히 자리잡고 있어야 그 고행을 통해 최고의 경지에 이를 수 있으리라.'

(2) 육신을 항복받고 최고의 깨침을 성취코자

태자는 다른 수행자들이 하는 고행과는 근본적으로 다른 고행을 시작했다. 그 누구도 감히 시험을 하지 못한 격렬한 고행을 시도하므로써 육신을 항복받고 최고의 깨침을 성취하려는 결심이었다.

"나는 다 헤어진 옷을 입었고, 혹은 쓰레기더미에 버려진 낡은 옷을 주워 입었다. 식사에 초대하여도 가지 않았고, 집안에 들어가서 음식을 얻지도 않았다. 오직 야채만을 먹었고, 혹은 죽순을 먹고 때로는 풀만을 먹고 떨어진 과일만 주워 먹었다. 하루 한 끼를 먹었고, 또는 이틀에 한 끼, 사흘에 한 끼, 이윽고는 이레에 한 끼, 보름에 한 끼를 먹었다."

"나는 나아가나, 물러가나 조심조심하고 한 방울의 물에도 조심했다. 그 가운데 있는 아무리 작은 생물이라도 다칠까 해서이다. 아무리 작은 미물일지라도 죽이지 않으려 했고 또 죽여서는 안된다."고 생각했다.

"또 온갖 고행 끝에 숨을 쉬지 않는 선정에 들고자 했다. 입과 코로 드나드는 숨을 쉬었을 때 두 귀에서 나오는 바람은 굉장한 소리를 내었다. 참을 수 없는 고통이 왔다."

"나는 단식하기로 뜻을 세우고 조금씩 양을 줄여갔다. 나는 그때 대추 한 알씩만을 먹었다. 내 몸은 극히 쇠약해 갔다. 내 사지는 마치 갈대나 카라풀처럼 되었다. 다시 맵쌀 한 알을 먹고 견딜 수 있었다."

"내 볼기는 마치 낙타의 발과 같고, 내 갈빗대는 오래된 묵은 집의 부러진 서까래와 같았으며, 내 뱃가죽은 척추에 들어붙었기 때문에 뱃가죽을 만지면 척추가 잡히고 척추를 만지면 뱃가죽이 잡히었다. 내

몸은 몹시 마르고 쇠약해졌다." 〈중부경(中部經) 12 대사자후경〉

(3) 6년 간의 처절한 고행

이렇게 고행을 해나가는 동안에 마군이들이 그를 유혹하려 했다. 참기 어려운 고행을 그만두고 자리에서 일어나도록 유혹했다. 그를 유혹하는 마군(Mara 魔)에게 향하여 외쳤다.

"내게는 믿음이 있고, 노력이 있고, 지혜가 있다. 이처럼 전심전력하는 나에게 너 마군이는 어찌하여 생명의 보전을 구하라 하는가? 힘써 정진하는 데서 일어나는 이 바람은 강물도 마르게 할 것이다. 오로지 수도에만 정진하는 내 몸의 피가 어찌 마르지 않겠는가?" 〈숫타니파아타-대품 정진〉

가야산 고행림(苦行林)에서의 자기 자신과 싸우는 태자의 처절한 고행이 6년 간이나 계속 되었다.

뒷날 당신의 고행을 스스로 이렇게 말했다.

"과거의 어떤 수행자라도 현재의 어떤 수행자라도 또, 미래의 어떤 출가 행자라도 이보다 더 깊고 어려운 고행을 닦는 자도 없고, 닦을 자도 없으리라." 〈파리증지부 3-85 보리왕자경〉

가야산에서의 싯달타태자의 고행은 그 누구도 흉내조차 내기 어려운 격렬한 고행이었던 것이다.

4. 고행(苦行)을 버리고 수쟈타의 공양을 받음

(1) 고행주의, 생사 문제 해결 못해

피나는 고행으로 6년여 동안을 수행하던 **싯달타태자**는 고행주의에 대하여 돌이켜 보게 되었다.
 '미래에도 현재에도 내 고행이 최고요, 그 이상은 없을 것이다. 그러나 나는 이 혹독한 고행으로써도 아직 세상의 법(人法)을 뛰어넘는 성자의 지혜를 얻지 못했다. 깨침(菩提-보리)에 이르는 다른 길이 있을 것이다.'
 싯달타태자의 생각은 깊어갔다. 그리고 커다란 결단을 내리게 되었다.
 '육체를 괴롭히는 것은 육체의 극복이 아니라 도리어 육체에 대한 집착을 더한다.'〈파리증지부 3-85 보리왕자경〉
 "불사(不死)를 위해 고행을 닦은 나머지 전혀 이익이 없음을 깨달았노라. 육지에 놓인 삿대와 같이 오직 무익한 줄을 마땅히 알라."〈상응부경전4-악마상응품〉
 싯달타는 이제 고행주의로써 생사 문제를 해결하려는 것이 헛된 일임을 알았다.

(2) 고행만으로 할 수 없는 일

 싯달타가 혹심한 고행을 시작한 뒤로 지금까지 경험하지 못한 일이 세 가지가 있었다.
 첫째는 비유하건대 물 속에 들어있는 생나무에 불을 붙여 광명을 내려한다면 그것은 불가한 일이다. 아무리 애를 쓰고 힘을 다해 노력하더라도 그것은 전연 불가능한 일이다. 이와 같이 어떠한 수행자라도 몸과 모든 욕심을 여의지 못하여 탐욕·애욕·수면욕·갈망욕·염열욕(焰熱欲) 등이 마음에서 없어지지 않고서는 아무리 격렬한 고행을 하더라도 지(知), 견(見), 무상등정각(無上等正覺)에 이르지 못한다. 이것이 첫 번째의 경험하지 못한 일이다.
 둘째로 비유하면 물에서 생나무를 건져내어 건조한 곳에 놓고서 거기에다 불을 붙여 광명을 내려하여도 그것은 불가능한 일이다. 그와 같이 어떤 수행자라도 탐욕 등 모든 욕심이 마음에서 없어지지 않고서는 아무리 격렬한 고행을 하여도 정각(正覺)에 이르지는 못할 것이다.

셋째로 비유하면 마른 땅에 두었던 마른나무에 불을 붙여 광명을 내려한다면 그것은 가능한 일이다. 이와 같이 어떤 수행자라도 몸과 마음에 모든 욕심이 사라졌다면 그들은 곧 깨달음에 이를 것이다. 나는 아직 이런 것들을 경험하지 못했다.

또 생각하건데,

"나는 이와 이를 물고 혀로 입천장을 받치며 마음으로 마음을 제어하고 항복받았다. 나는 굳건한 정신이 있었고 저 고행에 정복되어 격동(激動)하고 경안(輕安)하지 않았다."

또 이런 생각이 났다.

"과거의 사문·바라문으로써 격렬한 고행을 한 자가 있다 할지라도 나 이상 되는 것은 없으리라. 그러나 나는 이 혹독한 고행으로써도 아직 세상의 법(人法)을 뛰어넘는 성자의 지혜를 얻지 못했다. 아마 보리(깨달음)에 이르는 다른 길이 있을 것이다."

또 생각이 났다.

"내가 부왕의 춘경제 행사에 따라 갔을 때 염부수 나무 아래서 욕(欲)을 여의고 불선법(不善法)을 여의어 모든 것을 여의고 난 희락(喜樂)인 초선(初禪)을 성취한 것을 기억한다. 이것이 깨달음에 이르는 길일 것이다."

(3) 몸을 씻고 유미죽 공양을 받다

'이와 같이 극도로 마른 몸으로는 저 깨달음의 기쁨을 얻기 어렵다. 음식을 먹어 몸을 회복하고 기운을 차리지 않으면 안되겠다.' 〈파리증지부3-85 보리왕자경〉

싯달타는 가야산을 내려왔다. 그리고 나이란자나(니련선하) 강가에 다다랐다. 고행을 처음 시작한 이래 6년 만에 비로소 물에 몸을 담갔다. 몸을 깨끗이 씻고 나니 더욱 기진맥진하여 강기슭에 그대로 쓰러졌다.

마침 그때, 건넛마을 우루벨라촌(장군촌)에서 수쟈타[善生女]라는 소녀가 숲속의 목신에게 공양을 올리러 왔다가 싯달타의 모습을 보고 그에게 유미죽 공양을 올렸다. 그에게 공양을 받은 싯달타는 일어나서 기운이 솟구치고 생기가 되살아났다.

싯달타는 일어나서 공양을 올렸던 바루를 들고 말했다.

"만일 내가 깨달음을 얻어 부처를 이룰 수 있다면 이 바루는 물을 거슬러 멈출 것이요, 만일 그렇지 못하면 물을 따라 흘러가라."

강을 향하여 바루를 던졌다. 바루는 물의 흐름을 끊고 강물 중앙에 가서 머물렀다. 〈본생경(本生經) 권1〉

멀리서 이 모습을 바라보고 있던 다섯 사람들의 수행자들은 손가락질을 하며 자리를 떠났다.

그들은 싯달타태자 곁에서 싯달타를 보살피며 6년 동안이나 함께 고행을 하고 수행을 했던 교진여 등 다섯 사람이었다. 그들은 크게 실망했다. 누구도 따르지 못할 고행을 하는 싯달타에게 감동과 존경으로 받들던 수행자들이었는데 싯달타가 강물에 가서 목욕을 하고 여자로부터 공양을 받는 모습을 보고 "싯달타는 이제 타락했다"고 분개하며 멀리 떠나가 버린 것이다.[17]

제6장 어둠을 떨치고 광명으로
수하항마상(樹下降魔相)[18]

1. 보리수(菩提樹) 아래에서 마군이와 싸움

(1) 붇다가야의 보리수 아래에서 다짐

 가야산을 내려와 나이란자나강가(니련선하)에서 수쟈타의 유미죽 공양을 받고 기운을 차린 싯달타는 다시 깨달음의 길을 향하여 걸음을 옮겼다.
 붇다가야(Buddhagaya)의 숲속에 나뭇잎이 넓직하여 뜨거운 햇볕도 가리우고 빗방울도 피할 만한 필발라수(Pippala-보리수)가 있었다. 더구나 나무 아래에는 편편한 바위가 있어서 정좌하여 선정에 들기엔 알맞은 곳이었다. 태자는 이곳에 자리를 정하려고 했다.
 그때 마침 근처에서 풀을 베던 한 목동이 향기롭고 부드러운 풀 한 아름을 안고 와서 바위 위에 깔아주었다.

"수행자시여, 이 부드러운 풀 위에 자리하고 깨달음을 이루시옵소서!"
"고맙다. 그대의 이름이 무엇인가?"
"스바스티카(Svastika)라 하옵니다."
"스바스티카 좋은 이름이구나. 이제 이 자리에서 기필코 정각(正覺)을 성취하리라. 너의 이름이 길상(吉祥卍)이 되리라. 그리고 이 풀은 길상초가 될 것이다."

싯달타는 목동이 마련해준 길상초 위에 자리를 정하고 서쪽 하늘을 향하여 단정히 가부좌 자세로 앉았다.

'설사 이 몸의 피부가 다 썩고 뼈가 부스러지며 피가 다 말라버린다 할지라도 무상보리(無上菩提) 정각(正覺)을 이루지 않고서는 결코 이 자리를 떠나지 않으리라.(自誓言 不成正覺 不起此座)' 〈파리증지부 3-85 보리왕자경, 본생경(本生經) 1〉

수백 개의 벼락이 한꺼번에 떨어진다 하여도 동하지 않고 부서지지 않을 금강 가부좌를 맺고 마음속에 다짐을 했다.

그때에 마왕(魔王) 파피야스(Māra Papiyas 波旬-파순)는 그의 영토가 무너져 내리는 것 같은 놀라움을 느꼈다.

'이제 싯달타태자가 나의 영역을 벗어나려 한다. 그러나 나는 그를 내보내지 않으리라'

생각하고 온갖 마군(魔群)들을 모두 동원했다.

한편에서는 1만이나 되는 세계의 천인(天人)들은 태자의 찬가를 부르고 제석천왕은 소라를 불었다.

마하가라용왕은 수백 구의 시를 지어 찬탄하고 대범천왕은 흰 일산을 바치고 태자를 옹휘하고 서 있다.

그러나 마군들이 보리도량에 점점 가까이 왔을 때는 옹휘하고 서 있던 그들은 하나도 없이 모두 도망가고 오직 태자만이 홀로 앉아 있었다. 태자가 사면을 살펴보니 삼면에 있던 천인들은 모두 달아나고 북방에서는 마군이들이 또다시 몰려오고 있었다.

'내 한 사람을 보고 이렇게 많은 것들이 몰려오고 있구나. 여기는 내 부모나 형제나 친척은 하나도 없다. 그러나 나에게는 **십바라밀**이 있다. 이 바라밀을 방패로 하고 **바라밀**의 칼을 휘둘러 이 마군을 쳐부수리라.'

태자는 오직 바라밀을 생각하고 앉아 있었다.

(2) 마군이의 위협과 마녀들의 유혹

마군이들이 휘몰아쳐 오는 소리는 하늘을 뒤덮고 대지를 진동했다. 마왕은 커다란 코끼리를 타고 천 개나 되는 손에는 여러 가지 무기를 들었다. 갖가지 모양과 빛깔을 한 마군이들이 몰려오며 돌개바람을 일으켰다.

나무를 뿌리째 뽑아버리고 커다란 바위 덩이를 날려버리는 무서운 바람이었다. 그러나 태자는 앉은 자리에서 끄떡도 하지 않았다. 태자의 공덕 위력 앞에 그 힘은 꺾이어 어떤 그 법의 한 끝도 건드리지 못했다.

마왕은 또 비를 불렀다. 돌비, 칼비, 불비, 뜨거운 잿비, 자갈비, 진흙비 등을 퍼부었고 마지막에는 암흑을 일으켰다. 그래도 태자를 움직이거나 쫓아낼 수는 없었다. 태자의 주위를 감싸고 있는 일광은 암흑을 없애 버렸다.

마왕은 또 마녀들을 내세웠다. 온갖 치장을 하여 아름답게 꾸미고 갖은 요염한 자태로 태자의 몸을 휘감으며 귓속에 속삭였다.

"태자님이여, 어서 궁중으로 돌아가 우리와 함께 인생을 즐깁시다."

그러나 마녀들의 별의별 유혹도 태자를 움직일 수 없었다. 바라밀의 공덕을 이길 수 없었다.

(3) 마왕이 직접 나서다

격분한 마왕 파순이가 직접 나섰다. 코끼리 위에서 칼날을 단 수레바퀴와 같은 커다란 무기(윤반 輪盤)를 휘두르며 태자에게 치달았다. 그러나 태자는 눈썹 하나도 까딱하지 않았다.

마왕이 다시 태자에게 다가와서 부드러운 말로 이야기했다.

"**싯달타태자시여**, 당신은 야위었고, 안색이 나쁩니다. 당신은 죽음에 임박했습니다. 당신이 죽지 않고 살 가망은 천에 하나입니다. 당신은 살아야 합니다. 생명이 있어야만 모든 착한 일도 할 수가 있지 않습니까? 애써 정진하는 길은 가기 힘들고 행하기 힘들며 도달하기가 어렵습니다. 어서 자리에서 일어나십시오."

달콤하고 그럴 듯한 유혹이었다.

"이 게으름뱅이의 족속이여, 악한 자여, 그대는 세상의 탐욕과 선업(善業)을 구해서 여기 왔지만, 내게는 세상의 탐욕과 선업을 찾아야 할 뜻이 털끝만큼도 없다. 너는 이 세상의 탐욕을 구하고 선업의 공덕을 구하는 자에게나 가거라."〈숫타니파아타·대품·정진. 본생경(本生經) 권1, 5〉

그리고는 '군대가 사방을 포위하고 마왕이 나에게 쳐들어오지만 나는 그들을 맞아 싸우리. 한 걸음도 물러나지 않으리라' 마군이들과의 처절한 투쟁을 결심한 태자의 마음은 더욱 굳어졌다.

2. 드디어 부처님이 되시다

(1) 여덟 가지 마군과 병력

싯달타는 고요히 마군의 종류를 생각했다.

"너의 첫째 마군은 탐욕이요, 둘째는 혐오이며, 셋째는 기갈이요, 넷째는 애착이다. 다섯째는 권태와 수면이요, 여섯째는 공포요, 일곱째는 의혹, 여덟째는 겉치레와 고집이다."

"잘못 얻은 이득과 명성과 존경과 명예와 또한 자기를 칭찬하고 남을 경멸하는 것, 이것들은 너의 병력이다. 검은 악마의 공격군인 것이다. 용감한 사람이 아니면 그를 이겨낼 수가 없다. 그러나 용자는 이겨서 즐거움을 얻는다."

"내가 너희 마군이들에게 항복할 것 같은가? 속된 생은 달갑지 않다. 나는 패하여 항복하고 사는 것보다 싸워서 죽는 편이 오히려 낫겠다."

"어떤 수행자나 바라문들은 너의 군대에 패해버리고 보이지 않는다. 그리고 덕있는 사람들의 갈 길조차 알지 못한다."

"병력이 사방을 포위하고 악마가 코끼리를 탄 것을 보았으니 나는 그들을 맞아 싸우리라. 나로 하여금 이곳에서 물러나지 않게 하라"

(2) 피나는 고투

싯달타태자는 다시 안과 밖으로부터 쳐들어오는 모든 마군이들을 생각하고, 내면으로부터 일어나는 망상의 마군이들, 내적인 장애물들인 불안과 주저, 유혹과 부정적인 사고 방식 등의 모든 번뇌를 일으키는 온갖 마군이들과 피나는 고투를 시작한 것이다.

 그리고 스스로에게 다짐한다. 불퇴전의 결의를……

 "내게는 믿음이 있고, 노력이 있고, 지혜가 있다. 이처럼 전심하는 나에게 너는 어찌하여 생명의 보전을 묻는가"

 "힘써 정진하는 데서 일어나는 바람은 강물도 마르게 할 것이다. 오로지 수도에만 정진하는 내 몸의 피가 어찌 마르지 않겠는가? 몸의 피가 마르면 쓸개도 가래침도 마를 것이다. 살이 빠지면 마음은 더욱더 밝아지리라. 내 생각과 지혜와 순일한 마음은 더욱더 편안하게 될 것이다."

 "나는 이토록 편안히 살고 가장 큰 고통을 받고 있으므로 내 마음은 모든 욕망을 돌아볼 수가 없다. 보라, 이 몸과 마음의 깨끗함을!"

 "신들도 세상 사람들도 너의 병력을 꺾을 수 없지만 나는 지혜의 보검을 가지고 너의 군대를 깨뜨리리라. 마치 굽지 않은 흙단지를 돌로 쳐서 깨뜨려 버리듯이……"

(3) 마왕의 항복

 싯달타태자의 깊은 수행은 계속 되었다. 드디어 마왕이 손을 들었다.

 "우리는 칠 년 동안이나 그를 한발 한발 따라 다녔다. 그러나 항상 똑바로 정신을 차리고 있는 수행자 정각자(正覺者)에게 뛰어들 빈틈이 없었다. 마치 까마귀가 기름 빛깔을 한 바위의 주위를 맴돌며 '이곳에 맛좋은 먹이가 없을까?' 날아다니며 바위에 가까이 가 보았으나 그곳에서 맛있는 것을 얻을 수 없었기 때문에 날아가 버리는 것처럼…… 우리는 이제 지쳐서 싯달타를 떠나간다……"

 싯달타는 굳센 의지와 정진의 힘으로 마군이와 싸워 이겼다. 마왕도 어쩔 수 없이 항복했다. 실로 외로운 싸움에서 마침내 승리했다.

이제 싯달타태자는 마음의 때를 말끔히 씻어내렸다. 온갖 번뇌가 모두 사라지고 맑고도 깨끗한 마음이 되었다.

(4) 사선정에 들어 삼명육통을 얻다

태자는 마군을 항복받고 법(法)의 기치를 세웠다. 처음에는 욕계(欲界)의 루(漏)를 여의고 유각유관(有覺有觀)으로써 생을 떠난 기쁨이 있는(離生喜樂) 초선(初禪)에 들어가고 다음에는 안으로 각관(覺觀)을 멸하고 정생(定生)의 희락이 있는 제2선(二禪)에 들어갔다.

그리고 또 희수(喜受)를 여의고 사(捨)에 주하여, 유념유상(有念有想)의 몸이 낙을 받는 제3선(三禪)에 들어가고 다시 우희(憂喜)를 버리고 고락을 버리며(捨) 청정을 생각하는 제4선(四禪)에 들어갔다.

태자는 정정(正定)에 주(住)하므로써 마음은 청백하고 광명하여 물들임이 없으며 수번뇌(隨煩惱)를 여읜지라 부드럽고 조화되어 동요가 없었다.

초야(初夜)에 들어서는 지(智)와 명(明)을 얻어 실심(實心)을 모아가지고 천안통(天眼通)을 얻었다. 그래서 곧 천안으로써 일체 중생이 이승에서 죽어 저곳에 나서 귀하고 천한 것은 모두 업(業)에 따르는 것임을 보았다.

또 중야(中夜)에 이르러서는 일심을 모아 과거를 아는 숙명통(宿命通)을 증득했다. 과거에 자타의 생을 받은 일을 통관하여 일생 내지 수 억겁 생의 모든 것을 알았다.

이로써 태자는 '일체 중생은 생로병사의 근본을 능히 깨닫지 못하니 이 근본은 무엇을 좇아 있는 것일까'를 생각했다.

그때 태자는 생로병사의 근본 원인과 그 멸도(滅道)를 알았다.[19]

태자는 후야(後夜)에 이르러 삼명육통(三明六通)[20]을 완전히 성취하게 되었다.

깊은 명상에 들어가 4단계의 선정(四禪定)을 체험하며 온갖 분별하는 마음을 여의고, 고요하고 평화로운 마음에서 남김없이 드러나는 우주와 인간의 참모습을 있는 그대로 관찰했다.

생사의 악순환에 빠져 허덕이는 중생의 모습들, 그 원인은 어디로부터인가? 결과와 해결의 길은? 우주와 인간의 근본 진리는 무엇인가? 차례차례 깊은 진리로 명상은 깊어졌다.

(5) 찬란한 광명 속에 부처님이 되시다

먼동이 트려는 새벽녘, 동쪽 하늘에 샛별이 반짝이는 순간 **싯달**타는 커다란 광명이 온 우주를 감싸고 빛남을 보았다.

"이제 어둠은 영영 사라졌도다. 어둠의 흐름도 모두 사라졌다. 이제 다시 생사의 길 따르지 않으리. 이것을 고뇌의 최후라 선언하노라"〈자설경(自說經)〉

싯달타태자는 이제 인간이 갖고 있는 모든 고뇌를 해결했다. 암울하니 둘러싸고 있던 어두움도 모두 사라졌다.

온 우주를 감싸고 도는 찬란한 광명 속에 더 이상 위없는 진실한 그대로의 바른 깨침을 깨달았다. '아누다라삼먁삼보리'(Anuttara Samyak Saṃbodhi 無上正等正覺)를 성취한 것이다.

인간과 우주의 근원인 진리를 깨달은 것이다.

무상보리(無上菩提) - 하나도 남김없이 완전 무결한 지혜를 얻은 것이다.

"불타·세존·조어사·장부의 성지(聖智)와 알 바·얻을 바·깨달을 바·볼 바·증득할 바의 일체에 일념의 상응(想應)의 혜로써 '아누다라삼먁삼보리'를 증득한 것이다."〈방광대장엄경(方廣大莊嚴經) 권9〉

싯달타가 서른다섯 살 되던 해 섣달 초여드레 새벽, 샛별이 반짝일 때였다.

이제 도를 성취하신 것(成道)이며 이로써 깨달음을 얻은 분, 부처님이 되신 것이다.

이 세상에서 가장 존귀하신 세존(世尊)이시며, 오고 감이 한결같은 여래(如來)이신 것이다.

천지의 모든 만물이 경하하며 축복한다. 하늘신 변광천자(邊光天子)도 미묘한 꽃을 뿌리고 향을 피워 부처님께 공양하고 게송으로 찬탄한다.

"부처님의 깊은 지혜 소리도 아름다워 위없는 대보리(菩提)를 얻으셨으니 모든 소리 가운데 제일이어라. 그러므로 우리들이 경배합니다. 세간에 자비심을 일으키시어, 등불도 되시고 의지도 되사, 능히 세간의 독한 화살 빼시고 다시 세간에 대의왕(大醫王)이 되셨네.

옛적에 연등불을 만나 뵈옵고 대자비 발하여 일체를 위하시니 세존은 세간의 연꽃과 같이 삼계의 진흙에도 물들지 않도다.

그 마음 견고하여 훼방 못하고, 높고 넓어 움쭉 않는 수미산 같네. 금강과도 같으사 부수지 못하고, 가을의 보름달같이 깨끗하셔라."〈본생경(本生經) 1〉

어둠에 둘러싸인 이 세상을 밝게 비추는 찬란한 빛 대광명이 솟아오른 것이다.

제7장 깨달은 진리를 널리 펴심
녹원전법상(鹿苑轉法相)[21]

1. 감로의 문이 열리다…범천(梵天)의 삼청(三請)

(1) 중생의 근기를 살피심

우루벨라(장군촌)의 나이란자나강(니련선하) 기슭 보리수 아래서 깨달음을 얻으신 석가세존께서는 앉아 계시며 해탈의 즐거움에 잠기셨다.

첫이레를 보리수 아래에서 지내고 다음엔 리바나라는 나무 밑에서 다음엔 아자파라니구월다나무 아래서 이레 동안 이렇게 자리를 옮기며 일곱이레 동안을 보내면서 앞으로 이 세상 사람들을 위하여 어떻게, 깨달은 진리를 설법할 것인가?를 생각하셨다.

"고생고생 끝에 겨우 얻은 이 길을 어이 또 사람들에게 설해야 될까? 오! 탐욕과 노여움에 불타는 어리석은 사람들에게 이 진리를 알리

기란 쉽지 않아라."〈상응부 6권 청〉

　성취한 깨침이 깊고도 오묘한 것이어서 무지와 번뇌에 가려있는 사람들에게 보여주기란 쉬운 일이 아니라 망설였다.

　'내가 지금 얻은 법은 심히 깊어서 알기도 어렵고 해석하기도 어렵고 깨닫기도 어렵다. 이것은 영원히 고요하고 미묘한 법이어서 최상의 지혜가 있는 사람이라야 능히 알 것이니라. 어리석은 지견을 가진 중생들이 어찌 알랴.'

　이때에 악마(魔)의 속삭임이 다시 들려온다.

　"세존이시여! 불사안온(不死安穩)에 이르는 길을 당신이 진정 깨달았다면 그 길을 홀로 감이 좋도다. 어이하여 남에게까지 설하려 하는가?"〈상응부경전-악마상응24〉

　이는 석가무니 세존의 내면의 소리인가? 홀로만 불사안온, 열반락을 맛보고 도취하려는 자기 만족에 빠지려는 것인가?……

　이때 하늘의 신 인드라(제석천)가 나타나 설법을 청한다.

　"마왕의 권세를 쳐부순 세존이시여! 그 마음은 월식을 벗어난 밝은 달과 같습니다. 자! 어서 일어나소서, 지혜의 빛으로 어둠을 비춰 주소서!"

　(2) 범천왕의 삼청

　부처님께서는 침묵한 채로 계시니 하늘의 신 **마하브라만**(대범천)이 부처님 앞에 나와 예배하고 권청(勸請)의 노래를 불렀다.

　"지금 세상에서는 때묻은 자들이 부정한 법을 가지고 사람들을 설득하고 있으니 부처님이시여 감로의 문을 여소서! 청정한 법을 사람들에게 들려주소서!"

　침묵하고 계신 부처님을 보고 놀랐다.

　"아! 이 세상은 이제 멸망하는구나. 부처님의 마음은 법을 설하시는 일에 뜻이 없구나."

대범천은 또다시 청했다.

"그들이 법을 듣지 못하면, 모두 다 멸망하리니 세존이시여 감로의 문을 열으소서! "

(3) 설법하실 것을 결심

범천이 세 번이나 청함을 듣고 부처님은 진흙 속에서 피어나는 연꽃을 생각했다.

"연꽃은 물 속에서 피는 꽃도 있고 수면에 떠서 피는 꽃도 있고 또한 물 밖으로 솟아 공중에서 꽃을 피우는 것도 있구나. 중생들의 근기도 이와 같이 각각 다르리라. 그러나 물 속에서 피어나는 연꽃이 더러움에 물들지 않듯, 더러움 속에서 헤매이는 중생들이라도 모두 헤어날 수 있으리라. 제각기 근기에 따라 법을 설하리라."

부처님은 중생들을 위하여 근기에 따라 설법하시면 제도가 가능하리라 생각하시고 드디어 설법하실 것을 작정하셨다.

"하늘의 신이여, 그대의 청을 받아들여 내 이제 감로의 문을 열리라. 그리고 감로의 북을 울리리라. 모든 세상의 중생들아, 신도 사람도 바다의 용들도 귀 있는 자는 들어라. 낡은 믿음을 버리고……"〈율부4분율(四分律) 권31-상응부경전6-권청〉

2. 인연이 없는 중생(無緣衆生)은 제도를 못 받는다

(1) 인연 있는 사람들을 생각하시다

"이 세상의 모든 중생들아, 귀 있는 자는 들어라. 낡은 믿음 버리고……"

감로의 문을 여시려고 선포하신 부처님은 다시 생각에 잠기셨다.

'나는 먼저 어떤 사람을 위해 법을 설할 것인가? 어떤 사람이 이 법을 속히 깨달을 것인가?'

그리고 부처님이 출가하여 처음 찾아갔던 선인(仙人)들을 생각했다.

'저 아라라·카라마 선인은 현자요, 지혜있고 총명하다. 심안(心眼)에 때가 없어진 지 오래니 내 그를 위해 법을 설하리라. 속히 깨달을 수 있으리라'

부처님은 선정에 들어 그가 있는 곳을 살펴보았다. 그러나 그는 이미 칠일 전에 세상을 떠난 것을 알으셨다.

다시 울다가선인을 생각하셨다. 그러나 그도 이미 전날 밤에 죽은 것을 알으셨다. 별수가 없는 일이었다.

인연이 없는 중생은 부처님도 어찌하지 못한다. 부처님을 만나지 못하고 불법을 만나지 못하는 박복한 인연이었다.

부처님은 다시 생각하시었다.

'내가 설산에서 수행하는 동안 6년 간이나 곁에 함께 있으면서 나의 수행에 시봉하고 도움을 준 다섯 사람들이 있구나. 그들에게 깨달은 법을 설하리라.'

그들이 있는 곳을 살펴 보셨다. 그들은 카시족의 수도 바라나시의 녹야원에 머물고 있었다. 부처님이 계신 **우루벨라촌**으로부터 **바라나시**까지는 수백리 길, 머나먼 곳, **바라나시**를 향하여 맨발로 길을 나섰다.

(2) 인연 없는 중생

길을 가는 도중에 고행하는 수행인 사명외도(邪命外道) **우파카**란 사람을 만났다. 그는 멀리서 걸어오는 부처님의 얼굴에서 환하게 빛나는 광명을 보고 놀라서 물었다.

"존자시여! 당신은 참으로 광채가 넘쳐 흐릅니다. 누구를 따라 출가했으며, 누구를 스승으로 가르침을 받았습니까?"

"나는 모든 것을 이기고(一切勝者), 모든 것을 아나니(一切知者) 모든 것에 더럽혀짐이 없고 모든 것 다 버리고 해탈했노라.

애욕이 다한 해탈을 얻어 스스로 깨침을 얻었거늘 누구를 스승이라 하랴. 나에겐 스승이 없다. 나와 같은 자도 없으며 이 세상에 누구도 나와 비길 자가 없도다.

이제 법을 설하러 **바라나시**로 가나니 어두운 이 세상에 감로의 북을 울리리라. 벗이여! 나는 번뇌가 없어진 승자다. 사악법(邪惡法)에 승리했다. 나는 일체승자(一切勝者)니라……" 〈율장대품(大品) 수계편〉

'나는 일체를 이긴 승자'라고 선언하시는 부처님의 말씀을 듣고도 **우파카**는 고개를 갸우뚱했다. '혹시 그럴지도 몰라' 그러나 믿기지 않았다. 깨달으신 진리의 법을 들으려는 생각을 일으키지 못하고 머리를 흔들며 다른 길로 가버렸다.

부처님을 만나고서도 불법을 가까이 하고서도 믿음을 일으키지 못하는 인연 없는 중생이었다. 부처님과의 인연, 진리와의 인연은 이렇게 어려운 일인가?

'나는 일체를 이긴 승자(勝者)'라고 밝히시는 부처님의 말씀을 듣고도 더 이상 법문의 말씀을 들으려 하지 않고 지나쳐버린 인연 없는 중생, 자기 스스로의 선입견에 얽매어 스스로를 이기지 못하는 중생들, 그래서 그 뒤에 부처님은 강조하여 말씀하신다.

"활 만드는 사람은 화살을 잘 다루며, 물을 대는 사람은 물을 잘 긷고 목수는 나무를 잘 다루듯, 지혜로운 사람은 자기를 잘 다룬다……"
〈법구경(法句經) 현철품〉

"싸움터에서 수천의 적과 싸워 이기기보다, 하나의 자기를 이기는 자야말로 참으로 전사 중의 으뜸이로다……" 〈법구경(法句經) 술천품〉

3. 녹야원에서 처음으로 법문을 펴심(初轉法輪)

(1) 부처님을 맞이하다

부처님은 '어둠의 세상에 감로의 북을 울리러' 맨발로 수백리 길을 재촉했다. 갠지스강을 넘어 바라나시의 교외에 있는 사슴동산-녹야원을 찾았다.

녹야원에서 수행을 하고 있던 카운디냐(교진여) 등 다섯 수행자는 멀리서 싯달타태자가 오는 모습을 보고 서로 이야기했다.

"보라, 저기 고타마 싯달타가 오고 있다. 고행을 버리고 안일로 도망친 자, 타락한 자가 온다. 우리는 인사할 것도 없고 예전처럼 섬길 것도 없다. 옷이나 발우를 받아줄 것도 없고 그를 위해 자리를 내 줄 것도 없다. 앉고 싶은 곳에 제멋대로 앉도록 내버려 두자" 〈초전법륜경(初轉法輪經) 1(율장-대품)〉

부처님이 가까이 오더라도 아는 체를 하지 말고 모르는 척 하자고 서로 다짐했다.

그러나 부처님이 그들에게 가까이 이르자 그들은 서로의 약속도 잊어버리고 자기도 모르게 일어나서 공손히 허리 굽혀 인사하고 부처님을 맞이했다. 부처님의 옷과 발우를 받아 들고, 자리를 펴서 모시고 물을 떠다가 발을 씻으시게 했다.

어찌된 일인가? 한마디의 말씀이 있기도 전에, 부처님의 당당한 위용과 고요한 얼굴 모습 그리고 광채에 빛나는 위신력 앞에 그들은 저절로 고개가 숙여진 것이다.

"고타마 싯달타시여 멀리서 오시느라 고생하셨습니다."

그들은 인사를 올렸다.

"너희들은 이제 나에게 이름을 불러서는 안된다. 나를 이제 여래(如來)라고 불러라. 여래는 부처이니 마땅히 공양을 받을 자(應供)이고 바르게 깨친 자(正徧知)이니라. 수행자들아, 귀를 기울여라. 나는 불사불멸(不死不滅)을 얻었노라. 이제 법을 설하리니 그대들도 따라 행하면 스스로 체득하여 실증(實證)하고 머무르리라."

(2) 부처님의 위신력에 굴복

그러나 그들은 얼른 수긍이 가지 않았다.

"고타마 싯달타여, 당신은 그 엄하고 무서운 고행을 하면서도 생사를 뛰어넘는 참다운 지혜에 도달하지 못했는데 이제 고행을 버리고 안일에 빠져 타락했는데 어떻게 그 법에 도달할 수가 있었겠는가?"

그들은 세 번이나 묻고 대답하는 가운데에도 믿기질 않았다.

"너희들은 내 얼굴을 보아라. 이렇게 광명이 넘쳐 빛나는 것을 보았는가?"

석가무니부처님의 얼굴을 똑바로 바라본 다섯 수행자들은 광명이 넘쳐 흐르는 위신력에 무릎을 꿇었다. 감히 범할 수 없고 거역할 수 없으며, 모든 괴로움을 해탈한 안온한 모습에서 뻗쳐 나오는 광명에 저도 모르게 고개를 숙였다.

"수행자들아, 부처는 안일을 탐하는 자가 아니다. 노력을 버린 자도 아니다. 진실로 깨달음을 얻은 자이다. 귀를 기울여라. 불멸에 이르는 도를 듣는 것이 좋으리라."

부처님의 위신력 앞에 굴복된 다섯 수행인들은 그제야 부처님의 깨달으신 참된 법을 들으려는 마음의 문이 열렸다. 그리고는 부처님께서 말씀하실 법문을 고대하게 되었다.

4. 최초의 다섯 제자(五比丘)

(1) 중도(中道)의 법문

"수행자들은 양 극단을 버려야 한다. 하나는 모든 욕망에 탐익하는 것이니 이것은 어리석고 추한 것이다. 다른 하나는 스스로 고행에 열중하는 것이니, 이것도 어리석고 추한 것이다. 이 두 가지 극단을 버리고 중도(中道)를 깨달으면 눈을 뜨게 하고 지혜를 생기게 하며 마음의 평화와 진리의 체험과 크나큰 깨침과 열반을 성취하게 하느니라……"

부처님은 사람들이 욕망에만 빠져 그저 본능적인 쾌락에 흐르는 것도 피해야 하고 자기 자신을 괴롭히고 강압하는 것으로 깨달음을 얻으려는 고행주의도 버려야 한다고 말씀하신다.

쾌락주의에도 고행주의에도 치우치지 않아야 한다는 중도(中道)의 말씀은 이것과 저것의 어정쩡한 타협이나 이것도 아니고 저것도 아니라는 분명하지 못한 회피도 아니다. 극단에서 극단으로 치닫는 장벽에서 벗어나 무한한 자유의 길을 보이는 것이 중도다.

(2) 중도(中道)는 팔정도(八正道)요 사성제(四聖諦)다

"수행자들아 중도란 무엇인가? 여덟 가지의 성스러운 길, 팔정도(八正道)가 있으니 곧 바른 견해(정견 正見)·바른 생각(정사유 正思惟)·바른 말(정어 正語)·바른 행위(정업 正業)·바른 생활(정명 正命)·바른 노력(정정진 正精進)·바른 기억(정념 正念)·바른 안정(정정 正定)이니라"

"수행자들아 이 세상은 모두 괴로움이다. 태어나 늙고 병들고 죽는 것(生老病死)이 다 괴로움이요, 원한이 있는 자와 만나는 것도, 사랑하는 것과 헤어져야 하는 것도, 구해서 얻지 못하는 것도 모두 괴로움이요, 사람으로 생존하는 일의 모든 것이 괴로움이니 이것이 성스런 진리다.(고성제 苦聖諦) 이 괴로움에는 반드시 원인이 있으니 탐욕과 갈애로 집착되어 일으키는 것이다.(고집성제 苦集聖諦)

이러한 고통의 근본 원인을 버리면 안락과 기쁨에 충만한 무한생명을 얻으리니 이를 고멸성제(苦滅聖諦)라 한다. 고통을 멸하는 길이 있으니 고멸도제(苦滅道諦)요, 이것이 팔정도이니라."

"수행인들아 이 사성제는 지금까지 어느 누구도 설하지 않은 것이요, 내 스스로 증득한 법인데 이 법에 의해서 마음의 눈을 뜨고 지혜를 얻고 빛을 얻었다. '이 고성제는 분별하여 알아야 할 것'으로써 이것을 알고 '이 고집성제는 끊어야 할 것'으로써 알아 이것을 끊고 '이 고멸성제는 깨달아야 할 것'으로써 이것을 깨닫고 '이 고멸도성제는 닦아야 할 것'으로써 이것을 닦았다."[22]

(3) 녹야원에서 최초로 다섯 제자가 득도

부처님과 수행자들은 며칠 동안을 설법하고 경청하고 담론했다. 사슴 동산 녹야원에서 설법은 다섯 번이나 묻고 다섯 번을 대답할 만큼 열중이었다.

카운디냐(교진여) 등 다섯 수행인들은 차츰 진리의 문에 들어서는 것 같았다.

부처님께서 베나레스의 녹야원에서 설법하심에 지금까지 세계의 어느 누구도 설하지 못한 깨침의 소리에 천지가 진동했다. 하늘에서 땅에서 모든 신들의 세계로 전달되었고 영광에 넘치는 무량한 빛이 온 세계를 두루 비췄다.

마침내 카운디냐(교진여)는 지혜의 눈이 번쩍 띄였다. "카운디냐는 깨달았다. 카운디냐는 깨달았다." 기쁨에 넘쳐 소리를 질렀다. 부처님은 계속해서 말씀하셨다.

"수행인들아. 이 몸은 내가 아니다. 만일 몸이 나였다면 나의 몸은 '이렇게 되라, 이렇게는 되지 말라'고 자유로이 할 수가 있었을 것이다. 마음도 또한 그와 같이 내가 아니다."

"너희들은 어떻게 생각하는가? 이 몸이 항상 그대로 있는 것인가? 무상한 것인가?"

"이 몸이 무상이라면 고인가? 낙인가?"

"무상한 것이며 고인 것이며, 변천하는 것을 나의 것, 나의 자아라고 볼 수 있는가? 마음도 이와 같으니라. 모든 잘못된 집착에서 벗어나 해탈하여야 하는 것이다."〈율장 대품(大品) 수계편1·초전법륜경(初轉法輪經) 1·무아상경(無我相經)〉

나머지 네 명의 수행인들도 모두 지혜의 눈을 떴다. 그리고 부처님 앞에 엎드려 제자가 되기를 간청했다.

"착하도다 비구들이여, 법은 잘 설해졌다. 고(苦)의 근원을 없애기 위해 마땅히 수행을 닦아라."

부처님에게 최초로 다섯 제자가 생기게 된 것이다.

"위대하셔라 세존이시여, 위대하셔라 부처님이시여, 넘어진 자를 일으키심과 같이, 덮인 것을 나타내심과 같이, 헤매는 자에게 길을 가르치심과 같이, 또 어둠 속에서 등불을 가지고 와서 '눈 있는 자는 보라'고 말씀 하심과 같이, 이같이 부처님께서는 온갖 방편을 세우사 법을 설하여 밝히셨나이다"〈중아함경(中阿含經) 17-가미니경〉

"수행자들아 내가 만일 이 사성제를 여실히 알지 못했다면 나는 위없는 깨침을 성취하지 못했을 것이다. 나는 이 사성제를 여실히 알아서 위없는 깨침을 성취했다. 그러므로 아무 의심도 걸림도 없이 사성제를 설하노라."

카운디냐 등 다섯 수행자가 최초의 비구가 되어 아라한의 경지를 성취한 뒤에도 세존께서는 계속하여 위없는 법륜(法輪)을 굴리시니 사문도, 바라문도 하늘의 신도, 세상의 어떤 사람도 능히 이를 뒤엎을 수 없었다.〈초전법륜경(初轉法輪經)〉

5. 야사의 출가와 최초의 우바새

(1) 야사(耶舍)의 괴로움

어느 날 새벽 사슴 동산의 강변을 조용히 거닐고 계신 부처님 앞에 저쪽 강기슭에서 뛰어오는 한 젊은이가 보였다.
"아 괴롭다. 괴로워. 참으로 괴롭고 위태하다."
울부짖으며 몸부림치며 달려오는 것이었다.
부처님께서 조용히 다가섰다.
"그대는 그토록 괴롭고 위태로운가? 자, 여기는 조금도 괴로움이 없고 아무런 위태로움도 없다. 여기 와서 앉아라."
부처님의 모습을 뵙고 부처님의 자비로우신 말씀에 젊은이는 자기도 모르게 무릎 꿇고 자리에 앉았다.

　이 젊은이는 바라나시에 살고 있는 큰 부호 장자의 아들 야사(耶舍 yasas)였다.

　날마다 호화스러운 생활과 유흥에 빠져 지내던 야사는 다른 날보다 일찍 잠에서 깨어났다. 그리고는 깜짝 놀랐다.

　'어젯밤에는 그토록 아름답고 황홀하던 시녀들 기녀들의 모습이 저렇게도 추악할 수 있을까'

　제멋대로 흩어져 잠자는 여자들의 모습을 보고 놀랜 것이다. 악기는 이리저리 흩어져 있고 머리를 풀어헤친 혼란한 모습에 침 흘리고 눈꼽 끼고 입 벌리고 잠꼬대 하는 모양들은 도저히 볼 수가 없었다. 마치 시체 더미들이 쌓여있는 것 같아 허망하고 괴로움에 집을 뛰쳐나와 헤매였던 것이다.

(2) 야사의 귀의

　녹야원에 이르러 부처님을 만나고 "여기는 괴로움도 없고 위태로움도 없다"는 말씀에 환희 용약하여 신었던 황금신을 벗고 부처님께 예배드린 후 옆자리에 앉았다.

　"야사여, 여기는 정녕 평화롭고 안온하다. 내 그대를 위하여 법을 설하리라."

　부처님은 야사를 위하여 차례차례 법문을 설하셨다. 이 세상은 무상한 것이며, 이로써 괴로운 것이며 오욕에 허물이 있는 것이며 이를 벗어나는 길이며 십이연기·사성제·팔정도 등의 법문을 차례로 말씀하셨다.

　야사는 차츰 눈이 떠지고 번뇌에서 벗어났다. 그리고는 부처님께 귀의했다.

(3) 최초의 남자 신도(우바새)

야사의 아버지는 아들을 찾아 사방으로 헤매다가 녹야원에 들어섰다. 아들의 신발인 황금신이 버려져 있는 것을 알고 근처에 계신 부처님께 나아갔다.
"존사여, 저희 아들인 야사를 보셨습니까?"
"그대는 여기 앉아라. 잠시 후 아들을 볼 수 있으리라."
부처님은 야사의 아버지를 자리에 앉게 하고 그에게 차례차례 법을 설했다. 갖가지 차례 법문으로 괴로움을 여의는 법문이셨다.
야사의 아버지는 법을 보고 법에 들었다. 법을 알고 법에 익어서 의혹을 버리고 무외(無畏-두려움이 사라짐)를 얻은 장자는 부처님께 사뢰었다.
"위대하셔라 부처님이시여, 위대하셔라 세존이시여! 넘어진 자를 일으키심과 같이, 덮인 것을 나타내심과 같이, 헤매는 자에게 길을 보이심과 같이 또 어둠 속에서 등불을 가지고 와서 '눈 있는 자는 보라.' 하심과 같이 부처님께서는 온갖 방편으로 법을 밝히셨나이다. 부처님이시여, 저는 이제 지금부터 목숨을 마칠 때까지 거룩하신 부처님께 귀의하옵고 부처님의 법에 귀의하오며 불제자 승가에 귀의하오니 거두어 주옵소서." 〈중아함경17-가미니경〉
야사의 아버지는 부처님과 법과 승, 삼보께 귀의하고 최초의 남자 신도(우바새)가 되었다.
삼보에 귀의한 야사장자는 홀연히 곁에 앉아있는 아들을 보고 더욱 감격할 따름이었다.

6. 최초의 청신녀(淸信女), 늘어가는 제자

(1) 장자 거사 집에서 설법

야사의 아버지는 부처님께 삼귀의(三歸依)를 올리고 우바새(남자 신도)가 된 뒤 아들 야사를 보자 말했다.

"야사야 너의 어머니는 지금 슬픔과 걱정에 잠겨 있다. 너의 어머니에게도 삶의 보람을 주어라."

야사는 부처님을 우러러 보았다.

야사의 아버지 장자거사(居士)는 부처님께 사뢰었다.

"부처님이시여, 야사의 마음에 취착이 없이 번뇌로부터 해탈한 것은 그에게 커다란 이익입니다. 이제 야사를 시자(侍者)로 하시고 저희 집에 오셔서 공양을 받아 주시옵소서!"

부처님은 아무 말씀이 없었다. 이것은 승낙하신 것이다. 거사는 자리에서 일어나 부처님께 예를 올리고 오른편으로 세 번 돌고 집으로 갔다.

부처님은 그 다음 날 이른 아침에 야사를 시자로 데리고 장자인 거사의 집으로 가셨다. 야사의 어머니와 아내는 부처님께 예를 올리고 부처님의 설법을 들었다.

부처님은 차례차례 법을 설하시어 보시(布施) 등의 말씀까지 하셨다. 그들은 부처님의 차제법문을 듣고 온갖 괴로움을 여의게 되었다. "집(集)의 법은 모두가 멸(滅)의 법이다"고 깨닫게 되고 법을 보고 법에 달하여 스승의 교훈에만 의지하고 다른 것에는 의지하지 않는 신심을 일으켰다.

(2) 최초의 여자 신도(우바이)

야사의 어머니와 아내는 부처님께 귀의하고 법에 귀의하고 승보에 귀의하여 삼보께 귀의하는 최초의 여자 신도 청신녀(淸信女)·우바이가 되었다.

부처님께서는 야사의 부모와 아내를 교화하시어 그들이 괴로움으로부터 벗어나 즐거움을 얻게 하시고 처소로 돌아가시었다.

야사의 친구들인 이구, 선주, 만승, 우주 등 장자의 아들들은 야사의 출가 소식을 듣고 깜짝 놀랐다.

'이는 보통 가르침이 아닐 것이요. 이는 흔히 있는 출가가 아닐 것이다.'

이렇게 생각한 네 사람은 야사가 있는 곳으로 찾아갔다. 야사는 이 네 사람을 부처님이 계신 곳으로 데리고 가서 부처님께 사뢰었다.

부처님은 그들을 위하여 차례차례 설법을 하시었다. 그들은 부처님의 설법을 듣고 모두 번뇌를 벗어버리고 법의 눈을 뜨게 되었다.

'집(集)의 법은 모두 멸(滅)의 법이다.' 법을 보고 법에 도달한 이들은 부처님께 사뢰었다.

"부처님이시여, 원컨대 저희들은 부처님 곁에 출가하여 계(戒)를 받고자 하나이다."

"오너라 비구들이여! 법은 잘 밝혀졌다. 괴로움의 근원을 없애기 위하여 수행을 잘 하거라."

(3) 60인의 제자가 득도하다

이로써 부처님의 출가 제자는 교진여 등 다섯 사람과 야사 등 다섯 사람으로 열 사람이 되었다.

또 야사의 친구들 50명은 이 나라에서 가장 전통있는 집과 상류층 집안의 아들들로서 야사의 출가한 소식을 듣고 그들도 따라 출가했다.

이들은 부처님의 설법을 들었다. 부처님께서는 보시의 이야기, 계율의 이야기, 하늘에 태어나는 이야기, 오욕락(五欲樂)의 재앙과 불결함, 애욕의 세계를 벗어나는 이익 등 순서에 따라 설법하여 그들의 마음을 조복받고 고집멸도 사성제와 팔정도의 가르침을 설했다.

그들은 모두 먼지와 티끌같은 번뇌를 여의고, 맑고 밝은 눈을 얻었다. '모든 집(集)의 법은 멸(滅)의 법이다'고 깨닫고 부처님 앞에 나아가 계를 받았다.

부처님께 귀의하고 법에 귀의하고 승가에 귀의하는 삼귀의계로써 부처님의 제자가 되었다.

이로써 부처님의 제자는 60인이 되었다. 그들은 부처님의 가르침을 계속 받고 잘 수행하여 마음에는 취착이 없이 해탈되었다. 모두 아라한의 경지를 얻은 것이다.

이에 부처님과 60인의 아라한 성자가 있게 된 것이다. 〈대품수계편(大品受戒篇) 제1〉

7. 포교할 것을 말씀하심

(1) 제자들에게 포교의 사명을 내리시다

석가무니부처님께서 녹야원에서 처음으로 깨달은 법을 설하여 법륜을 굴리신 이후 교진여 등 다섯 비구와 야사 등 다섯 사람의 출가, 그리고 다시 50인의 출가 제자가 생기게 되어 모두 60인의 아라한 경지를 증득한 성자가 있게 되자 부처님은 제자들을 향하여 선언하셨다.

"수행자들아, 나는 신과 인간들의 온갖 속박으로부터 자유롭게 되었다. 그대들도 또한 신과 인간들의 온갖 속박으로부터 자유롭게 되었다."

"수행자들아, 자 이제 전도(傳道) 포교(布敎)의 길을 떠나거라. 많은 사람들의 이익을 위하여, 행복과 안락을 위하여, 세상을 불쌍히 여기고 사람들과 신들의 이익과 행복과 안락을 위하여 떠나거라."

"두 사람이 한 길로 가지 마라."

"수행자들아, 처음도 중간도 끝도 뜻에 맞고 조리있는 말과 표현으로 법을 잘 나타내는 구족한 법을 설하라. 또 원만 구족하고 청정한 행동을 보여주어라."

"사람들 중에는 마음에 번뇌가 적은 자들도 있으나 그들이 법을 듣지 못한다면 그들은 악에 떨어지고 말리라. 그러나 법을 듣는다면 법을 깨달을 것이 아닌가"

"수행자들아, 나도 또한 법을 설하기 위하여 **우루벨라**의 장군촌으로 가리라." 〈잡아함경(雜阿含經) 39-16. 대품수계편 제1〉

제자들에게 포교의 사명을 내린 것이다. 수행한 지 얼마 안되는 제자들, 그리고 이제 60명 제자들, 이들에게 포교의 길을 떠나라는 말씀이다.

(2) 부처님도 포교하러 나서시다

곧 포교의 길이 수행의 길이요, 열반으로 행하는 길이니 법을 전하는 일이야말로 반드시 걸어야 할 길인 것이다.

부처님께서도 제자들을 떠나도록 하시고 스스로도 **바라나시**의 사슴동산을 떠나 **갠지스강**을 건너서 처음 성도하셨던 **나이란자나강**(니련선하) 기슭의 **우루벨라**촌으로 향하셨다.

'고생 끝에 겨우겨우 얻은 이 법을 어떻게 또 사람들에게 설해야 될

까'〈상응부경전6-1 권청〉 하고 궁리하시던 부처님,

'생각대로 사유(思惟)하면서 신념을 굳게 하고 이 나라 저 나라로 편력하리라. 여러 제자들을 거느리고, 그들은 내 가르침을 실행하면서 게으르지 않게 노력하여 근심할 것이 없고 욕망이 없는 경지에 도달하리라.'〈숫타니파아타-대품-정진〉

이제 부처님의 가르침을 실행에 옮기며 다른 사람에게도 포교할 것을 부촉하신 것이다.

"만약 보살이 대비(大悲)의 물로 중생을 이익하게 하면 **아누다라삼막삼보리**(큰 깨침)를 성취하는 까닭."〈화엄경(華嚴經) 보현행원품〉이며 "법을 가르치는 사람은 영원한 생명을 주는 사람이기 때문"에 법을 전하는 포교의 길이 최선의 수행임을 말씀하신 것이다.

포교의 사명을 부여받은 제자들은 제각기 포교의 길에 나섰다.

"두 사람이 한 길로 가지 말라"는 말씀에는 모든 두려움을 없애고 법을 깨달은 대로 자신있게 법을 펴라는 말씀인 것을 마음에 새기면서 또한, 어떤 어려움이 있더라도 중생을 위하여 불법을 펴야 한다는 부처님의 가르침에서 포교가 곧 수행이요, 스스로를 완성시키는 열반의 길이란 것을 확신하면서……

8. 배화교를 믿는 교주와 제자 1천 명을 교화

(1) 자기 자신을 찾는 법

60인의 제자들을 제각기 포교의 길에 나서도록 떠나보내신 부처님께서도 스스로 포교의 길에 나서셨다.

부처님께서 **우루벨라**로 가시는 도중 근처의 숲속에서 조용히 선정에 들어 계셨다.

　그때 그 숲속에서 한 여인을 찾아 헤매는 청년들을 만났다. 그들은 마침 30명이 부부 동반으로 놀러 나왔는데 그중 한 명이 부인이 없어 어떤 한 여인을 불러 같이 놀러 왔던 것이다.

　그런데 그 여인이 다른 사람들이 놀이에 정신이 없는 틈을 타서 그들의 보물을 훔쳐 가지고 달아나 버렸다. 그래서 그들이 이 여인을 찾아 숲속을 헤매다가 부처님을 만나게 된 것이다.

　청년들은 부처님을 뵙고 여쭈었다.

　"도망가는 한 여인을 보지 못하셨습니까?"

　"청년들이여! 그대들은 그 여인을 찾는 것과 자기를 찾는 일 중에서 어떤 것이 그대들에게 중요하다고 생각하는가?"

　"자기를 찾는 것이 중요하다고 생각합니다."

　"그렇다면 이리 와서 앉아라. 그대들을 위하여 자신을 찾는 법을 설하리라."

　30명의 청년들은 부처님의 설법을 차례차례 듣고 모두 제자가 되었다. 이들을 제도하신 부처님께서는 다시 길을 떠나셨다.

(2) 가섭 삼 형제

　부처님께서는 처음 가야산에 들어가 수도하시기 전 **우루빌라 카샤파** 삼 형제를 만나 도(道)를 의논했던 일과 **마가다국 빔비사라왕**과의 약속한 일도 생각하시고 **마가다국**으로 발길을 옮기신 것이었다.

　이윽고 **우루벨라**에 이르렀다.

　우루벨라에는 당시에 최고의 바라문인 **우루빌라 카샤파**(Uruvilra Káśyapa-伽葉가섭) 삼 형제가 천 명의 무리를 이끌고 교단을 형성하여 큰 세력을 떨치고 있었다.

　그들은 **마가다국왕과 백성들의 존경과 신앙을 받는** 매우 총명하고 학행이 높은 수행자였으나 사견(邪見)에 빠져 바른 길이 어떤 것인지 알지 못하고 있었다. 오직 불〔火〕을 믿고 받드는 배화교(拜火敎)를 신봉하고 있었다.

우루빌라 카샤파(가섭)는 5백 제자를 거느리는 스승이었고 나제 가섭은 3백 제자를 거느리고 **가야 가섭**은 2백 제자를 거느리는 스승들이었다.

부처님께서는 먼저 **우루빌라 가섭**이 있는 곳에 가셔서 그들의 신전인 화당(火堂)에서 하룻밤 쉬어 가기를 청했다.

우루빌라 가섭은 거절한다.

"화당 안에는 무서운 독룡(毒龍)과 독사가 있어 그대를 해칠 것이오."

세 번이나 청하고 세 번이나 거절했다.

(3) 세 가섭과 제자 1천 명을 교화

그러나 부처님은 화당 안으로 들어 가셨다.

아침이 되자 **가섭**과 그 제자들이 몰려왔다. 그리고 "밤새 어찌 되었을까?" 하고 걱정들을 했다.

그때 화당 문이 열리며 부처님께서는 그 독룡을 바루 안에 잡아 넣어 가지고 나오셨다.

가섭은 그 위덕에 놀라기는 했으나 자기만은 못하다고 생각했다. 부처님은 계속해서 화당에 머물며 몇 번이나 신통을 보였으나 쉽게 승복하지 아니했다. 부처님께서는 단호히 질책하시었다.

"가섭이여, 그대는 아라한(깨달은 성인)도 아니요, 또 성인의 지경에 이르는 길도 찾지 못하고 있다. 그대의 가르침은 성자의 도가 아니다. 사도(邪道)를 버리고 정법의 길로 돌아오라."

그때서야 가섭은 크게 느끼고 부처님께 예배했다.

"세존이시여, 부처님이시여, 이제 깨달음이 있습니다. 저는 부처님 곁에 출가하여 계를 받고자 하나이다."하며 5백 제자들과 함께 부처님께 귀의하길 간청했다.

"가섭이여, 그대는 5백 인의 우두머리다. 먼저 그들의 뜻에 따라 선택하도록 하여라."

가섭의 제자 5백 인과 두 형제 그리고 5백 인의 제자 등 천 명의 제자들이 모두 부처님께 귀의할 것을 원했다.

그리고 그들은 제사 지내던 화구(火具)들을 모두 강에다 던져 버렸다.

부처님은 그들에게 제자되길 허락하셨다. 〈대품(大品) 수계편 제1〉

당시 인도 사회엔 큰 충격이 되었다. 연령이나 사회적인 명성과 영향력으로 보나 놀라운 이변으로 여겨졌다.

세 가섭의 조복은 부처님의 포교에 크나큰 성과의 하나요, 정법의 승리였던 것이다.

9. 마가다국의 빔비사라왕과 백성들의 교화

(1) 마가다의 서울 왕사성으로 가시다

카샤파(가섭) 세 형제가 부처님께 귀의하자 마가다 천지는 크게 진동하고 국왕과 백성들은 부처님 오시기를 고대했다.

이제 석가무니부처님께서는 일천 명의 제자를 거느리고 마가다의 서울 라자그라하(왕사성 王舍城)로 향했다.

가야산(상두산)에서 저 유명한 '산상에서의 설법'[23]—타오르는 불에 대한 법문을 설하시고 왕사성의 서남쪽 장림원(릿팁자나숲)의 사당(善

住靈廟)에 주하셨다.

빔비사라왕은 싯달타태자가 수행할 때부터 그를 사모하여 그의 성도를 기다리고 있었는데 이제, 석가무니부처님께서 마가다국에 당도하셨다는 소식을 듣자, 기뻐하며 나라 안의 수만 명의 바라문과 관리와 백성들을 이끌고 부처님 앞에 나아갔다.

이때에 수많은 대중들은 우루빌라 가섭과 부처님을 바라보면서 어리둥절 했다.

"대체 누가 스승이고 누가 제자인가"

우루빌라 가섭은 자리에서 일어나 부처님 앞에 무릎을 꿇고 예배하며 사뢰었다.

"부처님이시여, 부처님이야말로 나의 스승이시오, 나는 부처님의 제자입니다."

그때에 대중은 비로소 부처님의 크나크신 교화의 힘을 보고 모두 부처님께 예배하고 법문을 청했다.

(2) 마가다국 백성들과 빔비사라왕의 귀의

당대 최고의 바라문인 우루빌라 가섭 삼 형제의 귀의야말로 마가다국 모든 백성들에게 크나큰 감화를 준 것이었다.

부처님은 대중을 위하여 차례차례 법문을 설하셨다.

보시에 관하여, 지계(持戒)에 대하여, 하늘에 나는 일이며 오욕(五欲)의 과실, 모든 번뇌로부터 해탈하는 길이며, 고·집·멸·도 사제법 등이며 우주 만유의 근본 진리에 대해서 설하셨다.

빔비사라왕과 백성들은 '하얀 옷감이 채색을 잘 받는 것'과 같이 그 자리에서 법의 눈을 뜨게 되었다.

빔비사라왕은 부처님의 설법을 듣고 사뢰었다.

"부처님이시여, 저는 일찍이 태자 시절에 다섯 가지 소원을 세웠습니다. 첫째, 나라의 왕이 되는 것이요. 둘째, 내 나라 안에 부처님이 출현하실 것이요. 셋째, 부처님을 섬기고 받들 것이요. 넷째, 부처님께서 저를 위해 법을 설해 주시고, 다섯째, 제가 부처님의 법을 깨닫게 되는 것이었습니다. 이제 이 소원들을 모두 다 성취하게 되었으니 무엇을 또 바라오리까. 저는 이제 목숨이 다 마칠 때까지 평생토록 불·법·승 삼보에 귀의하겠나이다. 우바새로서 받아들여 주시옵소서! 원컨대 저의 공양을 받아 주옵소서."

이튿날 왕이 받드는 공양에 부처님께서 **마가다의 서울 라자그라하**(왕사성)에 나아가시니, 나라의 백성들이 모두 부처님을 받들고 찬탄하는 소리는 방방곡곡에 울려 퍼졌다. 〈대품(大品) 수계편 제1〉

10. 최초의 절〔寺〕 죽림정사(竹林精舍) 헌납

(1) 빔비사라왕의 발원

마가다국의 **빔비사라왕**은 부처님을 청하여 특별한 과실과 음식을 손수 받들어 공양을 올린 후 한 쪽에 앉았다.

부처님께서 공양을 받으시는 동안 **빔비사라왕**은 이런 생각을 했다.

'부처님께서 머무르실 곳은 어느 곳이 좋을까? 도읍(서울)에서 너무 멀지도 않고 너무 가깝지도 않아서 오고 가기에 편리하게 하여 모든 희망하는 사람들이 가기 쉽고, 낮에는 시끄럽지 않고 밤에는 잡음이 적으며 인적이 끊어져 고요하여 홀로 앉아 있기에 적당한 곳이라야 할 것이다.'

그리고 또 생각을 했다.

'저 죽림원(竹林園)은 도읍에서 멀지도 않고 너무 가깝지도 않아 부처님과 그 제자들이 머무르기에 적당하다. 그곳에 정사를 지어 부처님께 바치면 기뻐하실 것이요, 나도 수시로 부처님의 설법을 들을 수 있을 것 아닌가?'

왕은 황금의 병을 들어 부처님께 물을 올리고 난 뒤 부처님께 사뢰었다.

"부처님이시여, 왕사성 안에 있는 저 죽림원은 부처님께서 계시기에 적당한 곳이라 생각됩니다. 죽림원에 정사를 지어 부처님과 대중들에게 보시하고자 하니 받아 주시옵소서"

(2) 보시에 대한 설법

부처님께서는 곧 허락하시고 설법을 하시었다. 〈대품 수계편(大品 受戒)〉

"보시(布施)는 탐욕을 없애고 인욕(忍辱)은 분노를 잠재우며 지계(持戒)는 어리석음에서 멀어지게 한다."

"보시를 할 재물을 갖고 있지 못한 사람이라도 보시하는 사람을 보고 마음으로부터 함께 기뻐하면 그 과보는 보시한 사람과 같은 것이다." 〈우바새경(優婆塞經)·인과경(因果經)〉

"탐욕을 영영 끊어 버리고, 증오심을 영영 끊어 버리고, 어리석음을 영영 끊어 버리고, 일체의 때문은 생각·번뇌를 영영 끊어 버리는 것이 열반이요 해탈이니라." 〈잡아함경(雜阿含經) 권18〉

(3) 최초의 절 죽림정사

여러 가지 법문의 말씀에 왕과 신하들은 크게 환희심을 내었다.

부처님께서 초전법륜을 굴리어 교화를 시작하신 후 이곳 저곳에 유행(遊行)하시다가 이제 최초로 한 곳에 머무르실 절[寺]이 만들어졌다. 마가다국 왕사성 안에 있는 가아란타의 죽림에 세워진 죽림정사(竹

林精舍)가 최초의 절이 된 것이었다. 〈대품 수계편 찬집백연경(選集百緣經)〉

부처님께서 왕사성 **가아란타** 죽림정사에 계실 때 **빔비사라왕**은 매일 세 때로 관속을 거느리고 부처님께 나아가 예를 올렸다.

그러나 그 후로는 나이 들어 점점 늙고 몸이 무거워져 나날이 가서 예배하기가 어려워졌다. 때에 모든 관속들이 왕께 아뢰었다.

"부처님의 머리털과 손톱을 받아다가 뒤 궁중에 탑을 쌓고 여기서 예배하고 향과 꽃과 등불을 밝혀 공양하소서."

왕은 곧 부처님께 나아가 사뢰었더니 부처님은 머리털과 손톱을 왕에게 보내었다.

왕은 곧 궁중에 탑을 세우고 번개(幡蓋)를 달고 향화와 등촉을 올려 나날이 수시로 공양했다.

11. 사리불(舍利弗)과 목건련(目犍連)의 귀의

(1) 우파싯쟈와 쿠리타 출가

왕사성 근처 **나라타**라는 마을에 부자 바라문의 큰아들 **우파싯쟈**와 옆 마을의 장자 바라문의 외아들 **쿠리타**는 서로 친한 친구 사이로 모두 얼굴이 단정하고 재주가 있어서 모든 학문에 통달했다.

어느 때 '지리거아산에서 큰 놀이 축제가 있었는데 둘이는 함께 구경을 갔다가 백 년 후에는 여기 모인 사람들이 하나도 없겠구나' 하는 생각을 하고서 출가하여 해탈하는 감로법(甘露法)[24]을 구하자고 맹세했다.

그들은 겨우 부모의 허락을 얻어서 멀지 않은 곳에 육사외도(六師外道) 중의 하나인 **파리사바산자야**라는 스승을 찾아갔다. 그는 5백 제자를 거느리고 있는 사람이었다.

그들은 그곳에서 도를 배운 지 칠일 칠야 만에 전부를 통달하고서 다른 제자를 가르치는 교수사가 되었다.

그러나 그들은 마음에 차지 않았다.

"이것만으로는 괴로움을 다 벗어버릴 수 없으니 다시 다른 훌륭한 스승을 구하자"

이렇게 의논하고 왕사성 거리에 나아가 훌륭한 스승을 만나면 서로 알려주기로 약속을 했다.

(2) 아수바짓[馬·勝]과 우파싯쟈의 만남

그 무렵 부처님께서는 왕사성 죽림정사에 계시면서 마가다국의 백성들을 교화하고 계신 때였다.

마침 녹야원에서 처음으로 부처님의 제자가 된 다섯 제자 중의 하나인 **아수바짓**[馬勝]이 왕사성에 들어와 걸식을 하고 있었다.

우파싯쟈는 위의가 엄숙한 그의 모습을 보고 다가가서 물었다.

"인자여, 당신이 바로 스승입니까? 또 다른 스승의 제자입니까?"

"스승은 따로 계시고 나는 그의 제자입니다."

"대덕의 스승은 누구이시며 누구를 의지하여 출가했으며 무슨 법을 닦습니까?"

"나의 스승은 석가족으로 출가하시어 정각을 이루었으니 그를 부처님이라 합니다. 나는 부처님에 의지하여 출가하고 그 법을 닦고 있습니다."

"인자시여, 저 당신의 스승님은 당신보다 더 얼굴이 밝고 위덕과 도술도 당신보다 낫습니까?"

"그것은 개자씨를 수미산에 비교하고 소 발자국 물과 큰 바다에 비유되는 것과 같습니다. 우리 스승님은 삼세 법을 모두 밝게 통달하셔서 무애지(無碍智)를 얻고 일체 법과 일체 일〔事〕을 모두 성취하신 분입니다."

"인자시여, 당신의 스승님은 어떤 법을 설하시며 어떤 일을 논하십니까?"

"나는 아는 것도 적고 들은 것도 적어, 널리 말할 수는 없으나 간략히 말하면 우리 스승님은 인연법을 설하시고 해탈의 길을 말씀하십니다."

게송(偈頌)의 말씀은 다음과 같습니다.

"모든 법은 인연을 좇아 나고(諸法從緣生)
 모든 법은 인연 따라 멸하나니(諸法從緣滅)
이와 같이 멸하고 생한다고 부처님은 이렇게 말씀하십니다."

(3) 우파싯쟈, 법의 눈을 얻다

우파싯쟈는 곧 모든 번뇌를 여의고 깨끗한 법의 눈을 얻었다.

환희에 넘쳐 얼굴은 윤택하고 면목이 청정해진 것이다. 그는 곧바로 친구인 **구리타**에게로 달려갔다.

구리타는 친구의 환희에 찬 얼굴 모습과 부처님의 제자를 만나 얻은 법을 듣고 **우파싯쟈**와 같이 모든 번뇌를 여의고 청정한 법안(法眼)을 얻게 되었다.

두 사람은 서로 말했다.

"우리는 지금 빨리 가자. 저 대사문 부처님은 우리가 찾던 스승이시다. 가서 범행(梵行)을 닦자."

"그러나 우리만 훌륭한 법을 얻을 수 없지 않은가? 그 동안 산자야에게 의지했으니 그 은혜가 크다. 그도 부처님을 만나 제도받도록 하자. 또 그의 제자들도 우리를 따랐으니 그들에게도 이야길 하자."

그들은 **산자야**에게 가서 부처님께 나아가 법을 듣고 수행할 것을 말했으나 산쟈야는 재삼 만류한다. 그들은 뜻을 굽히지 않는 산쟈야와 하직하고 떠나니 그의 5백 제자들이 생각했다.

"저 두 사람은 총명하고 아는 것도 많다. 저들은 범부가 아닌데 더욱 훌륭한 스승을 만난 것 같구나. 저들이 가는 곳이라면 우리도 따라가자."

이렇게 대중들이 모두 따라 나서니 산쟈야는 곧 피를 토하고 죽어버렸다.

(4) 우파싯쟈〔舍利弗〕, 구리타〔目犍連〕 도를 얻다

두 사람은 5백 제자를 거느리고 죽림정사로 향했다.
부처님께서는 멀리서 오고 있는 그 두 사람을 바라보고 말씀하신다.
"저 두 사람의 마음을 안다. 그들은 좋은 곳을 구해서 오는 것이요, 논의하러 오는 것은 아니다. 그들은 나의 성문 제자 중에서 각각 제일 가는 사람이 될 것이다. 하나는 지혜가 제일이요, 하나는 신통이 제일 될 것이다."

두 사람은 부처님 앞에 이르러 발 아래서 정례하고 꿇어 앉아 사뢰었다.

"부처님이시여, 저희는 지금 부처님 앞에 출가하여 도를 닦고자 하나이다. 원컨대 허락하여 구족계를 주옵소서!"

"잘 왔구나 비구들아"

우파싯쟈는 보름 만에 **구리타**는 칠일 만에 아라한의 도를 얻으니 우파싯쟈는 사리의 아들이라 하여 **사리푸트라 사리불**(舍利弗)로 **구리타**는 성에 따라 **목갈라아나·목건련**으로 부르게 되었다.[25] 〈오분율(五分律)〉

12. 마하가섭의 출가

(1) 사람들의 걱정과 비난

이때에 명성이 높은 **마가다국**의 양가집 자제들이 부처님께 귀의하는 일이 많아지므로 사람들은 걱정하고 수근거리며 비난까지 했다.
"이제 사문 **고타마**(구담 瞿曇)는 어버이를 아들 없는 사람으로 만들고 아내를 남편 없는 사람으로 만들어 가정을 파괴하고 자손을 끊게 (廢絶)하려 하는구나. 이제 저 **카샤파** 삼 형제와 일천 명이 그로 인해서 출가하고 또 **산자야**의 제자 이백오십 명도 출가했다. 이들 명성 높은 **마가다국**의 양가 자제들은 사문 **고타마**에 의해서 수행을 한다."
"**마가다**의 산 언덕에 의지한 대사문은 모든 **산자야**의 제자들을 유혹하더니 이제는 다시 누구를 유혹코자 하는가."
부처님 제자들은 이러한 비난을 듣고 부처님께 사뢰었더니 부처님은 말씀하신다.
"수행자들아, 이 소리는 오래 계속하지 않으리라. 다만 칠 일 간은 계속할 것이나 칠 일이 지나면 그 후는 사라져 버리리라. 비구들아 듣거라. 만일 다시 그렇게 비난하거든 너희들은 말하라.
'대도사(大導師)여래는 정법(正法)으로써 유혹한다. 법으로 유혹하니 지혜있는 자들은 누가 따르지 않으리, 무슨 질투가 있으리.'
이런 게송으로 그들을 도리어 책할지니라."

(2) 비난의 소리 없어지다

그로부터 사람들이 비구들을 보고 비난하면 비구들은 이 게송으로

힐난했다. 그러자 그로부터 사람들은 "부처님은 법으로써 유도하고 비법(非法)으로써 유혹하지 않는다"고 했다.

비난의 소리는 오직 칠 일 간을 계속하다 그 뒤에는 사라져 버렸다.
〈신편불교성전 14절 3항. 석가의 생애와 사상 p109〉

이때에 **마가다**국의 **니구율** 성 중에 바라문 장자가 있었는데 늦도록 아들이 없다가 한 아들을 얻어 **카아사파**(가섭 迦葉)라 했다.

아들이 장성하자 묘현(妙賢)이라는 처녀와 결혼을 시켰다. 그러나 **가섭**부부는 세간의 욕락은 달갑게 생각하지 않고 십여 년 동안을 지냈다.

가섭은 죽림정사에 부처님이 계시며, 수많은 사람들을 교화한다는 말을 듣고 부처님을 만나고자 찾아갔다.

부처님께서는 일부러 나오시어 죽림원 밖 한 나무 아래에서 삼매에 들어계시니 온 몸은 광명으로 휘황찬란했다.

가섭은 환희 용약하여 큰소리로 외쳤다.

"이 분이 부처님이시구나. 나는 스승으로 모시고 부처님의 제자가 되리라."

(3) 가섭에게 십이두타행(十二頭陀行)을 가르치심

부처님은 **가섭**을 위해 여러 가지 비유의 설법을 하셨다. 그리고는 십이두타행(十二頭陀行)을 가르쳐 주셨다.

"십이두타란, ①은 항상 스스로 인가를 떠나 한가하고 고요한 처소에 머물고 또 마땅히 그런 곳을 찬탄할 것이요, ②는 늘 밥을 빌어서(걸식 乞食) 생활함이요, ③은 빈·부를 가리지 않고 차례로 걸식할 것(또는 성내는 마음이 없이 먹을 것)이요, ④는 한 자리에서 먹고 거듭 먹지 않을 것이요, ⑤는 하루에 한 때만 받고 먹을 것이요, ⑥은 얻은대로 만족할 것이요, ⑦은 헌옷을 빨아 기워 입을 것이요, ⑧은 다만 삼의(三衣)일 것이요, ⑨는 무덤 곁에 있으면서 무상(無常)을 느낄 것이며, ⑩은 있는 곳에 애착을 떠나 나무 밑에 머물 것이요, ⑪은 노지(露地) - 한데서 앉을 것이요, ⑫는 앉기만 하고 눕지 않는 것이다."[26]

가섭은 부처님께 사뢰었다.

"십이두타행을 모두 행할 뿐만 아니라 이것을 찬탄할 것이요, 나아가 자기를 믿고 남을 비난하지 않을 것이며, 또 여러 가지 도구에 욕심이 없이 족한 줄을 알고 또 여러 가지 도구를 남에게 드러나 보이게 할 것입니다."

(4) 가섭 부부, 부처님의 제자되다

부처님은 가섭을 위하여 법문을 차례차례 설하여 주셨다. 가섭은 부처님의 설하신 법을 칠일 칠야 동안 단신 정념하여 팔 일째에는 아라한과를 증득했다.

이후 다른 가섭과 구분하기 위하여 마하가섭(대가섭)이라 불리우게 된다.

가섭의 아내 묘현은 이미 의지할 곳도 없고 할 일도 없어, 무의외도(無衣外道 - 옷을 걸치지 않고 고행하는 사람)의 겉모양만 보고 존경하는 마음을 내어 그에게 나아가 출가했다. 그러나 그녀는 거기서 도는 얻지 못하고 도리어 몸만 더럽히고 난 뒤 가섭을 찾아왔다.

가섭은 옛 아내의 모습을 보고 불쌍히 여기고 부처님께 인도하여 귀의하게 했다. 부처님은 그녀를 위해 법을 설하시고 청정행을 닦도록 허락하시었다. 〈유부비나야경(有部毘奈耶經) 권12. 비니모경(毘尼母經) 권1〉

마하가섭 대가섭은 이후 부처님의 법을 이어받는 제일 제자가 된다. 부처님께서 대가섭의 굳건한 의지와 높은 근기를 아시고 죽림정사 밖에 나아가시어 기다리신 일이며, 또한 부처님을 뵙자마자 나의 스승이라고 외친 일 등은 이후 부처님과 대가섭의 관계에 신비하고도 중요한 일로써 다시 이어진다.

13. 스승과 제자는 서로 애경(愛敬)하라

(1) 비구들에게 스승을 정하도록 하다

부처님을 따르는 제자들은 이제 일천이백오십 인을 넘는 많은 대중이었다.

부처님 계신 곳에 다 함께 있지도 못하고, 또한 직접 스승을 모시지 못한 비구들은 가르침과 훈계를 제대로 받지 못하여서 위의를 갖추지 못하고 행동이 단정하지도 못하여 여러 사람에게 비난을 받는 일들이 일어나게 되었다.

이에 부처님께서는 훈계하셨다.

"비구들아, 위의가 없고 단정하지 못한 행동은 아직 믿음이 없는 사람들에게 믿음을 일으키게 하지 못하고 이미 믿음이 있는 신자에게는 그 믿음을 잃어버리게 하는 것이 되리라."

그리고 부처님은 또다시 말씀하셨다.

"비구들아, 이후로는 너희들에게 스승을 가질 것을 허락하노라. 스승은 제자에 대하여 아들과 같은 생각을 내고, 제자는 스승에 대하여 아버지와 같은 생각을 하라. 스승과 제자가 서로 공경하여 기쁨과 슬픔을 함께 하면서 산다면 다 같이 이 가르침에서 진보가 더 있을 것이다."

부처님은 출가하는 비구들에게 스승을 정하도록 하시고 또 스승과 제자의 사이를 '부모와 자식같은 사이로 서로 애경(愛敬)하라'고 분부하셨다. 나아가 제자가 스승을 섬기는 법과 스승이 제자에게 베풀어야 할 것 등에 대해서도 말씀하신다.

(2) 스승과 제자의 할 일

"비구들아 제자는 스승을 바르게 섬겨라."

그리고는 제자가 스승을 받듦에 의·식·주 생활 전반에 걸쳐서 마음을 써 불편함이 없도록, 손 씻는 일에서부터 목욕하는 일, 앉을 자리, 식사, 병 간호, 청소, 빨래에 이르기까지 자세하게 해야 할 도리를 말씀하셨다.

또, "스승은 제자에 대하여 법을 가르치고 지도하며 부족함이 없도록 필요한 물건을 마련해 주고 제자가 병이 났을 때는 친절히 돌봐주고 모든 것을 보살펴야 한다"고 말씀하신다.

나아가 "만일 제자로서 스승에 대하여 사랑이 없고 믿음이 없으며 참회가 없고 공경이 없을 때는 그 제자를 내쫓는 것이 좋다."고 까지 하신다.

또, 부처님은 사방에서 불교에 귀의하러 찾아오는 사람들을 출가시키고 계를 주기에는 혼자로서는 어렵게 되어 제자들도 '삼귀의(三歸依)법'에 의하여 출가시킬 수 있게 허락했다.

(3) 일백삼갈마법(一白三羯磨法)

그러나 이후 삼귀의법에 더하여 일백(一白)과 삼갈마(三羯磨)법을 말씀하신다.

"출가하여 계를 받고자 하는 사람이 있을 때에는, 먼저 그곳에 있던 비구는 모두 한 자리에 모여라. 그리고 출가하려는 사람은 모인 비구들 앞에 무릎을 꿇고 출가하여 계를 받기를 세 번 원하라. 그때에 장로 비구가 출가를 원하는 사람이 아무런 장애가 없는 것인지 명확히 묻고 대중에게 의의를 물어서 허락을 받고는 계를 일러주도록 하라."

'일백삼갈마법'이란 한번 아뢰면 세 번 묻고 확인하는 법이다.

이후 차츰차츰 지켜야 할 바와 범해서는 안될 규정이 늘어나게 되니 이것이 승단의 생활 규범으로 계율(戒律)로서 제정되어 가는 시초가 된 것이다.

이때에 라타라는 한 바라문이 한 비구에게 출가를 원했으나 허락되지 않아 부처님께 찾아왔다.

부처님은 **사리불**에게 출가시킬 것을 말씀하시니 **사리불**은 법에 의하여 라타를 출가시켜 계를 주었다. 〈대품(大品) 수계편 제1〉

(4) 우안거(雨安居)

또한 비가 많이 오는 시기인 약 3개월의 우기(雨期)에는 정해진 장소에서 함부로 외출하는 일이 없이 들어앉아 설법을 듣고 지도를 받으며 정진하는 우안거(雨安居)를 정했다.

안거가 끝나는 날에는 온 대중이 모여 반성하고 깨달은 바를 말하는 '자자(自恣)'도 있게 했고, 또 매달 두 번씩 모든 비구는 한 곳에 모여 '프라티목샤(계율의 조목)'를 외우고 그 조목을 범한 사람이 있으면 즉석에서 고백하고 참회하는 '포살(布薩)'이 정해졌다.

또 재가 신자들을 위하여 한 달에 세 번, 또는 여섯 번 등 몇 차례 날을 정하여 설법을 하는 재일(齋日)이 생겨 이 날은 축제일처럼 일반 신자들이 모여 들었다.

이러한 규정과 생활 규범, 수행하는데 지켜야 할 일 등이 정해지면서 뒤에 계율(戒律)로서 율장(律藏)으로서 형성이 되어 갔다.

14. 수닷타 장자와 기원정사(祇園精舍)

(1) 부처님의 위덕이 널리 알려지다

부처님께서 교화를 시작한 뒤 **마가다국**이 중심이 되었으나 이제 서북쪽에 있는 **코오살라**(교살라)국까지도 부처님의 위덕이 널리 알려지게 되었다.

코오살라국의 서울 **슈라바스티**(사위성)에 **수닷타**(수달타 須達多)라고 하는 대부호 장자(長者)가 살고 있었다. **수닷타**는 장사차 자주 **라자그라하**(왕사성)를 방문했는데, 어느 날 많은 물건을 가지고 왕사성을 방문했을 때 여느 때처럼 반갑게 맞아주는 기색도 없이 다른 일로 분주한 모습을 보고 이상히 생각했다.

까닭을 알고 보니 그 다음날 부처님께서 **라자그라하**(왕사성)에 오셔서 공양을 받으시기에 그 준비로 모두 정신이 쏠려 있다는 것이었다.

(2) 수닷타 장자의 부처님에 대한 존경심

'부처님이라니, 부처님이란 말조차 세상에서는 듣기 힘든데 부처님은 어떤 분이실까?'

수닷타장자는 밤새도록 잠을 이루지 못하고 부처님을 생각했다. 다음날 부처님을 뵈옵고 부처님의 설법을 듣고 **수닷타**는 깊은 신심과 존경과 환희심으로 부처님께 청했다.

"부처님이시여, 원컨대 부처님과 승가는 우리 사위성에도 왕림하여 주시옵소서."

수닷타장자는 세번 네번 청했다. 부처님께서는 마침내 묵연히 승락을 하시자 장자는 사위성으로 돌아가며 가는 곳마다 이 소식을 전했다.
"부처님께서 이 세상에 출현했다. 이제 곧 이곳을 지나가시리라. 모두들 부처님을 맞이할 준비를 하자."
수닷타장자는 사위성에 이르러 부처님께서 머무르실 곳을 선택했다.

(3) 기타 태자와 수닷타

'어느 곳이 정사(精舍)를 짓기에 가장 적당할까? 이 성 중에는 **기타태자의 동산**이 가장 고요하고 정결하며 모든 것이 갖추어졌으니 이곳을 사서 부처님이 계실 정사를 지으리라.'
수닷타장자는 태자를 찾아갔다.
"기타태자여, 나는 태자의 공원을 사고자 하니 팔 수 있겠습니까?"
태자는 팔 생각이 없어서 많은 값을 요구했다.
"만일, 내 동산에 빈틈없이 깔 수 있는 황금을 준다면 그 값으로 팔겠소."
수닷타는 곧 이와 같이 했다.
기타태자는 크게 놀라면서 그렇게 많은 황금을 내놓고 동산을 사려하는 뜻이 궁금하여 물었다.
"어째서 재물을 아끼지 않고 이 동산을 사려 하는가?"
"부처님이 이 세상에 출현하시어 큰 위덕은 이루 말할 수가 없습니다. 그 제자들도 또한 그러하기에 나는 부처님과 제자들을 청하여 여기에 안거(安居)하시게 하려 합니다. 부처님을 위한 일이라면 전 재산을 기울여도 아깝지 않습니다."
기타태자는 다시금 놀라면서 청했다.

"그렇다면 나도 함께 부처님께 보시를 하겠소. 그곳에 정사를 지으면 내 이름도 함께 붙여 주시오."

(4) 기수급고독원(祇樹給孤獨園)

기타태자와 수닷타장자의 합심으로 정사가 이룩되었다.
이름을 기수급고독원(祇樹給孤獨園)[27]이라 하니 줄여서 기원정사(祇園精舍)라 한다. 〈잡아함경 권22, 오분율 권25, 중아함경 28, 증일아함경 49 등〉

코살라국의 서울 슈라바스티(사위성)에 기원정사가 세워지고 수닷타장자의 간절한 요청에 부처님께서는 이제 그곳으로 가시게 되었다.

부처님께서 사위성에 가시는 길에는 이미 **수닷타장자**가 부처님의 출현을 알렸기 때문에 부처님께 교화를 받으려는 사람들이 수없이 몰려 들었다.

부처님께서는 가시는 길에 곳곳에서 설법하여 감화를 주시니 그 소문은 널리 퍼졌다.

(5) 평등심의 보시

부처님이 사위성 기원정사에 이르러 **수닷타**(급고독)장자를 위해 법을 설하셨다.

"어떤가? 장자는 부귀한 집에 있으면서 항상 빈궁한 사람에게 보시하는가?"

"그렇습니다. 부처님이시여, 항상 보시하나이다. 어느 때에는 '새나 짐승들에게도 보시를 했으면' 하고 생각했고 또 '이것은 줄 것이다. 이것은 안 줄 것이다, 이것은 많이 주겠다, 이것은 적게 주겠다.' 고 생각하지 않았습니다. 또 저는 '모든 중생은 누구나 밥이 있으면 살고 밥이 없으면 죽는다' 고 생각했습니다."

"착하고 착하다 장자여. 그대는 보살심을 가지고 오로지 한 뜻으로 널리 보시하는구나."

"그렇다. 이 중생은 밥에 의하여 구제를 얻고 살아가나니라. 보살은 항상 평등심으로 보시하고 은혜를 베풀어서 중생들을 구제하여야 한다. 장자의 마음이 편안하게 널리 혜시(惠施)하는 것이니라."

그리고 부처님은 다시 게송으로 설하셨다.

"널리 은혜를 베풀되 아끼거나 후회함이 없으면 반드시 어진이 큰 벗을 만나서 저 언덕 열반에 이를 것이다."

"그러므로 장자여, 마땅히 평등심으로 널리 은혜를 베풀지니라." 〈증일아함경(增一阿含經) 권4〉

15. 코살라국 파사닉왕의 귀의

(1) 외아들을 잃은 바라문

부처님께서 기원정사에 계시면서 법을 설하고 계실 때였다.

한 바라문이 외아들을 지극히 사랑했는데 갑자기 죽게 되었다. 그는 무덤에 가서 식음을 전폐하고 비탄에 젖어 있다가 부처님에게 찾아왔다.

부처님은 그를 보시고 물으셨다.

"이제 그대 모습을 보니 자기 본심으로 사는 것 같지가 않구나. 무엇 때문인가?"

그 바라문은 자기의 심정을 그대로 고백했다.

"그러리라, 그러리라. 만일 사랑하는 마음이 생기면 거기에는 반드시 근심과 걱정과 울음과 고통과 오뇌(懊惱)가 나는 것이다."

"어찌 그런 이치가 있습니까? 만일 사랑하는 마음이 생기면 거기에는 기쁜 마음이 일어날 것입니다."

부처님께서는 세 번이나 되풀이 하여 그렇지 않다는 것을 말씀하셨으나 그는 머리를 흔들며 일어나 물러갔다.

그는 시내에 들어가 여러 사람들이 있는 곳에서 '부처님이 하시던 말씀을 사람들에게 물어보자' 생각하고 군중들에게 부처님을 만나 들은 이야길 했다. 그 말을 들은 군중들은 모두 말했다.

"사랑하는 마음이 날 때는 기쁜 마음이 나는 것이다."

그래서 그 바라문은 '이들이 하는 말도 내 말과 같다' 하며 고개를 끄덕였다.

(2) 파사닉왕과 말리왕후

이 이야기는 성 중의 한 화제거리가 되어 드디어 **코살라국**의 왕에게까지 들어갔다.

코살라국의 왕인 **프라세나지트**(Prasenajit - 파사닉 波斯匿)는 그 부인인 말리왕후에게 말했다.

"부처님은 만일 사랑하는 마음이 생기면 곧 근심 걱정 등이 난다고 말씀하셨다는데 그것이 사실인가?"

말리부인은 이미 오래 전부터 부처님을 존경하며 그 설법을 들어 왔었다.

"그렇습니다. 대왕이여."

"당신은 그의 제자이니 그와 같이 말할 것이다."

"그 말이 믿기지 않으면 스스로 가서 묻거나 사신을 보내어 그 뜻을 물어 보시오."

왕은 곧 사신을 보내어 부처님께 그 뜻을 알아오도록 했다.

부처님께서는 찾아온 사신 나리앙가에게 말씀하셨다.

"그대 생각에는 어떠한가? 만일 어떤 사람이 사랑하던 어머니를 잃게 되면 마음에 큰 근심과 걱정을 가지고 울면서 괴로워하지 않겠는가? 또 사랑하는 아내나 자식이나 친척들이 죽었을 때도 그와 같지 않은가? 또 사랑하는 사람끼리 주위의 반대 때문에 결혼을 하지 못하고 같이 죽어버리는 일도 있다. '사랑이 날 때, 근심 걱정도 난다'는 것을 가히 알지니라."

(3) 사랑이 날 때 근심 걱정도 난다

사신 나리앙가는 왕에게 그대로 고했다.
파사닉왕은 말리왕후에게 이 말을 하자
"대왕이여, 만일 대왕께서 가장 신임하고 아끼는 대신이나 장군이나 또 내가 목숨을 잃게 된다면 대왕의 마음은 어떠하겠습니까?"
"그대들에게 어떤 일이 생긴다면 그야 물론 나는 반드시 근심 걱정이 생길 것이다."
"부처님의 '사랑으로부터 근심, 걱정이 생긴다'는 말씀이 틀림없는 말씀이 아닙니까?"
"부인의 말이 옳소. 나도 이제부터 부처님께 귀의하고 부처님 법에 귀의하여 스승으로 모시겠소." 〈중아함경(中阿含經) 권60, 59〉
파사닉왕은 말리부인으로 인하여 부처님을 스승으로 받들려는 마음을 내었다.
파사닉왕은 부처님께서 계신 기원정사로 찾아 갔다.
"부처님이시여, 듣건대 부처님은 스스로 '위없는 깨달음을 얻었다' 하신다는데 사실입니까?"
"대왕이여, 나는 실로 '아누다라 · 삼먁 · 삼보리(위없는 큰 깨달음)를 얻었습니다."
"이 나라에도 훌륭한 바라문들이 늙도록 수행하여 높은 도를 얻었으면서도 스스로 깨쳤다고 말하지 않는데 바라문도 아니며 아직 나이 젊은 당신이 어떻게 깨칠 수가 있었습니까?"

(4) 파사닉왕의 교화

부처님은 조용히 대답했다.
"대왕이여, 많은 사람들이 흔히 작거나 젊은 것을 업신여기는 그릇된 소견을 가지고 있습니다. 그러나 결코 업신여길 수 없는 것이 네 가지가 있으니, 첫째는 나이 어린 왕자며, 둘째는 용(龍) 새끼며, 셋째는 조그만 불씨〔火〕며, 넷째는 젊은 승려입니다.
왕자는 어리지만 성장하여 나라의 왕이 되고 용의 새끼도 커서는 큰 용이 될 것이요, 아무리 조그만 불씨라도 산과 마을을 태워 잿더미로 만드는 무서운 힘을 지니고 있습니다.
그리고 젊은 승려라 할지라도 마음을 청정히 잘 수행하면 위없는 깨달음을 얻을 것입니다. 만약 진리를 깨닫고 중생을 이끌기에 충분한 자를 헐거나 욕을 하면 그 죄업은 큰 것입니다."
왕은 어쩐지 두려움에 쌓였다. 모든 신하들이 왕 앞에서 쩔쩔매는데 부처님은 오히려 대왕을 압도하는 무서운 힘을 가진 것 같았다. 왕은 다시 정중히 예를 올리고 왕으로서 어떻게 행함이 옳은가를 부처님께 여쭈었다.
부처님은 나라의 왕으로서 해야 할 바를 소상하게 말씀하여 주셨다.
왕은 부처님의 말씀을 다 듣고는 마음이 맑아지고 기쁨에 넘쳐 돌아왔다. 〈잡아함경(雜阿含經) 46, 상응부경(相應部經) 권1, 3〉
이후 **파사닉왕과 말리부인**에 관한 이야기가 많으나 여기서는 생략한다.

16. 고향 가비라국의 교화

(1) 정반왕의 사신들 부처님 제자가 되다

부처님께서 죽림정사에서 널리 교화를 하시고 계실 때에 **정반왕**은 아들인 태자가 육 년 간 수행을 하고 최상의 보리를 얻어 부처가 된 뒤 왕사성 죽림정사에 있다는 소식을 듣고 만나보기를 간절히 원했다.

사신을 시켜 "부왕인 정반왕이 만나고 싶어 한다"고 부처님에게 전하도록 했다. 그러나 사신이 죽림정사에 이르러 부처님의 설법을 듣고는 **정반왕**의 전할 말은 잊어버리고 출가하여 부처님 제자가 되어 버렸다.

정반왕은 사신이 돌아오지 않자 또 보내고 또 보내고 아홉 번이나 사신을 보냈으나 영영 소식이 없이 돌아오지 않았다.

부처님께서 그의 제자들과 함께 **코살라국**의 사위성 기원정사에 오시어 왕을 비롯하여 백성들의 존경과 감화가 크다는 소식이 **가비라성** **정반왕**에게 전해졌다.

정반왕은 대신들 중에서 신뢰할 수 있는 사람을 찾았다. 부처님과 어릴 때부터 친한 벗이었던 **가루다이**(또는 우다이라 함)를 불러 간청했다.

"사람의 목숨은 언제 어떻게 될지 모른다. 나는 살아 생전에 태자를 만나보고 싶다. 그대는 나를 위하여 태자를 만나게 해달라."

가루다이는 약속하고 왕의 친서를 받아 부처님이 계신 기원정사로 갔다.

그러나 **가루다이**는 기원정사에서 부처님의 설법을 듣고는 또한 출가하여 부처님의 제자가 되어 버렸다.

(2) 가루다이, 부처님께 고향에 갈 것을 청함

출가한 지 칠팔 일이 지나서 **가루다이**는 정반왕의 간청하던 모습이 생각났다.

'추운 때는 지나가고 봄이 되어 아름다운 꽃이 피고 길을 가기에도 자유롭게 되었으니 부처님께 말씀을 드리자.'

부처님 곁에 나아가 게송으로 고향에 돌아가실 것을 원했다.

"잎을 버리고 열매를 구하는 나무들도 이제는 분홍빛을 띠우고 불꽃과 같이 빛나고 있네. 대웅(大雄)이시여 법미(法味)를 나눌 때는 되었네. 춥지도 더웁지도 않고 걸식하기 어려운 흉년도 아닌 때라, 땅은 초목으로 푸르렀네. 대무니(大牟尼)시여! 이제 때는 그때인가 합니다."

"우다이여 그대는 어째서 그렇게 내가 길을 떠나도록 권하는가?"

"부처님이시여, 부친인 **정반왕**은 부처님을 만나고자 합니다. 친족들에게도 호의를 보여주소서!"

"좋다, 나도 이제 때가 되었다고 생각했다. 고향으로 가리라."

부처님은 길을 떠나 **가비라성**으로 향했다. 두 달 반이나 걸리는 머나먼 길을 맨발로 걸어 고향에 돌아왔다.[28]

(3) 부처님 고향, 가비라성으로

부처님은 **가비라성의 니구로다유원**이란 곳에 머물면서 궁중에는 들어가지 않고 거리에서 집집마다 차례로 밥을 비는 것으로 법을 삼고 걸식을 했다.

정반왕은 이 소식에 당황하여 "존자는 어째서 우리 석가족에게 모욕을 주는 것인가? 무엇 때문에 궁중에 들어오지 않고 탁발을 하는 것인가?" 하고 사신을 보내어 말했다.

"이는 우리들의 예법입니다. 우리는 만백성의 벗이기 때문입니다."
"존자여, 우리는 왕족입니다. 왕족으로는 아직 한 사람도 걸식한 사람이 없지 않습니까?"
"왕통(王統)이라 함은 당신의 계통이요, 우리는 과거 부처님으로부터 내려온 법통(法統)이 있습니다."
부처님은 길거리에서 법을 설하셨다.[29] 〈본생경(本生經) 권1〉

(4) 난타왕자 출가 제자가 되다

부처님께서 **가비라성**에 들어가신 이튿날 부처님의 이모이신 **마하파사파제**의 아들 난타(難陀)왕자는 즉위식과 아울러 결혼식을 거행하려 했다.

부처님은 그때 난타를 만나서 이야기를 하다가 그에게 바루를 맡기고 자리를 떠나셨다.

난타는 존경하던 형님이 부처님이 되셔서 고향에 돌아온 것에 감격하여 차마 '바루를 가지고 가소서' 하지 못하고 부처님이 가시는 뒤를 따라 부처님께서 머무시는 **니구로다원**까지 갔다.

부처님은 난타에게 머리를 깎고 출가하도록 했다. 난타는 바라지 않은 일이었으나 형님인 부처님의 말씀을 차마 거역하지 못하고 출가 제자가 되었다.[30]

17. 아내 야소다라와 아들 라후라

(1) 부처님과 야소다라와의 만남

정반왕은 부처님과 그 제자들을 궁중으로 인도하여 공양을 올리고 궁 안에 있는 모든 사람들이 나와서 부처님께 예배를 드렸다.

그러나 오직 아내인 야소다라만은 시녀들의 권고도 물리치고 그 자리에 나오지 않았다.

"만일 내게 덕이 있다면 왕자께서는 스스로 내 처소에 오실 것이니 그때에 예배하리라." 했다.

부처님께서는 두 사람의 상수 제자와 함께 야소다라의 침실에 들었다. 야소다라는 급히 쫓아나와 발에 대고 마음껏 예배를 드렸다.

왕이 곁에서 말했다.

"야소다라는 부처님이 황색옷을 입었다는 말을 듣고 그도 그 후에는 황색옷을 입었으며, 부처님이 일일 일식(一日一食)한다는 소식을 듣고 그도 하루에 한 끼씩만 먹었고, 부처님의 잠자리는 큰 와상이 아니란 말을 듣고 그도 그렇게 했으며, 화환과 향을 쓰지 않는다는 말에 그도 향을 바르지 않았으며, 친족들이 보호해 준다고 하여도 부처님처럼 홀로 있겠다 하여, 그렇게 부처님의 고행하고 수행하던 모습대로 같이 하는 그러한 덕을 갖추었다"

"대왕이시여, 지각이 충분히 발달된 그가 왕궁에서 보호되며 그 자신을 지키겠다는 것은 그리 이상한 일이 아닙니다. 옛날에는 아무에게도 보호되지 않고 산중을 걸어 다니면서 덜 된 지각으로써도 자기를 보호했습니다."

부처님은 월긴나라의 본생담(本生潭)을 설하시고 자리에서 일어나셨다. 〈 '월긴나라' 전생 이야기는 본생경(本生經) 14편 485의 이야기다.〉

(2) 부처님, 아들 라후라를 만나다

부처님께서 가비라성에 들어가신 지 이레 되는 날이다.

야소다라는 아들 라후라를 부처님께서 계신 곳으로 보내면서

"왕자야, 저 수많은 제자들을 데리고 오신 황금빛처럼 빛나시는 분

이 너의 아버님이시다."

"너의 아버님은 아주 많은 보물이 있으니 너는 찾아가서 물려줄 보물을 얻거라" 했다.

라후라는 부처님께서 계신 곳으로 찾아갔다. 부처님을 뵙고 인사를 드리며 아버지에 대한 애정을 느끼고 매우 기뻐했다.

"부처님, 부처님 곁에 오니 저는 매우 좋습니다. 저에게 물려줄 보물을 주십시오."

부처님은 생각했다.

"이 아이는 나의 보물을 얻고자 한다. 그러나 세상의 보물에는 윤회(輪廻)가 따르고 또한 고통이 따른다. 나는 내가 깨달은, 칠보 보다 더 귀중한 보배를 물려주리라. 그리하여 출세간(出世間)에 전해지는 보배의 주인이 되게 하리라."

부처님은 **사리프트라**(사리불)를 불러 말씀했다.

"그대는 이 **라후라왕자를 출가시켜라**"

라후라왕자는 머리를 깎고 출가하게 되었다. 처음으로 나이 어린 사미(沙彌)가 된 것이다.[31] 〈불본행집경(佛本行集經)·소품(小品)〉

정반왕은 대를 이어 왕위에 오를 아들 **난타**가 출가한 뒤 마음이 상하여 괴로워 했는데 이제 하나뿐인 손자 **라후라**마저 출가했다는 소식을 듣고 더욱 상심되어 괴로움이 심했다.

그 후 부처님에게 "이후로는 부모의 승낙없이 나이 어린 사람을 출가시키지 말아 달라"고 부탁하여 부처님도 그 원을 받아들여 이것을 승단의 규칙으로 삼았다.

18. 왕자들의 출가와 함께 이발사도

(1) 한 가정에 한 사람 출가 결정

부처님이 가비라에서 머무르는 동안 왕자 난타와 라후라의 출가에 이어 출가하는 사람들의 수는 급격히 늘어났다.

왕은 자기 가문에서 부처님이 출현한 것을 한편으로는 자랑스럽게 여기고 있었으므로 석가족의 청년들이 부처님에게 출가하는 것을 권고하는 결정을 했다.

"석가족의 각 가정에서는 적어도 한 사람은 출가시킬 것을 원칙으로 한다. 형제가 많은 집에서는 그 반을 출가시키고 남자가 하나뿐인 집에서는 출가시키지 말라."

이에 따라 많은 석가족의 왕자들이 출가를 하게 되었다.

부처님께서 아누비야에 머무르실 때였다.

석가족 중에 아나율형제가 있었다. 아나율의 형은 '석씨의 왕자로서 이름 있는 사람들이 많이 부처님을 따라 출가를 했다. 그러나 우리 집안에서는 한 사람도 출가한 사람이 없으니 누구든지 출가해야겠다'고 생각하고 아나율에게 말했다.

"이제 네가 출가해라. 그렇지 않으면 내가 출가하리라."

"나는 몸이 약해서 출가할 수 없으니 형이 출가하시오."

"그러면 아나율아, 나는 너를 위하여 집안 생활을 맡으리라. 먼저 밭을 갈고 씨를 뿌리고, 물을 대고 물을 빼고, 풀을 뽑고 벼를 베고, 벤 벼를 다시 타작해서 쌀을 창고에 간직하라. 그리고 해마다 이렇게 하라."

"그러면 할 일은 언제 다하고 언제 마칠 것인가요?"
"할 일은 마침이 없다. 할아버지도 아버지도 할 일을 마치지 못하고 세상을 떠나셨다."

(2) 아나율의 출가

아나율은 재가(在家) 생활보다 출가(出家)를 생각하게 되었다.
그리고 부처님이 계신 곳에 나가 설법을 열심히 들었다.
얼마 후 아나율은 출가할 결심을 하고 어머님의 승낙을 얻으려 했다.
아나율의 어머니는 아나율의 출가를 허락하고 싶지 않아서 말했다.
"만일 지금 석씨왕 발제야가 출가한다면 너의 출가도 허락하리라."
그때에 가비라국에는 정반왕이 나이 많고 쇠약하여 물러나고 싯달타의 사촌인 발제야가 왕위에 올라 있었다.
아나율은 사촌인 발제야왕에게 찾아가 말했다.
"나는 꼭 출가를 하고 싶은데, 어머님이 발제야왕과 함께 출가하지 않으면 안된다고 말씀하신다. 나의 출가는 오직 그대에게 달려 있다."
"그것은 어렵지 않다. 나도 출가할 생각을 해왔다. 그러나 나라 일로 말미암아 갑자기 출가할 수 없으니 7년 만 기다려라. 그 뒤에 출가하기로 하자."
아나율은 7년을 기다리라는 말에 그럴 수 없다고 서로 의논했다. 마침내,
"그러면 내 아들과 형제에게 왕자를 부탁할 터이니 7일 동안만 기다려라."
둘이는 7일 후에 출가하기로 약속하고 헤어졌다.

(3) 일곱 왕자들과 이발사의 출가

발제야, 아나율과 평소에 친했던 아난다, 난디, 파사, 제바달다 등은 이 소식을 듣고 자기들도 함께 출가하자고 의논하여 일곱 왕자들이 출가하기로 결심했다.

일곱 왕자들은 이발사 **우팔리**(Upāli 優波離)를 시켜 머리를 깎게 했다.

홀로 남아 탄식하던 우팔리는 부처님께 나아가 출가를 소원했다. 부처님은 기꺼이 출가를 허락했다. 우팔리는 일곱 왕자들보다 먼저 출가하게 된 것이다.

칠일 뒤 출가를 허락받은 일곱 왕자들은 **상가**(Saṅgha 僧伽)의 법도에 따라 먼저 출가한 사형(舍兄)들에게 차례로 절을 하다가 우팔리 앞에 이르러 우뚝 멈춰 섰다.

"너희는 왜 주저하느냐. 아만심을 꺾는 자라야 승가의 형제가 되나니 너희는 마땅히 우팔리에게 절을 해라." 〈대방편불보은경(大方便佛報恩經) 우바리품 불본행집경(佛本行集經) 등〉

"동서 남북 여러 강물이 흐르고 흘러 한번 바다에 들어가면 본래의 강 이름은 없어지고 다만 바다라고만 한다. 사해(四海)가 평등한 것이다.

그와 같이 이 세상에 네 성(四性)이 있으니 **바라문**, **찰제리**(왕족), **바이사**(평민), **슈트라**(노예) 등이 있다. 그러나 그들도 출가하여 부처님 법에 들어오면 본래의 성(姓)은 없어지고 다만 승가일중(僧伽一衆)이라고 한다." 〈소품·비구니편(小品比丘尼編) 제1〉

19. 오백 여인의 출가

(1) 여인의 출가 거절

부처님께서 가비라국 교외에 있는 니구로다원 안에 계실 때였다.
부처님은 이모이자 양모이신 마하파사파제부인이 부처님께 찾아와 예배하고 사뢰었다.
"부처님이시여, 원컨대 여인도 출가하도록 허락하여 주십시오."
"여인은 출가를 바라지 마시오."
마하파사파제부인은 두 번 세 번 청했으나 그때마다 거절당하고 말았다. 부인은 소리를 내어 통곡하고 눈물을 흘리면서 돌아갔다.
그때는 정반왕이 이미 세상을 떠났고 마하파사파제의 아들 난타도 출가했고 라후라도 출가하여 궁중 안에는 쓸쓸하기만 할 때였다.
부처님은 얼마 후 가비라를 떠나 베사리 성으로 가시어 대림(大林)원에 계셨다.

(2) 마하파사파제의 간청

마하파사파제는 머리를 자르고 궁중의 5백 여인들과 함께 베사리로 갔다. 발은 부르트고 몸은 먼지 투성이가 되어 눈물을 흘리며 슬피 울면서 아난다를 만나 사정을 했다.
아난다는 측은하여 부처님께 간청했다.
"부처님이시여, 마하파사파제는 문밖에서 발이 부르트고 먼지 투성이가 되어 슬피 울면서 여인의 출가를 허락하시지 않는다고 괴로워하고 있습니다. 여인도 부처님의 법에 출가하게 하여 주십시오."
"그만 두어라. 아난다야 너는 여인의 출가를 바라지 말라."
두 번 세 번 간청했으나 허락하시지 않았다.
아난다는 부처님 법에 대하여 질문을 했다.
"부처님이시여, 만일 여인도 출가하면 남자처럼 수행의 결과를 얻을 수 있겠습니까?"
"그야 물론 여인도 수행하면 증득할 수 있다."
"여인도 만일 증득할 수 있다면 부처님의 이모로서 어려서부터 키워준 은혜가 있는 저 **마하파사파제**를 출가하도록 허락하여 주십시오."

(3) 여덟 가지 중한계(八重戒·八敬戒)를 서약

아난다가 인연과 은혜를 말하면서 여인의 출가를 원함에 부처님은 마침내 여덟 가지를 지킬 수 있다면 허락하리라고 하셨다.
"첫째, 출가하여 백 년이 된 비구니(여승)일지라도 이제 계를 받은 비구(남승)를 보면 절하고 합장 공경해야 한다.
둘째, 비구니는 비구가 있는 곳에서는 안거(安居)하지 못한다.
셋째, 한 달에 두 번씩 비구 승단에 가서 반성(포살 布薩)과 설법을 들어야 한다.
넷째, 안거가 끝난 뒤 비구·비구니 양쪽 승단에서 잘못됨이 없었음(자자 自恣)을 받아야 한다.
다섯째, 중죄를 범한 비구니는 양쪽 승단으로부터 참회를 받아야 한다.
여섯째, 비구니가 되려면 2년 동안 일정한 수행을 거친 다음 양쪽 승단에서 대계(大戒)를 받아야 한다.
일곱째, 어떤 일이 있더라도 비구니는 비구를 욕하거나 비방해서는 안된다.

여덟째, 비구니는 비구에 대하여 비평해서는 안되고 비구는 비구니의 허물을 꾸짖어도 된다.
이 여덟 가지 법을 공경·찬탄하며 몸이 다하도록 범하지 않아야 된다."
아난다는 마하파사파제에게 가서 만일 이 여덟 가지를 지킬 수 있다면 여인의 출가가 허락될 것이라고 전했다.
"나는 이 여덟 가지 중한계(八重戒 또는 八敬戒)를 한평생 소중히 지켜 가겠습니다."

(4) 최초의 비구니

이와 같이 하여 마하파사파제는 최초의 비구니가 되었다.
그때에 부처님은 아난다에게 말씀하셨다.
"아난다야, 만일 여인이 부처의 법에 출가하지 않는다면 청정한 수행은 오래 유지되어 정법(正法)이 일천 년 간 존속될 것이다. 그러나 이제 여인이 출가했으니 5백 년 밖에 있지 못하리라. 비유하면 여인이 많고 남자가 적은 집에 도적이 침입하기 쉬운 것과 같고 또 논밭에 병이 퍼지면 곡식을 제대로 거둘 수 없는 것과 같아서 나는 큰 호수에 미리 둑을 쌓아 물이 범람하는 것을 막듯이 여덟 가지 법을 지키라고 한 것이다."
때에 마하파사파제(대애도 大愛道)가 부처님께 여쭈었다.
"밖에 있는 5백 여인들을 어찌 하겠습니까?"
부처님은 대중들에게 설법하시고 선언을 하셨다.
"비구들아, 비구니는 비구에 의하여 대계(大戒) 받을 것을 허락하노라."
이로써 여인들이 출가하게 되었고 비구니(여승)승단이 이루어지게 되었다. 〈소품·비구니편(小品比丘尼編) 제1〉

20. 다른 교도(外道)들의 모함

(1) 고타마를 유혹하라

부처님의 위덕이 널리 퍼져 부처님을 공경하고 존중하여 귀의하는 사람들이 많아졌다.

국왕과 대신, 바라문, 장자, 일반 백성들까지도 부처님과 제자들에게 보시하는 것을 기쁨으로 삼게 되었다.

그때에 **지나교** 등 다른 교단에서는 서로 궁리를 했다.

"우리들은 그 동안 나라의 왕과 대신이며 바라문, 장자들로부터 존경과 공양을 받아왔다. 그런데 이제 저 사문 **고타마**가 나타나서 모든 존경과 공양 등을 그에게 보시하고 우리들에게는 아주 줄어져 유지하기가 어렵게 되었다. 어떤 계교를 세워야 할 것 아닌가?"

"우리 교도 중에 용모가 빼어나서 남에게 잘 보일 여자가 있으면 그를 시켜서 저 사문 **고타마**를 유혹하여 망신을 주도록 하자."

"**친차아**의 딸이 가장 적당하다."

그들은 그 여자를 불러서 말했다.

"우리들이 이전에는 보시를 많이 받았는데 지금은 저 사문 **고타마**에게로만 가게 되니 그대는 한 집안으로서 우리를 돕겠는가, 버리겠는가."

"제가 어떻게 해야 합니까"

"그대는 **고타마**를 유혹하거라. 만약 그렇게 된다면 그의 이름은 떨어지고 세상 사람들은 곧 우리에게 돌아와 공양하기를 예전과 같이 할 것이다."

"그는 위덕이 높고 한량없어 모든 사람이 공경하는데 어떻게 유혹할 수 있겠습니까"
"만일 그대가 **고타마**의 명예를 떨어뜨리지 못한다면 집에 들어오지도 못하게 내쫓아 죽음에 이르도록 할 것이다."

(2) 거짓 임신으로 부처님을 모함

친차아는 더욱 아름답게 꾸미고 기원정사를 드나들었다. 해가 질 무렵이면 들어가고 아침이면 나온 듯이 사람들의 눈에 뜨이도록 했다.
이렇게 왕래하길 열 달째에 둥근 바가지를 배에다 달고 부처님이 대중에게 설법하시는 곳에 나타났다. 그리고는 큰소리로 외쳐댔다.
"이 몸을 더럽혀 배를 부르게 하고 이제 다시 무슨 법을 설한다 하는가?"
"만일 사람이 거짓말을 하면 그는 마땅히 지옥에 떨어지리라."
그때 마침 네 마리의 쥐가 나타나 그 여자의 배에다 묶었던 바가지 끈을 물어 뜯어 바가지가 땅에 떨어졌다. 대중들은 그를 밖으로 내쫓았다. 쫓겨 가던 여자의 앞 길이 갑자기 갈라지더니 그 여자는 땅 속으로 묻히고 말아버렸다.[32] 〈유부비나야잡사(有部毘奈耶雜事) 권16〉

(3) 살인 누명을 씌우다

부처님께서 제자들과 함께 **사위성**에 이르렀다. 그때에 **아지바카**교의 교주 **고살라**를 비롯한 많은 외도(外道)들이 공양을 받으며 삿된 선전으로 백성들을 그르치고 있었다.
부처님은 이를 보고 깊이 염려했다.
"**고살라**는 많은 사람들을 파멸시키고 있다. 마치 강 어구(河口)에 그물을 쳐서 고기를 잡는 어부와 같이"

부처님께서 거리에 나가 바른 법(法)으로 깨우치시니 백성들은 눈을 뜨고 기뻐하며 부처님께 귀의하게 되었다.
  이교도들은 사람들의 공양이 줄어들자 음모를 꾸며 부처님의 명예를 떨어뜨리려고 했다.
  그들은 **순다리**라는 아름다운 여자를 충동질하여 부처님이 계시는 기원정사 주변에 자주 나타나 여러 사람들의 눈에 띄게 했다.
  이렇게 얼마나 지난 다음 외도들은 **순다리**를 참혹하게 죽여서 기원정사 근처 숲속에 몰래 버리고 왕에게 가서 **순다리**가 없어졌으니 찾아 달라고 말했다.
  왕은 사람들이 기원정사 근처에서 보았다는 소문에 따라 정사 부근을 수색하다가 **순다리**의 시체를 발견했다. 부처님의 제자들은 일시에 살인자의 누명을 쓰게 되었다. 그들은 돌아다니면서 소문을 퍼뜨렸다.
  "여러 사람들이여, 사문 **고타마**는 항상 덕과 계를 말하면서 남의 여자와 간통하다가 이를 죽여 몰래 버렸단다."
  다음날 부처님 제자들이 거리에 나가 걸식을 하려하자 그들은 욕설을 하면서 비방했다. 제자들은 부처님께 말씀드렸다.
  부처님은 제자들에게 조용히 말씀하셨다.
  "사람들이 너희를 버린다 할지라도 너희가 어찌 사람들을 버리겠느냐? 삿된 길이 올바른 길을 막지 못한다. 이러한 비방을 받는 것은 이레를 넘지 않을 것이다. 참고 기다리자."
  며칠 되지 않아 함께 음모했던 외도 가운데 한 사람이 사실을 밝혀 이 일은 곧 해결되었다. 〈남전장경 제23 자설경 제24〉

21. 나도 밭 갈고 씨 뿌린 다음 먹는다

(1) 밭을 갈고 씨 뿌린 다음 먹으십시오

부처님께서 **마가다국**에 계실 때였다.

부처님은 가사를 입고 바루를 들고 남산에 있는 한 **포기 따라**고 하는 바라문의 마을에 걸식을 하러 가셨다.

그때 **바아라르바아자**라는 바라문이 오백 자루나 되는 괭이를 소에 메워 밭을 갈고 씨를 뿌린 다음 때가 되어 음식을 나누어 주고 있었다.

부처님은 한 쪽에 가서 서 계셨다.

바아라르바아자 바라문은 음식을 받기 위해 서 있는 부처님을 보고 말했다.

"사문이여, 나는 밭을 갈고 씨를 뿌립니다. 사문이여, 당신도 밭을 갈으십시오. 그리고 씨를 뿌리십시오. 그리고 갈고 뿌린 다음에 먹으십시오."

부처님은 대답하셨다.

"바라문이여, 나도 밭을 갈고 씨를 뿌립니다. 그리고 갈고 뿌린 다음에 먹습니다."

"그러나 우리는 **고타마**의 호미나 괭이나 소를 본 일이 없습니다. 그런데 당신은 어째서 '나도 밭을 갈고 씨를 뿌린 다음에 먹는다'고 하십니까? 우리는 일찍이 밭 가는 것을 본 일이 없는데 그런 말을 하는 뜻을 말해 보십시오."

(2) 감로의 과보를 주는 농사

부처님은 대답했다.
"믿음은 곧 씨앗이요, 고행은 비[雨]며, 지혜는 내 멍에와 호미요, 뉘우침은 괭이 자루, 의지는 잡아매는 줄이요, 생각은 나의 호미날이며 작대기입니다.

몸을 근신하고 말을 조심하며 음식을 절제하여 지나치지 않습니다. 나는 진실을 김매는 것으로 삼고 있습니다. 부드럽고 화합함(柔和)은 나의 멍에를 풀어 놓는 것입니다.

노력 · 정진은 내 황소이어서 나를 안온의 열반 경지로 실어다 줍니다. 물러남이 없이 그곳에 이르면 근심 걱정이 사라집니다.

이 밭갈이는 이렇게 해서 이루어지고 감로(甘露)의 과보를 가져오는 것입니다. 이런 농사를 지으면 온갖 고뇌에서 풀려나게 됩니다."

"당신은 진실로 밭을 가는 분이십니다. 감로의 과보를 가져다 주는 농사를 짓기 때문입니다."

그리고 부처님의 설법을 들은 다음 두 발에 머리를 조아리며 여쭈었다.

"부처님이시여, 마치 넘어진 사람을 일으켜 주듯이, 덮인 것을 벗겨 주듯이, 길 잃은 이에게 길을 가르쳐 주듯이, 혹은 '눈 있는 자는 보라'고 어둠 속에서 등불을 비춰주듯이 부처님은 여러 가지 방편으로 진리를 밝혀 주셨습니다. 저는 이제 부처님께 귀의하고 부처님 법에 귀의하고 진리와 도를 닦는 제자들께 귀의합니다. 원컨대 제자로 거두어 주십시오."

부처님께 출가하여 계를 받고 열심히 정진하여 드디어 아라한의 도를 얻었다. 〈숫타니파아타 1장사품 · 4. 상응부 7-1. 잡아함 98경〉

22. 살인자 앙굴리마라를 교화

(1) 백 사람의 손가락 목걸이

사위성 가운데 바라문이 있었는데 학식이 많고 도가 높아 모든 사람의 추앙을 받았다.

그의 제자 5백 명 중에 앙굴리마라는 용모가 뛰어나고 힘이 장사였으며 공부를 잘하여 스승으로부터 사랑을 받았다.

하루는 스승이 밖에 나간 사이 스승의 부인이 그를 유혹했으나 거절당하자 앙심을 품고 그의 남편에게 앙굴리마라가 희롱을 하고 능욕을 했다고 거짓으로 말했다.

격분한 스승은 매로 때리려 했으나 힘을 당하지 못할 것 같아 꾀를 내어 그에게 무서운 일을 시켰다.

"네가 만일 속히 도를 성취하려면 잘 드는 칼을 가지고 거리에 나가 한 사람에 손가락 한 개씩 끊어서 백 개의 손가락으로 목걸이를 만들어 오는 어려운 일을 해야 한다. 그렇게 하면 곧 커다란 신통을 얻을 것이다."

앙굴리마라는 주저하고 고민하다가 '스승의 말을 복종하여 마지막 도를 성취하리라' 생각하고 길거리에 나가 미친 듯이 칼을 휘둘러 만나는 사람마다 죽이고 손가락을 잘랐다.

사위성은 난리가 났다. 미친 살인자 때문에 밖에 나가질 못하게 되었다.

파사닉왕은 이 소식을 듣고 군대를 이끌고 살인자를 잡으러 나갔다. 앙굴리마라의 어머니는 때가 되어도 아들이 돌아오질 않자 밥을 싸

가지고 아들을 찾아 나왔다.

앙굴리마라가 그때에 죽인 사람은 백에서 하나가 모자랐다. 길거리에 사람이 보이지 않자 마음이 초조했다.

이미 지쳐버린 앙굴리마라는 멀리서 어머니가 오는 것을 보고 마지막 하나를 채우기 위해 어머니라도 죽여야겠다고 생각하고 있었다.

(2) 나는 멈췄는데 너는 멈추지 못하는구나

마침 그때에 부처님께서도 이 소식을 들으시고 앙굴리마라를 찾아 길거리에 나오셨다.

앙굴리마라는 '마침 잘 되었다. 어머니보다 저 사문을 죽여야겠다' 하고 부처님에게 달려들었다.

그러나 아무리 쫓아도 부처님을 따라 잡을 수가 없었다. 할 수 없이 소리를 질렀다.

"사문아, 거기 멈추어라."

"앙굴리마라야 나는 멈추었는데 네가 멈추지 못하는구나"

부처님이 말씀하신다.

앙굴리마라는 얼핏 느끼는 바가 있어 그 자리에 멈추어 서서 다시 묻는다.

"사문이여, 당신은 가면서 멈춘다 하고, 나에게는 멈추지 않는다 하니 그 뜻이 무슨 뜻입니까?"

부처님은 조용히 게송으로 말씀하셨다.

"부처는 언제나 스스로 머물러서 일체가 모두 은혜를 입건마는 너는 지금, 스스로 살해할 마음을 내어 포악한 행동도 가리지 않으려 하는구나."

(3) 살인자를 교화, 출가시키다

그제서야 앙굴리마라는 제정신을 찾았다. '나는 과연 악행을 하는구나' 곧 칼을 버리고 땅에 엎드렸다.

"부처님이시여, 이 살인자를 거두어 주옵소서. 사람을 죽이고 손가락을 자른 것은 신통을 얻기 위함이었는데 이제야 커다란 잘못인 줄 알았나이다. 불쌍히 여기시어 건져 주옵소서."

"앙굴리마라야 어서 오너라. 나와 함께 가자."

부처님은 그를 데리고 기원정사로 가셨다. 그리고 그의 참회를 받고 머리를 깎아 출가를 시켰다.

파사닉왕은 앙굴리마라를 찾아다니다가 기원정사에 이르러 부처님을 뵈었다. 그리고 살인마 앙굴리마라를 잡으러 나온 것을 말씀드렸다.

"이 사람이 앙굴리마라요."

왕은 그를 바라보고 두려운 빛을 감추지 못했다.

"대왕이여, 이제는 두려워 마시오. 그는 이제 착해졌고 계를 받아 수행자가 되었으니 다시는 악행을 하지 않을 것이요."

"부처님이시여, 자비를 베푸시어 포악한 사람도 능히 조복받으시고 이루지 못한 사람도 이루어 주시니 참으로 위대하십니다."

왕은 인사하고 돌아갔다.[33] 〈중부(中部) 86, 앙굴리마라경, 잡아함 1077경, 증일아함 권31, 앙굴마경 등〉

앙굴리마라는 손가락을 끊어 목걸이를 만들었다는 뜻으로 지만(指鬘)이라고 불리웠다.

23. 모든 생명을 내 생명처럼 소중히 하라

(1) 자신보다 소중한 것 없다

 어느 때 파사닉왕은 왕비 **말리카**(Malika-말리)부인과 높은 누각에 올라 서로 이야기하다가 왕이 문득 물었다.
 "부인, 당신에게는 자기 자신보다 더 소중한 것이 있다고 생각하시오?"
 "왕이시여, 저에게는 자기 자신보다 더 소중한 것이 없습니다, 당신 생각은 어떠십니까?"
 "나도 그렇게 생각되어 물어본 말이오만……"
 왕과 왕비는 자신들의 대화에도 만족하지 못하여 부처님을 뵙고 가르침을 청하기로 했다.
 "부처님이시여, 이 세상에 저희들은 자기 자신보다 더 사랑스럽고 소중한 것은 없다고 생각했습니다. 가르침을 주십시오."
 부처님은 게송으로 말씀하셨다.

(2) 다른 사람에게도 자신이 소중한 것

 "생각은 사방으로 달리어 생각해 보아도 자기보다 더 소중한 것은 찾아볼 수 없는 것이오. 그와 같이 다른 사람에게도 자신이 소중한 것, 그러므로 자기의 소중함을 위해 다른 남을 소중히 하시오."
 내 생명이 사랑스럽고 소중하듯이 다른 생명, 다른 목숨도 소중한 것이다.

왕과 왕비는 깊이 깨닫고 돌아갔다. 〈아함경(阿含經), 상응부경전 1, 3, 구상상응 第 8, 6〉

다음에 부처님은 제자들에게 말씀하셨다.

"수행자들아, 이 세상 중생들이 산 목숨을 죽이지 않으면, 나고 죽는 수레 바퀴에서 벗어나리라. 그대들이 수행하는 것은 번뇌를 없애려고 함인데 죽일 마음을 끊지 않는다면 어찌 번뇌에서 해탈할 수 있겠는가?"

"행자들은 살아 있는 풀 한 포기일지라도 함부로 밟으려 하지 않을 것인데 어찌 함부로 할 것이냐?"〈능엄경(楞嚴經)〉

"모든 생명은 채찍을 두려워 한다. 모든 생명은 죽음을 무서워 한다. 내 생명에 이를 견주어 남을 때리거나 죽이지 말라."〈법구경(法句經)〉

24. 부처는 폭력에 의해 죽지 않는다

(1) 신통력만을 위한 데바닷다

데바닷다는 부처님의 사촌 동생이다. 야소다라의 동생이고, 또한 아난다의 형이기도 하다.

함께 출가했던 다른 사람들은 모두 아라한과를 성취했는데 데바닷다는 이에 이르지 못하고 세속적인 신통력을 얻으려는데 더 목적을 두고 수행을 했다.[34]

그때에 수다라라는 수행인이 두타행을 잘 하고 신통력이 뛰어났는데 데바닷다는 그를 찾아가 애원하여 신통의 도를 배우고 신통력을 얻게 되었다.

그는 마가다국의 왕자 아자트사투르(아사세)와 가까이 하여 그의 신임을 얻게 되었다.

　부처님 제자들은 **데바닷다**가 신통력이 매우 커서 **아자트사투르(아사세)**왕자 등으로부터 공양을 많이 받는다는 소문을 듣고 부처님께 말씀드렸다.

　부처님은 제자들에게 말씀하셨다.

　"너희들은 그가 공양 받음을 탐내지 마라. 그리고 그의 신통의 힘도 부러워하지 말라. 그는 곧 신통력 때문에 스스로 몸과 입과 뜻으로 나쁜 악행을 하여 삼악도에 떨어지리라."

　데바닷다는 신통의 힘으로 커다란 명성을 얻고 5백 제자나 거느리게 되자 부처님께 찾아와 청했다.

　"부처님께서는 이제 너무 늙으셨으니 교단을 저에게 맡기시고 물러서십시오."

　"**데바닷다**야 여래(如來-부처)는 오고 갈 때를 스스로 알고 있다. 교단을 맡긴다 하여도 여기 **사리불**과 **목건련**이 있지 않느냐? 너와 같이 6년 동안이나 군침을 삼키는 자에게 어떻게 교단을 맡길 수 있겠느냐?"

(2) 데바닷다의 반역과 관무량수경

　데바닷다는 앙심을 품고 폭력으로라도 부처님을 없애려고 생각했다.

　데바닷다는 아사세태자를 유혹하여 새로운 왕과 새로운 부처로서 세상을 다스리자고 서로 음모했다.

　태자는 부왕인 **빔비사라왕**을 가두고 왕위에 올라 나라를 다스렸다. 곧 어머니인 위제휘부인까지 가두는 일도 서슴없이 저질렀다.

　이때 부처님께서 위제휘부인을 위하여 관무량수경(觀無量壽經)[35]을 설하시었다.

데바닷다는 부처님께서 기사굴산(영취산) 석굴에 계실 때 자객을 보
내었다가 그 자객이 부처님의 제자가 되어버려서 실패했다.
 이에 부처님께서 산을 내려오실 때 데바닷다는 커다란 바위를 굴렸
으나 부처님을 해하지는 못했다.
 제자들은 흥분하고 노했다.
 부처님께서 조용히 말씀하신다.
 "제자들아, 부처는 폭력으로 죽지 않는다. 원한을 원한으로 갚으면
부처의 법이 아니니 너희는 마땅히 수행자의 길을 힘써 나가거라."

(3) 화합 승단을 깨뜨리려 하다

 데바닷다는 그를 따르는 네 사람과 함께 부처님에 대한 비방과 함께
교단을 분열시키는 일을 벌이기 시작했다.
 부처님에게 출가한 지 오래 안되는 연소한 제자들을 향해 새로운 법
을 주장했다.
 "출가 수행자들은
 첫째로, 한평생 숲속에서만 생활하고 사람 사는 마을에서 살면 죄가
된다.
 둘째, 걸식 탁발에 의해서만 음식을 먹어야지 공양 초대를 받으면
안된다.
 셋째, 분소의(헌 누더기옷)만 입을 것이요, 신도들에게 옷을 받으면
죄가 된다.
 넷째, 나무 아래에서만 앉을 것이요, 지붕 밑에 들어가면 죄가 된
다.
 다섯째, 일체의 생선이나 고기를 먹어서는 안된다.(혹은 우유, 소금
을 먹지 말라. 하루 한 끼만을 먹어라 등)
 이 다섯 가지 법을 지켜야만 빨리 열반을 얻을 것이다."

또 오래된 제자들과 장로들에게는
"부처님은 이미 늙고 앞날이 없다. 그대들의 필요한 물품은 내가 다 대어줄 것이다."
하면서 말하고 다녔다.

제자들이 이러한 일을 부처님께 말씀드렸다.
"데바닷다는 법이 아닌 것을 법이라 하고, 율이 아닌 것을 율이라 말하면서 화합 승단을 깨뜨리려고 합니다."[36]

부처님께서는 여러 제자들에게 말씀하셨다.
"너희들은 마땅히 데바닷다를 꾸짖어 화합 승단을 깨뜨리는 일을 버리게 하라."

제자들은 데바닷다에게 가서 말했다.
"그대는 화합승을 깨뜨리지 말라. 화합승(승가)이란 서로 기뻐서 다툼이 없고 한마음으로 다 같이 배우기를 마치 물과 젖이 합하는 것과 같아 편안함(安樂)을 얻는 것이다. 그대는 마땅히 승가를 깨뜨리는 일을 버려라."

그러나 데바닷다는 버리질 않았다.

아사세왕과 더욱 가깝게 하며 또 일을 꾸몄다.

(4) 술에 취한 코끼리로 부처님을 해치려 하다

사나운 코끼리에게 독주를 먹여 술이 취하게 해서 길거리에 내보내 부처님을 해치게 하려 했다.

왕은 포고했다.
"성 안에 있는 백성들은 목숨이 아깝거든 내일은 거리에 나오지 말라."

부처님께서 바루를 들고 성 안에 걸식하러 들어가시니 술에 취한 사나운 코끼리는 질풍같이 부처님에게로 달려 들었다.

그러나 부처님께서는 코끼리가 달려오는 것을 보시고 조금도 동요 없이 법을 설하신다.

"코끼리야, 용(龍)을 해치지 말라. 용과 코끼리는 이 세상에 나기 어렵나니 그 용을 해치지 않으면 너는 천상에 태어나리라."

사나운 코끼리는 부처님 앞에 당도하여 곧 무릎을 꿇고 엎드렸다.

이 소식을 들은 아사세왕과 백성들은 부처님의 위력에 감복하여 공경하는 마음을 일으켰다.

아사세왕의 마음이 달라지는 것을 느낀 **데바닷다**는 근심에 쌓여 돌아가는 길에 **법시**라는 비구니를 만났다.

"그대가 이제 저지른 일은 큰 잘못이다. 지금 참회하기는 쉬운 일이나 뒤에는 더욱 어려우리라."

데바닷다는 이 말에 화가 치밀어 그 비구니를 때려 죽이고 말았다.

(5) 불길 속에서 참회심 일으켜

이로부터 **데바닷다**는 더욱 근심이 되고 괴로움이 깊어 중병을 얻었다. 그는 마지막 방법을 생각했다. 제자들에게 말했다.

"나는 이제 부처님에게 참회하러 가야겠다. 나를 부축하여 좀 데려다 다오."

열 손톱에 독을 바르고 부처님이 계신 곳으로 갔다. 부처님을 만나 직접 해치려 한 것이다.

부처님 계신 곳에 이르러 가까이 가려하자 갑자기 땅 속에서 불길이 솟아 그는 불길 속에 휩싸여 버렸다. 불 속에서야 비로소 진실된 참회심을 일으켜 '나무불타'(佛)하려 했으나 '나무' 소리만 지르고 사라지고 말았다. 〈증일아함경(增一阿含經) 47, 십송율(十誦律) 권4, 별역잡아함경(別譯雜阿含經) 권1, 남전장경율부 소품 등〉

데바닷다에 관하여 그 전생의 일이며, 다음 생의 일에 대하여 부처

님은 말씀하셨다. 〈증일아함경(增一阿含經) 47, 불설아누풍경(佛說阿㝹風經), 법화경(法華經) 등〉

25. 업력(業力) 따라 석가족의 멸망

(1) 비두다바왕 가비라성 공격

파사닉왕이 석가족으로부터 맞아들인 바사바비는 왕자 비두다바(毘瑠璃-비유리)를 낳았다. 비두다바왕자는 외가인 가비라국을 방문했을 때 자기 어머니가 천한 태생이라고 모욕을 당하게 되었다.
어머니 바사바는 왕족이 아닌 천한 계급인 하녀였는데 속여서 시집을 보냈던 것이다.
왕자는 석가족에 대해서 언제인가 복수할 것을 속으로 맹세했다.
그 뒤 왕자는 파사닉왕이 없는 사이에 정변을 일으켜 왕위에 올랐다. 파사닉왕은 이웃 나라로 망명하러 가는 도중에 죽었다.
새로 왕이 된 비두다바는 일찍부터 계획한 대로 가비라를 공격했다.
이때 부처님은 이 일을 아시고 나라의 경계되는 큰 길가의 잎이 마른 나무 아래 앉아 계셨다.
비두다바왕은 진군하던 도중에 부처님을 보고 곧 나아가 인사를 올렸다.
"부처님이시여, 동산에 그늘 짙은 숲이 많은데 하필이면 왜 이런 잎이 없는 나무 아래 앉아 계십니까?"
"대왕이여, 친족의 그늘은 시원합니다."
무도한 왕이지만 부처님의 뜻을 알아차리고 군대를 돌이켜 돌아갔다.

이렇게 세 차례나 똑같은 일이 되풀이 되었다.

(2) 업의 과보는 피할 수 없는 일

부처님은 네 번째에는 피할 수 없는 일이라 아시고 **가비라국**에 가시어 석가족을 위하여 법을 설하시고 계를 주어 진리를 얻게 했다.

네 번째 군사를 이끌고 쳐들어 올 때는 부처님이 길가에 나가시지 않았다. 곁에 있던 **목건련**이 말씀을 여쭈었다. 그러나 부처님은 게송으로 대답하신다.

"설사 백겁을 지내어도 지은 업은 없어지지 않나니, 인(因)과 연(緣)이 만났을 때에 그 과보를 자신이 도로 받는다."

"그러므로 알라, 세간에서 모두 업력으로 인하여 그 과보를 받아서 업력으로 나고 업력으로 사는 것이니 일체 중생이 다 업력을 따라서 좋고 나쁜 것을 마땅히 받을지니라."

석가족은 거의 반항없이 죽어갔다. 다만 **비두다바왕**의 외조부 되는 **마하아나만**(大望)은 왕에게 요청했다.

"내가 저 우물 속에 들어갔다가 다시 떠오를 동안만이라도 사람들이 피난가는 것을 막지 말아달라."

왕은 허락하니 그는 물 속에 들어가 머리카락을 풀어 나무 뿌리에 매어놓고 숨을 거두었다. 그러나 석가족 사람들은 거의 다 희생되고 말았다.

비두다바왕은 석가족을 멸망시키고 돌아가서는 배다른 형인 **제에타**〔祈陀〕태자까지 살해하여 버리니 누구도 거리낄 것 없이 되었지만 그도 7일 만에 천재(天災)로 죽고 말았다. 〈근본설일체유부비나야잡사(根本說一切有部毘奈耶雜事) 권8〉

26. 폭군 아사세왕의 감화

(1) 현재 얻는 과보

빔비사라왕의 아들인 **아사타사투르**(아사세)는 데바닷다와 함께 어울려 의논하더니 부왕에게서 왕위를 억지로 빼앗은 뒤에는 부왕과 어머니 위제휘부인을 옥에 가두고 드디어는 부왕을 살해하는 커다란 죄악을 저질렀다.

아사세왕은 군대를 모아 사방에 있는 나라들을 침략하여 대국을 건설하려 했다. 북쪽에 있는 **코살라국**의 **파사닉왕**과의 전쟁 등으로 주위의 나라들이 차츰 마가다국에 흡수되었다.

어느 날 아사세왕은 지나온 여러 가지 생각에 잠겨 있다가 대신 **지바**(耆姿)의 말에 따라 부처님을 찾아뵈러 갔다.

부처님이 계신 **암바라동산**은 수백 명의 대중이 고요함 속에 정진하고 있었다. 왕은 한 쪽에 가 서 있었다.

"대왕이여, 묻고자 하는 것이 있으면 물으시오."

"부처님이시여, 지금 사람들은 갖가지 직업과 기술로써 스스로 생활하며 집안을 꾸려 즐겁게 살아가는 현재의 결과를 받음(果報)이 있습니다. 그런데 저 수행인들은 현재에 닦아 현재에 그 과보를 얻습니까?"

"대왕은 다른 곳에 가서 이러한 뜻을 물은 일이 있습니까?"

"일찍이 여섯 스승(六師外道)들을 찾아 물었더니 그들은 '죄와 복의 갚음이 없다고도 하고 모든 것은 지나면 없어지는 단멸(斷滅)이다 하고 또 이미 정해진 것이다' 고도 했습니다."

"대왕이여, 궁중의 종이나 하인들이 왕의 오욕락을 즐기는 것을 보고 '아 저것은 행의 과보인줄 누가 알겠는가' 생각하다가 뒤에 출가하여 훌륭한 수행인이 되어 있을 때, 왕은 그를 보고 '저 사람은 나의 종이 아닌가' 하고 생각하겠습니까"

"아닙니다. 부처님이시여, 그를 보고 마땅히 일어나 맞이할 것입니다."

"어떻습니까? 이것이 수행인의 현재 얻는 과보가 아닙니까?"

"그렇습니다. 현재 얻는 과보가 틀림없습니다."

(2) 허물을 뉘우치면 편안함을 얻는다

아사세왕은 곧 자리에서 일어나 부처님 발 아래 예배하고 여쭈었다.

"부처님이시여, 원컨대 저의 허물의 뉘우침을 받아 주시옵소서. 저는 미치고 어리석고 어두워서 오욕(五欲)에 미혹하여 저의 부왕을 해쳤습니다. 불쌍히 여기시어 거두어 주옵소서."

"그대는 어리석고 어둡고 미혹하여 커다란 죄를 저질렀소. 그러나 이제 성현의 법 가운데서 능히 허물을 뉘우치니 곧 스스로 이익되고 편안할 것이요."

부처님은 그를 위해 차례차례 법을 설하셨다.

왕은 몇 번이고 허물을 뉘우치며 진실로 참회하고 부처님 법에 들어 우바새(청정한 신도)가 될 것을 허락받고 기쁜 마음으로 돌아갔다. 〈장아함경(長阿含經) 권17. 사문과경〉

얼마 후 아사세왕은 이웃의 밧지[跋祇]국을 쳐서 빼앗으려는 생각을 하고 신하를 시켜 부처님께 가르침을 받아오도록 했다.

부처님께서 독수리봉 기사굴(영취산)산에 계실 때였다.

아사세왕의 명령을 받은 신하 우사는 부처님께 나아가 예배드린 뒤 여쭈었다.

"마가다의 왕 아사세는 부처님께 문안 올립니다. 지금 저 밧지국 사람들은 스스로 용맹스럽고 건장하고 부강한 것을 믿고 순종하지 않으므로 그곳을 치고자 하니 부처님께서는 가르침을 주시옵소서."

(3) 일곱 가지 소멸하지 않는 법

부처님은 대신에게 대답하지 않고 곁에 있던 아난다에게 물어 보신다.
"아난다야 저 밧지국 사람들이 자주 모임을 가지고 서로 바른 일을 의논한다고 들었느냐?"
"그렇다고 들었습니다."
"만일 그렇다면 어른과 어린이들을 서로 화순하여 더 번영하고 평안하여 아무도 침범할 수 없을 것이다."
"둘째로, 그들의 왕과 신하는 서로 화순하고 윗사람 아랫사람이 서로 공경한다고 들었는가?
셋째로, 그들은 내려온 풍습과 법도를 잘 받들어 어기지 않는가?
넷째, 그들은 부모를 효도로 섬기고 어른을 공경하여 순종하는가?
다섯째, 선조를 받들어 공경하고 제사지냄을 게을리 하지 않는가?
여섯째, 그들의 가정에 여자들은 바르고 참되며 깨끗하여 더러움이 없는가?
일곱째, 그들은 수행인을 높이 섬기며 존경하여 보호하고 공양을 잘 하는가?"
"네, 그렇다고 들었습니다."
"아난다야 만일 그렇다면 이런 일들을 지키고 있는 한, 백성들은 더욱 화순하여 나라는 번영하고 안온하여 누구의 침범도 받지 않을 것이다."
그때에 대신 우사는 부처님께 여쭈었다.

"저 나라 백성들이 비록 한 가지 법을 행하더라도 오히려 침범을 도모할 수 없겠거늘 하물며 일곱 가지 법을 다 행하는데 어찌 하겠습니까?"

부처님은 대신 우사에게 말씀하셨다.

"대신이여, 나는 베살리 근처에 있을 때 밧지 사람들에게 이와 같은 일곱 가지 멸하지 않는 법(七不衰法)을 가르친 일이 있소. 그들이 이 법을 지키고 있는 동안 번영할지언정 결코 쇠퇴하지는 않을 것이오."

(4) 일곱 가지 불퇴법(不退法)

부처님께서는 근처의 제자들을 모두 강당에 모이게 하신 후 말씀하셨다.

"내 마땅히 너희들을 위하여 일곱 가지의 불퇴법(不退法)을 설하리니 자세히 듣고 자세히 들어서 이것을 잘 생각하라.

첫째는, 자주 모여서 올바른 법을 서로 말하라.

둘째는, 선배와 후배가 사이좋게 존경하며 다투지 않아야 한다.

셋째는, 법을 받들어 계율을 알며 제정된 것을 어기지 말아라.

넷째는, 많은 사람을 두호하고 지견이 있는 수행인을 마땅히 섬기고 공경해야 한다.

다섯째, 마음과 뜻을 소중히 하며 효도하고 공경함을 위주로 해야 한다.

여섯째, 청정한 수행을 닦아 욕망에 빠지지 않아야 한다.

일곱째, 남을 먼저하고 자기는 뒤로 하여 명예나 이익을 탐하지 말 것이다.

이렇게 하면 어른과 젊은이가 화순하며 누구도 법을 무너뜨리지 못한다."[37] 〈대반열반경(大般涅槃經) 19. 범행품. 반니원경(般尼洹經) 上, 장아함경二 유행경 등〉

27. 끝없는 교화(敎化)

(1) 간지스강 양쪽에서 히말라야 산맥까지

부처님께서 보리수 아래에서 성도하신 뒤 저 **바라나시녹야원**에서 첫 법륜을 굴리시어 깨달음의 가르침을 베푸는 교화는 열반에 드실 때까지 끝없이 펼쳐 나갔다.

처음 교화를 시작했던 **바라나시**(베나레스)로부터 **라자그라하**(왕사성), **마가다**(마갈타)국, **코살라**(교살라), **슈라바스티**(사위성) 고향인 **카필라**(가비라), **바이샤알리**(베사리), **쿠시나가라** 등 간지스강 양쪽에서 히말라야 산맥에 이르는 넓은 지역에 부처님의 교화가 미치지 않는 곳이 없게 되었다.

야소다라태자비도 마하파사파제부인을 따라 5백 여인이 함께 출가하여 석가족의 교화가 이루어졌다.

가난한 한 여인의 등불 공양의 설법, 똥군으로 있던 천한 **니이다이**를 출가시켜 제자로 삼으시고 백정의 딸도 출가시킴이며〈불본행집경(佛本行集經)〉가뭄과 질병으로 재난을 당하는 **베살리**를 구제하시었다.〈숫타니파아타-소품, 보배경〉

(2) 재가 신도의 교화

왕사성 장자의 아들 **시가라월**에게는 스승과 제자, 부모와 자식, 부부간, 친구간, 주인과 하인, 출가자와 재가자의 도리에 관한 도의적인 생활과 생활 규범을 설하여 주시고〈육방예경(六方禮經) - 佛說시가라 육방예경의 약칭-남전장경 31〉 고집세고 교만하던 수닷다(급고독)장자의 며느리 옥야(玉耶)에게 아내의 도리, 여자의 도리를 가르쳐 교화하시어〈옥야경(玉耶經)-증일아함경 49 非常品〉 출가 수행자 뿐만 아니라 재가 신도들이 일상생활을 해나가며 진리의 생활을 할 수 있는 법을 널리 설하시었다.

나아가 사위국 파사닉왕의 딸 승만부인에게는 앞으로 보광여래(普光如來)라는 부처님이 되리라는 수기(授記-예언)를 주시니 여성으로도 수행하여 성불(成佛)할 수 있다는 큰 광명을 내리신다.

승만부인은 열 가지의 서원과 세 가지의 서원을 세워 대승(大乘)으로서 보살(菩薩)의 갈 길을 간명하게 나타내는 말씀을 드린다. 뒤에 승만경[38]으로 붙여졌다.

어느 때에는 부처님께 죽은 외아들을 안고 와서 살려주시기를 간청하는 여인을 교화하시었다. 〈잡비유경(雜譬喩經) 권下, 남전상응부경 권15〉

(3) 출가 제자들

출가 제자들을 교화하시는 모습들도 한량없어, 바보 주리판타카의 교화, 설법 제일 부루나존자의 순교, 천안통을 얻은 눈먼 아니룻다, 25년 간 시봉하여 부처님의 법문을 하나도 빠짐없이 기억한 아난다 등이 있으나 따로이 제자편에서 알아보기로 한다.

(4) 계(戒)·정(定)·혜(慧) 삼학(三學)을 닦아라

부처님께서 기사굴산·영취산(靈鷲山)에서 잠시 머무르시며 다음과 같은 설법을 하셨다.

"계(戒)를 닦아 정(定)을 얻음으로써 큰 과보(果報)를 받는다.

정(定)을 닦아 지혜(慧)를 얻음으로써 큰 과보를 얻는다.

지혜를 닦아 마음이 깨끗해져 등해탈(等解脫)을 얻는다. 그래서 욕망의 번뇌〔欲漏〕, 생존욕〔有漏〕, 그릇된 소견〔見漏〕, 무명번뇌〔無名漏〕를 다 없애고 해탈을 얻어 해탈의 지혜가 생긴다.
  거기는 나고 죽음이 이미 다하고, 깨끗한 행이 이미 서고, 해야 할 일을 이미 다 해, 다시는 다음 생을 받지 않는다."[39] 〈장아함경(長阿含經) 제2권, 유행경(遊行經)〉

(5) 파탈리푸트라에서 간지스강을 뛰어 건너다

  부처님은 왕사성의 영취산을 떠나 **나란타**(那爛陀) 마을의 교외에 있는 동산에 머무르시며 법을 설하시고,
  파탈리푸트라(華氏城:뒤에 마가다국의 서울이 됨)로 가시어 그 고장의 신도들에게 계율에 어긋나서 입는 손실과 계율을 지켜 받는 공덕에 대해서 법을 설하시었다.
  그때 **마가다**의 **우사대신**이 이곳에 나와 성을 쌓고 **밧지국**에 대한 준비를 하고 있었다. 부처님은 말씀하셨다.
  "이곳은 훌륭한 사람들이 살고 상인들이 모여서 번성할 것이다. 그러나 화재와 수재와 내란으로 멸망할 날이 있으리라."
  이튿날 아침 설법을 하시고 자리에서 일어나 성을 나가시자 두 대신은 말하길 "여기 부처님께서 나가시는 문을 **부처님문**이라 하자" 했다.
  성을 나가 간지스 강가에 이르러 보니 많은 사람들이 기다리고 있어서 부처님은 한 순간에 훌쩍 강을 건너 저쪽 언덕으로 가셨다. 게송으로 찬탄의 소리가 울렸다.
  "부처님은 바다의 사공이시오, 법의 다리는 나루를 건네 주네. 그리고 대승의 큰 수레는 일체의 천상 인간 모두 다 건져 주시네."
  "스스로 번뇌를 끊어 저 언덕에 이르러 생사가 없고 그 모든 제자들로 하여금 결박을 풀어 열반을 얻게 하시네."[40] 〈장아함경(長阿含經) 제2, 유행경〉

부처님은 북쪽으로 길을 계속 가시며 이르는 곳마다 법을 설하시고 나다카촌에 이르러 수행자의 사후와 사쌍팔배(四雙八輩)의 법문을 설하시는 법경(法鏡)을 말씀하셨다.

(6) 암바팔리 동산을 기증하고 출가하다

부처님은 다시 밧지족의 서울 바이샬리(베사리)로 가셨는데 그때에 **암바팔리**라는 유명한 기생이 자기가 소유한 동산으로 부처님을 초청하여 공양을 올리고 그 동산을 부처님과 제자들에게 기증했으며 제자가 되었다.

부처님은 그를 위하여 설법하시고 게송을 말씀하셨다.

"탑을 쌓고 정사(精舍)를 지으며, 동산의 과실로 청량함을 베풀고, 다리와 배로써 사람을 건네주며, 넓은 들과 물과 풀과, 또한 집으로 보시하면 그 복은 밤낮으로 자라리라. 그리고 수행이 청정한 사람은 반드시 좋은 방소에 이르나니라."〈장아함경(長阿含經) 권2 유행경〉

부처님께서 **암바팔리**동산에 계신다는 소문을 들은 5백여 명이 동산으로 몰려 갔다.

그때에 부처님은 비구의 위의(威儀)에 대해서 법을 설하시고 계시었다. 5백 명의 백성들에게는 이 세상의 다섯 가지 보배(五寶)에 대해서 법을 설하셨다.

"이 세상에는 다섯 가지 얻기 어려운 보배가 있다.

첫째는 부처님이 세상에 나타나시는 것이요,

둘째는 부처의 바른 법을 연설하는 사람이요,

셋째는 부처가 연설한 법을 믿어 아는 사람이요,

넷째는 부처가 연설한 법을 능히 성취하는 사람이요,

다섯째는 위험에 빠진 사람을 그 재앙에서 구원하기를 되풀이하는 사람이니 그런 사람은 얻기 어려운 것이라 보배가 된다."

제8장 영원한 본 생명으로
쌍림열반상(雙林涅槃相)[41]

1. 열반의 예언…내 육신은 낡은 수레같으니

(1) 부처님 병환이 나시다

부처님은 암바팔리동산에 머무르신 다음 벨루바촌〔竹林〕으로 가셨다.

그 무렵 베살리지방은 흉년으로 식량이 부족하여 많은 사람이 한 곳에서 걸식하기가 어려웠다. 부처님은 제자들을 각기 나누어 보내고 아난다 하나만을 데리고 벨루바촌에서 안거(安居)하셨다.

그때에 부처님은 갑자기 병환이 나셔서 몸이 아팠다.

부처님은 스스로 생각하시었다.

'지금 제자들이 흩어져 없는데 제자들에게 알리지도 않고 열반에 든다면 때에 맞지 않다. 나는 정근(精勤)하면서 스스로 힘써 내 목숨을

이어가야 한다'

이렇게 하여 부처님은 고통을 이겨내시고 정사(精舍)에서 나오시어 시원한 곳에 앉아 계셨다.

아난다가 곧 부처님께 나아가 여쭈었다.

"이제 존안을 뵈오니 마음이 놓입니다. 부처님께서 병환이 나시니 제 마음은 황송하고 두려우며 근심 걱정에 어쩔 줄을 모르다가 겨우 정신을 차려 생각하니 부처님께서는 아직 열반에 드시지 않으셨습니다. 제자들에게 가르침과 시키심이 어찌 없으십니까?"

(2) 자신과 법을 등불로 삼고 귀의하라

"아난다야, 여러 대중이 나에게 아직도 기대할 것이 있느냐. 나는 지금까지 안팎으로 법을 다 설했다. 그리고 내가 만일 대중을 통솔한다든가 대중이 나에게 기댄다는 생각이 있으면 지시를 내렸겠지만 그런 일은 없었다.

아난다야, 나는 이제 여든 살, 늙고 쇠했다. 마치 내 몸은 낡은 수레와 같아, 겨우 수리하여 좀더 가고자 하는 것이다. 방편의 힘으로써 잠깐 목숨을 머물게 하리라. 그래서 스스로 힘써 정진하면서 이 고통을 참으리라.

일체의 사물을 생각하지 않고, 생각이 없는 선정(禪定)에 들어갈 때 내 몸은 안온하여 번민도 고통도 없어진다. 그러므로 아난다여, 마땅히 자기를 등불(의지처)로 삼고 법을 등불로 삼아라. 부디 다른 것을 등불로 삼지 말아라.

자기에게 귀의하고 법에 귀의하라, 부디 남에게 귀의하지 말라."

"어떠한 것이 그러한 것인가? 아난다야, 안의 몸(內身)을 관찰하기를 부지런히 하여 게으르지 않고 잘 생각하여 잊지 않으므로써(憶念不忘) 세상의 탐욕과 걱정을 없앤다. 또 바깥 몸(外身)도 그와 같으며 감각인 수(受)와 뜻(意)과 법(法)의 관찰도 또한 이와 같은 것이다."

(3) 부처님 세 번이나 상(相)을 나타내시다

부처님은 다시 아난다에게 말씀하셨다.
"아난다야, 현재에도 내가 입멸(入滅)한 뒤에도 능히 이 법대로 수행하는 자가 곧 나의 참다운 제자요, 내 뜻에 맞는 제자이니라."〈장아함경(長阿含經) 권2 유행경 대반열반경(大般涅槃經)〉
"우리 **차팔라탑**으로 가자."
부처님은 아난다를 데리고 가셨다.
"자리를 깔아라. 나는 등이 몹시 아프다. 여기서 좀 쉬고 싶구나."
부처님은 앉으신 뒤 앞에 있는 아난다에게 말씀하셨다.
"모든 신통력(四神足)을 통달한 사람은 생각만 있으면 죽지 않고 얼마든지 더 세상에 머물러 세상을 위하여 어둠을 없애고 이롭게 하는 일이 많아 하늘과 사람은 안락을 얻을 수 있을 것이다."
그때 아난다는 잠자코 있었다. 부처님은 세 번이나 되풀이 해 말씀하셨다. 그래도 아난다는 잠자코 있었다.
그때 아난다는 악마에 사로잡혀 정신이 아득하여 깨닫지 못했다. 부처님은 세 번이나 상(相)을 나타내시었으나 아난다는 여전히 아무 것도 청할 줄을 몰랐다.

(4) 부처님, 열반을 예언하시다

부처님은 아난다를 물러가게 한 후 조용히 앉아 계셨다. 마왕 **파피야스**(파순)가 나타났다. 부처님께 입멸(반열반)[42]을 권했다.
"부처님은 뜻에 아무 욕심도 없으시니 반열반(般涅槃)에 드십시오. 지금이 바로 그때입니다."

"잠깐 그쳐라. 나는 모든 제자들이 모이면 마땅히 깨달음의 뜻을 연설해야 하고, 청정한 행을 보여 주며, 모든 하늘과 사람들로 하여금 두루 신통을 보게 하리라."

"나는 스스로 그때를 안다. 지금부터 석 달 후 **쿠시나가라**의 사라쌍수 아래에서 열반하리라."

부처님은 곧 의삼매(意三昧)의 정에 들어 목숨(命)을 버리고 본래 생명으로 머물러 계셨다.

이때에 땅은 크게 진동하여 온 나라 사람들이 놀라 두려워 했다. 부처님은 큰 광명을 놓으시어 두루 비치시니 미치지 않는 곳이 없었다.

아난다는 크게 놀라 부처님 계신 곳으로 달려가서 부처님께 여쭈었다.

"지금 땅이 크게 진동한 것은 무슨 까닭입니까?"

"무릇 이 세상에 땅이 진동하는 데에는 여덟 가지(팔종진동)[43]가 있는데 그중 여래의 교화가 장차 끝나려 할 때, 생각을 오로지 해 목숨을 버리고자 하면 땅이 크게 진동하는 것이다." 〈장아함경(長阿含經) 권2 유행경 대반열반경(大般涅槃經)〉

(5) 인연 따라 떠나는 것이다

부처님은 아난다에게 향탑의 주위에 있는 제자들에게 알려 강당으로 모이게 했다.

"대중은 이미 모였습니다."

"너희들은 마땅히 알라. 내가 지금까지 몸소 체험하여 최정각(最正覺)을 이루고 그것을 중생들에게 널리 펴 왔다. 마땅히 잘 받아 지니어 수행하라. 나는 지금부터 석 달 후 반열반에 들 것이다."

모든 대중들은 이 말씀을 듣고 깜짝 놀라 정신이 아득하여 큰소리로 울부짖었다.

"왜 이다지도 빠른가? 부처님의 멸도하심이 이렇게 빠르신가? 오! 슬퍼라. 이 세상은 어두워지고 우리는 망하는구나."

슬피 울며 억제하지 못하고 어쩔 줄을 몰라 했다.

"그쳐라. 슬퍼하지 말라. 이 세상은 무상한 것이다. 한번 모인 것은 떠나는 것, 이 몸도 내 소유가 아니라 이 목숨도 오래가지 않는 것이다."

아난다가 일어나서 부처님께 간청했다.

"원컨대 부처님이시여, 아직 저희의 눈이 어두우니 이 세상에 오래 머물러 주시옵소서."

세 번이나 청하여도 잠잠히 침묵하셨다.

"그쳐라. 아난다야 나는 이미 목숨을 버렸고 이미 토했다."

2. 열반의 준비…마지막 공양

(1) 사리불과 목건련이 먼저 입멸

부처님께서 **바이샬리**(베살리) 거리에 탁발을 나가셨다가 돌아오실 때 걸음을 멈추고 거리를 돌아보시며

"이것이 베살리를 보는 마지막이로구나"

반다마을로 가셨다가 다시 핫티, 암바라, 첨바, 건다, 바리바를 거쳐 부미성으로 가셨다.

부처님은 대중들에게 사대교법(四大敎法)[44]을 이곳에서 설하셨다.
〈장아함경(長阿含經) 권3 유행경 2〉

다시 5백 제자를 거느리고 유행하시며 교화하시다가 **나라타촌**에 이르러 땅에 앉으시고 모든 제자들을 둘러 보시다가

"내가 지금 보니 이 여러 사람 중에 큰 손실이 있구나. **사리불과 목건련**이 있다면 이 방면은 비지 않았을 것이다. 이들은 능히 외도를 항복받았을 것이다. 지혜와 신족(神足)의 제자가 이미 열반에 들었구나." 하시었다. 〈증일아함경(增一阿含經) 권18, 19에 사리불과 목건련의 멸도에 관한 기록이 있다.〉

(2) 춘다의 최후 공양

부처님은 다시 **파아파**(波姿)성의 교외 **사두원동산**에 다다르셨다.

그때에 그곳 대장장이의 아들 **춘다**(純陀)는 부처님이 오셨다는 소식을 듣고 곧 부처님께 나아가 인사 올리고 설법을 듣고 기뻐서 이튿날 공양에 부처님을 청했다.

그 이튿날, **춘다**의 집에 가시어 자리에 앉으셨다.

춘다는 부처님과 대중에게 공양을 올리고 아주 진귀한 음식인 전단나무 버섯 지진 것은 부처님에게만 드렸다. 부처님은 **춘다**에게 분부하셨다.

"이 버섯은 다른 비구들에게는 주지 말라."[45]

춘다는 말씀에 따라 다른 이에게는 주지 않았다. 그때 대중 가운데 늦게 출가한 장로 비구 하나가 그 자리에서 다른 그릇에 그 버섯을 나누어 갔다. **춘다**는 공양이 끝난 것을 보고 부처님께 나아갔다.

부처님께서는 그를 위해 법을 설하여 이익과 기쁨을 주셨다.

부처님은 대중과 함께 돌아오시다가 한 나무 밑에 이르러 **아난다**에게 말씀하셨다.

"나는 등이 몹시 아프다. 너는 자리를 펴라."

부처님은 잠시 쉬셨다. 그리고 아난다에게 말씀하셨다.

"**아난다**야 저 **춘다**는 뉘우치고 한하는 마음이 없었더냐? 만일 그런 마음이 있었다면 무엇 때문이었겠느냐?"

"춘다가 비록 공양을 바쳤지마는 그것은 아무런 복도 이익도 없습니다. 왜냐하면 부처님께서 마지막으로 그 공양을 받으시고 반열반에 드시기 때문입니다."

"그런 말을 하지 마라. 춘다는 큰 이익이 있을 것이다. 수명과 재보와 명예를 얻고 죽어서는 천상에 나리라. 왜냐하면 부처가 처음으로 도를 이루었을 때 공양을 베푼 사람과 열반에 이르러 공양을 베푼 사람의 공덕은 다름이 없다. 부처님의 몸은 영원한 것이어서 태어난다든지 죽는다든지 하는 일이 없는 까닭이니라."

(3) 춘다를 제도하시다

너는 지금 가서 그에게 말하라.

"나는 친히 부처님께서 듣고 가르침을 받았다. **춘다**여, 너는 공양을 베풀었기 때문에 큰 이익을 거두고 큰 과보를 받을 것이다"라고

춘다가 달려와 부처님 발 앞에 엎드려 통곡하자 부처님께서는 그의 손을 잡고 말씀하셨다.

"내가 이제 너의 공양을 받은 것은 너로 하여금 생사의 윤회로부터 벗어나게 하려 함이니라."

부처님은 그곳에서 일어나 잠시 가시다가 다른 나무 밑에 다시 앉으셨다.

"나는 목이 마르다. 물을 가져 오너라."

"부처님이시여, 저기 상류에서 5백 대의 수레가 물을 건너고 있습니다. 흙탕물이 되어 아직 마실 수가 없습니다."

아난다는 흐린 물을 떠다가 얼굴과 발을 씻어 드렸다.

부처님은 세 번이나 목이 마르다고 되풀이 하시어 물을 뜨러 가니 흐려졌던 강물은 곧 맑게 가라앉아 있었다. 부처님의 신통력이었다.

그때에 한 신이 근처에 있는 **구손강**의 맑은 물을 부처님께 올리었더

니 기운을 차리시고 **구손강**에 가시어 물을 마시고 목욕도 하시었다.

다시 길을 떠나 얼마를 가다가 나무 밑에 쉬시는데 **춘다**에게 자리를 펴서 깔게 했다.

춘다는 자리를 펴서 부처님을 앉으시게 하고 부처님 앞에 나아가 여쭈었다.

"저는 지금 열반에 들고자 하나이다."

"마땅히 이때인 줄을 알라."

춘다는 곧 부처님 앞에서 먼저 열반에 들었다.

(4) 풋쿠사의 귀의

부처님께서 나무 아래에서 쉬시는데 **쿠시나가라성**으로부터 **파아파**로 가는 **풋쿠사**〔福貴〕라는 사람이 부처님 앞에 이르러 부처님을 뵙고는 예배한 뒤 여쭈었다.

"부처님이시여, 어떤 수행인은 선정에 들어 5백 대의 수레가 지나가도 그것을 듣거나 보지 못했다고 합니다. 어떠하십니까?"

"듣거라. 뭇 수레가 진동하는 것과 우레가 천지를 진동하는 것과 어떠하느냐? 내 어느 때 아월촌의 어떤 초막에서 좌선을 하고 있을 때였다. 때마침 커다란 뇌성과 함께 벼락이 떨어져 네 마리의 황소와 두 농부가 죽은 일이 생겨 사람들이 모여 들었다. 나는 전혀 알지 못했는데 나중에 사람들한테서 그 이야길 들었다."

풋쿠사는 곧 일어나 부처님께 예배하고 귀의했다. 그리고 금실로 짠 가사 두 벌을 부처님께 바쳤다.

부처님은 그중 하나를 **아난다**에게 주니 아난다는 그 가사도 부처님에게 덮어 드렸다.

(5) 부처님 대광명이 다시 솟아오르다

그때에 부처님의 얼굴과 몸에서는 찬란한 광명의 빛이 두루 했다.

"부처님이시여, 부처님을 모신 지 25년인데 아직까지 부처님의 얼굴에서 광명이 황금빛처럼 빛나는 것을 뵙지 못했습니다. 무슨 까닭인지 말씀해 주시옵소서."

"거기에는 두 가지 인연이 있어 얼굴빛이 보통 때보다 다르다. 하나는 부처님이 처음으로 도를 얻어 위없는 깨달음을 이룬 때요, 다음은 멸도하려고 하여 생명을 버리고 반열반에 드는 때다. 아난다야 나는 이제 반열반하리라."〈장아함경(長阿含經) 권3, 유행경2〉

3. 열반의 자리, 쿠시나가라로

(1) 사라 쌍수 아래 자리를 펴시다

부처님께서 말씀하셨다.

"우리 이제 함께 **쿠시나가라**(구리성)의 사라 쌍수(雙樹) 아래로 가자."

대중에게 둘러싸여 길을 가시면서 **아난다**에게 말씀하셨다.

"아난다야 너는 나를 위하여 사라 쌍수 사이에 누울 자리를 마련하되 머리는 북쪽으로 얼굴은 서쪽으로 향하게 자리를 깔아라."

부처님은 비틀거리며 25번이나 쉬며 드디어 **쿠시나가라성 발제하언** 덕에 다다랐다. 부처님은 사라 쌍수 아래 스스로 승가리(가사)를 네 겹으로 접어 오른쪽 옆구리를 바닥에 대고 사자처럼 누우셨다.

그때 사라나무는 제철도 아닌데 꽃이 피고 부처님 몸 위에 꽃잎을 흩날리며 공양을 한다.

"아난다야 지금 사라 쌍수는 꽃잎을 흩날려 나에게 공양을 하는데 이것은 부처님에게 공양하는 것이 아니니라."

"그러면 어떠한 것이 부처님을 공양하는 것이라 하나이까?"

"어떤 사람이 법을 잘 받아 그 법을 잘 행하면 그것이 참다운 공양이니라."

그때에 **우파바아나**[梵摩那]라는 비구가 오랫동안 부처님을 가까이 모시고 있었는데 그를 물러가라고 하신다.

아난다는 이상히 생각하고 여쭈었다.

"아난다야 지금 이곳 **쿠시나가라**의 사라나무 숲 둘레에는 많은 신(神)들이 빈틈없이 모여서 부처님에게 인사를 올리고자 하는데 저 비구는 위력이 있어 접근하기 어렵다고 한다. 그래서 나는 그를 멀리 가 있으라고 한 것이다."

(2) 황폐한 땅 쿠시나가라를 위하여

그때에 아난다는 다시 부처님께 여쭈었다.

"이 보잘 것 없는 작은 성, 거칠고 허물어진 땅에서 열반하지 마시옵소서. 보다 큰 나라들인 **찬파, 라자그라하**(왕사성), **수라바스티**(사위국), **가비라, 바라나** 등에는 백성들이 많고 불법을 잘 받듭니다. 그곳에서는 부처님의 장례도 잘 치르고 사리를 공경하여 공양할 것입니다."

"그런 생각을 하지 마라. 이곳 **쿠시나가라**야말로 지금은 형편없지만 옛날엔 이상적인 큰 도시로 전륜성왕이었던 대선견왕이 입멸한 곳이기에 부처님의 열반 장소로 알맞은 곳이다."

(3) 장례는 재가 신도들이

아난다는 부처님의 장례에 대해서도 부처님께 여쭈었다.
"아난다야 너는 잠자코 너의 할 일이나 생각해라. 모든 재가 신도들이 스스로 원해 알아서 처리할 것이다."
아난다는 세 번이나 여쭈었다.
"장례의 법을 알고자 하거늘 마땅히 전륜성왕과 같이 하라."
그리고 화장을 한 뒤에는 사리를 거두어 네거리에 탑을 세우고 중생을 이익되게 하라는 말씀도 하셨다.
"쿠시나가라의 백성들에게 영광을 주려함이다."
그때에 부처님은 아난다에게 말씀하셨다.
"너는 쿠시나가라성에 들어가 이곳 백성들인 모든 말라유족에게 알려라."

(4) 쿠시나가라 백성들에게 무상설법으로 이롭게 하시다

아난다는 성에 들어가 5백 명이 모여 있는 그들에게 말했다.
"당신들에게 큰 이익이 되는 일을 알리고자 여기 왔습니다. 부처님께서는 오늘 밤중에 반열반에 드실 것입니다. 당신들은 가서 직접 가르침을 얻고 은혜를 받으시오."
"부처님이시여, 어찌 이리 멸도하심이 빠른가. 세상은 어둠에 쌓이고 중생들은 벗어날 길이 없구나!"
그들은 슬피 울었다.
"그치시오. 너무나 슬퍼하지 마시오. 천지 만물은 한번 나서 끝나지 않는 것이 없는 법. 모두 인연이 모여 된 것입니다. 부처님께서는 '모임에는 떠남이 있고 삶에는 반드시 다함이 있다'고 말씀하셨습니다.

곧 말라유 사람들은 가족과 함께 부처님께 달려와 예배드렸다.
"너희들은 오느라 수고했다. 나는 너희들이 목숨을 연장시키고 또 병도 고통도 없게 하리라."
부처님은 그들을 위하여 무상(無常)을 설법하여 이롭게 하시었다.
〈장아함경(長阿含經) 권3. 유행경2〉

4. 마지막까지 제자를 거두시다

(1) 120세의 바라문 수밧다를 받아주시다

이때에 **쿠시나가라**성 안에 한 바라문이 있었다. 그의 나이는 120세요, 이름은 **수밧다**〔須跋〕였다.
부처님께서 오늘 밤 열반하신다는 말을 듣고 때를 놓치지 않으려 그 밤으로 달려왔다. 부처님 계신 곳에 이르러 한번 뵙기를 청했다.
아난다는 그를 보고
"그만 두시오. 부처님께서는 병환 중이시니 번거롭게 마시오."
수밧다는 거듭 간청했다.
"내가 듣건대 부처님께서 이 세상에 한번 나타나시는 것은 피기 어려운 **우담바라**꽃이 피는 것과 같다 합니다. 내 의심을 풀도록 만나게 해주시오."
부처님은 아난다에게 말씀하셨다.
"너는 막지 말고 여기 들어와 의심을 풀게 해라. 나의 마지막 제자를 막지 말아라."
수밧다는 들어와 부처님께 여쭈었다.
"부처님이시여, 지금 세상에는 여섯 무리가 있어 각기 스승으로 다른 법들을 가지고 있는데 그들은 어떠합니까?"
 "그만 두시오. 그것들을 논할 것 없이 나의 깊고도 묘한 법을 설하리니 자세히 듣고 자세히 들어 잘 생각하시오."
 "만일 모든 법 중에 팔성도(八聖道)가 없으면 제 1·2·3·4의 사문과(沙門果)가 없으리라. 그러나 내 법 중에는 이 팔성도가 있어 사문과가 있지만 외도들에게는 그것이 없느니라."
 "내 나이 이십구 세 출가하여 도를 구하다 성불한 지 이제 오십 년, 계와 정과 지혜행으로 사유하노니, 이제 법의 요(要)를 설한 것은 외도에는 없는 사문과이니라."
 "부처님이시여, 부처님 법에 따라 출가하여 계를 받을 수 있겠습니까?"
 "만일 다른 종교의 바라문이 내 법 가운데 수행을 닦고자 하면 4개월은 그 사람의 뜻과 성질을 살펴보아야 한다. 그러나 오직 행에 있을 뿐이다."
 "저는 4개월이 아니라 4년 이후라도 계를 받도록 하겠습니다."
 "오직 그 사람의 행에 있을 뿐이라고 했다."
 수밧다는 그 밤으로 출가하여 구족계를 받았다. 그는 곧 아라한과를 성취했다. 부처님의 최후 제자가 된 것이다. 수밧다는 그날 밤 부처님보다 먼저 열반했다.

(2) 아난다에게도 가르침을

 이때에 아난다는 부처님 뒤에 서서 슬피 울며 탄식하고 있었다.
 "부처님의 열반하심은 왜 이리 빠른가? 나는 부처님의 은혜를 입어 배우기는 했으나 아직 공부를 이루지는 못했는데 그만 열반하시고 마는구나?"
 "아난다야 그만 그쳐라. 네가 나를 섬긴 것은 지금까지 몸의 행과 말의 행과 뜻의 행에 자비가 있어 둘도 없고 한량도 없이 내게 공양했다. 그 공덕은 매우 크니라. 너는 열심히 정진하거라. 멀지 않아 도를 이루리라."

아난다는 다시 여쭈었다.

"부처님이시여, 지금까지는 사방에 있는 사문 장로로 학덕이 높고 덕망있는 분들이 부처님께 예경하러 왔습니다. 부처님께서 열반하신 뒤에는 우러러 볼 데가 없으니 어찌하면 좋겠습니까."

"너는 걱정하지 말아라. 모든 사람들이 생각하고 기억하는 것이 넷이 있다. 하나는 부처님 나신 곳이요, 둘은 부처님이 도를 얻은 곳이요, 셋은 부처님이 처음으로 법륜을 굴린 곳이요, 넷은 부처님이 열반하신 곳이다. 이 네 곳을 생각하고 환희심으로 보고자 하는 생각을 잊어버리지 않고 연모하는 마음을 낼 것이니라."〈장아함경(長阿含經) 권3. 유행경 2〉

5. 부처님의 유교(遺敎)

설한 경(經)과 계(戒)를 의지하라

아난다야, 너는 부처님이 멸도하신 후에 돌보아 줄 이가 없고 가질 바를 잃는다고 하지 말라. 내가 지금까지 설한 경과 계가 너희를 보호할 것이요, 이것이 너희들이 가질 바이니라.

출가 경순(敬順)의 법

오늘부터 비로소 모든 비구들에게 허락한다. 작고 작은 계(戒)는 버릴지라도 상하가 서로 호응하여 마땅히 예도에 따를지니 이것이 곧 출가 경순(敬順)의 법이니라.

바라제목차를 스승으로 하라

비구들이여, 내가 멸도한 후에 마땅히 바라제목차(別解脫戒)를 존중하고 공경하되, 암흑에서 광명을 만나고 가난한 사람이 보배를 만난 것 같이 하라. 마땅히 이것이 너희들의 큰 스승인 줄 알라. 내가 이 세상에 머문다 할지라도 이와 다름이 없으리라.

5근을 제어하면 이루지 못할 일이 없다

비구들아, 이미 계에 머물렀거든 마땅히 5근(根)을 제어하고, 방일하여 5욕에 들어가게 말라.… 이 5근을 한 곳에 제어하면 이루지 못할 일이 없으리라. 마땅히 정진하여 너의 마음을 항복받아라.

음식은 약을 먹는 것 같이 생각하라

비구들아 모든 음식을 받거든 약을 먹는 것과 같이 생각하라. 좋은 것이나 나쁜 것에 마음을 내지 말라. 겨우 몸을 유지하고 기갈을 제하라.

낮에는 선법, 밤에는 송경하라

비구들아, 낮에는 부지런히 선법(善法)을 닦아 때를 잃지 말고 밤에는 송경으로써 보내라… 참괴가 있는 사람은 곧 선법이며, 참괴가 없는 자는 곧 금수와 다를 바가 없느니라.

성내지 말라

비구들아, 사람이 와서 사지를 갈갈이 찢을지라도 마땅히 스스로 마음을 거두어 성내지 말고 악한 말을 하지 말라.

자기를 낮춰라

비구들아, 너희는 스스로 머리를 숙여라. 해탈을 위해 자기를 낮춰라."

아첨하지 말라

아첨하는 마음은 도와는 어긋나는 것이니 마음을 순박하고 정직하게 가져야 한다.

욕심을 버려라

비구들아, 욕심이 많은 사람은 이익을 구함이 많기 때문에 번뇌도 많지만 욕심이 적은 사람은 구함이 없어 근심 걱정은 없다.

무리를 짓지 말라

여러 비구들아, 무리를 좋아하면 무리로부터 괴로움을 받는다.

부지런하라

부지런히 정진한다면 어려운 일이 없을 것이다. 낙숫물이 떨어져 돌을 뚫는 것처럼.

지혜가 있으라

지혜가 있으면 탐착이 없어질 것이니 항상 자세히 살피어 그것을 잃지 않도록 하라.

방일함을 멀리 하라

한결같은 마음으로 방일함을 원수와 도둑을 멀리하듯 하라. 부처님의 가르침은 모두 지극한 것이니 너희들은 부지런히 그렇게 행해야 한다."

길잡이의 허물이 아니다

나는 의사와 같아 병을 알아서 약을 일러주는 것이니 먹고 안 먹는 것은 의사의 허물이 아니다. 나는 길잡이와 같아 좋은 길로 사람을 인도하는 것이니 듣고서 가지 않더라도 그것은 길잡이의 허물이 아니니라.

슬픈 마음 품지 말라

너희들 비구야 슬픈 마음을 품지 말라. 지금부터 나의 제자는 이것을 행하면 여래의 법신은 항상 머물러 멸하지 않으리라.

방일하지 말라

그러므로 비구들이여 방일하지 말라. 나는 방일하지 않으므로써 정각(正覺)을 이루었다. 한량없는 온갖 선함도 또한 방일하지 않으므로 되는 것이다. 일체 만물은 영원히 존재하는 것은 없다. 이것이 부처님의 최후의 가르침이다. 〈장아함경(長阿含經) 권3, 유행경2. 불설반열반약설교계경(佛說般涅槃略說教誡經)〉

부처님의 마지막 가르침은 계속 이어졌다.

6. 부처님의 대열반

(1) 선정에 들어, 반열반하시다

이에 부처님은 곧 초선정(初禪定)으로부터 차례차례 제4선으로 들어가고 다시 공처정(空處定)·식처정(識處定)·불용정(不用定)·유상무상정(有想無想定)에 들어가고 유상무상정에서 일어나 멸상정(滅想定)에 들어가셨다.

이때에 아난다는 아나율에게 물었다.

"부처님은 이미 반열반하셨는가?"

"아직 아니다. 부처님은 멸상정에 계신다. 나는 옛날 부처님께 들었다. 4선에서 일어나 반열반하신다고"

때에 부처님은 멸상정에서 일어나 다시 유상무상정으로 들어가고 내지 초선정으로 갔다가 다시 제4선에 들어갔다가 제4선에서 일어나 곧 반열반하셨다.

그때에 땅이 크게 진동하고 광명은 두루 비춰 찬란했다.

허공에선 우발라꽃, 파두마꽃, 구마두꽃, 푼다리꽃이 부처님과 대중 위에 뿌려지고 하늘의 전단향 가루가 한없이 쏟아졌다.

허공 가운데서 범천왕이 게송으로 애도하고 제석천왕, 비사문천왕, 하늘 신들이 애도하며 땅에서는 온 대중이 비통에 젖어 슬픔이 끝나지 않았다.

(2) 장례, 다비(茶毘) 준비

아나율이 아난다에게 말했다.

"그대는 성 안에 들어가서 부처님은 이미 멸도하시었으니 하고자 하는 일이 있거든 이때에 하라고 전하라."

성 안에 있던 백성들은 여러 가지 향나무와 꽃과 기악을 준비하여 부처님 앞에 공양을 올렸다.

하룻만에 옮기려 했으나 움직일 수가 없었다. 이레 동안을 공양하고 겨우 유해를 옮겨 성중에 안치하고 전륜성왕의 장례법에 따라 모든 채비를 끝내고 향나무에 불을 붙이려 했으나 불이 붙질 않았다.

(3) 대가섭이 돌아오니 저절로 다비가 되다

그때에 제자 중에 제일 장로인 **마하카샤파**(대가섭)가 5백 제자를 거느리고 파아파로부터 오던 도중에 한 사람의 외도로부터 부처님의 열반 소식을 들었다. 이미 열반하신 지가 7일째라는 것이었다.

"속히 의발을 갖추고 다비하기 전에 부처님을 뵈옵기로 하자."

대중은 걸음을 빨리하여 모셔놓은 천관사 보관으로 향했다.

마하카샤파(대가섭)가 부처님을 모신 관 앞에 이르러 예배하니 그 관으로부터 부처님의 두 발이 쑥 뻗어 나왔다.

대가섭은 오른쪽으로 세 번 돌고 예배했다. 모든 대중도 하늘도 동시에 예배를 하자 부처님 두 발은 곧 관 속으로 들어가고 관에서는 저절로 불길이 타 올랐다.

(4) 부처님 사리를 여덟 나라에 나누어 탑에 모시다

부처님이 **쿠시나가라**에서 열반하셨다는 소식이 퍼지자 일곱 나라에서 각기 부처님 사리(舍利)를 받아 큰 탑을 세우겠다고 요청을 해왔다.

각기 부처님과의 인연을 말하며 사리를 차지하려 했다. 그러나 **쿠시**

나가라의 말리족은 허락하지 않았다.

때에 모든 국왕들은 군신을 모아 의논했다.

"우리들이 평화롭게 요구함에도 응하지 않으면 군사를 일으켜 신명을 아끼지 않고 힘으로써 뺏으리라"

곧 전쟁이라도 일어날 것 같았다.

그때에 **드로나**〔香姓〕라는 한 사문이 사람들에게 말했다.

"여러분, 지금까지 부처님의 가르침을 받아 입으로는 법의 말씀을 외우고 마음에는 자비를 간직하여 항상 일체 중생의 안락을 위한다는 우리로서 어찌, 부처님 사리로 인하여 서로 상해를 입힐 수 있겠습니까? 부처님 사리는 널리 이익을 입혀야 할 것이니 사리를 똑같이 나누는 것이 좋겠습니다."

이 말에 모두 좋다 하여 그에게 사리를 나누도록 했다.

마가다국 바이샬리, **가비라**, **알라카파**, **베다이파**, **파아파**, **쿠시나가라**에게 각기 한 섬 정도 만큼씩 나누어 주었다. 사리를 나누던 병은 그 바라문이 갖기로 하고 **필발촌** 사람들은 땅에 타다 남은 숯을 얻어다 탑을 쌓고 공양하겠다 하여 모두 허락했다.

각 나라에 사리탑이 세워지니 여덟 사리탑이요 제9는 병탑, 제10은 숯탑이요, 제11은 생전에 얻어 모셨던 수발탑(鬚髮塔)으로 열 한 개의 탑이 이루어져 온 중생의 공양을 받게 되었다. 〈장아함경(長阿含經) 권4, 유행경〉

부처님께서는 육신의 무상함을 보이시고 입멸하셨어도 불생불멸하는 법신(法身)이 상주(常住)함을 깨우쳐 주시는 대열반의 성취를 보이신 것이다.

우리 나라에서는 음력 2월 보름날이 부처님의 열반일로 길이 그 뜻을 받들어 오고 있다.

제3편
부처님의 가르침

제1장 불교(佛敎)란 무엇인가?

1. 불교란 말의 뜻

(1) 그 뜻이 심오하고 차원이 높아

불교란 무엇인가?
 불교가 무엇인지를 알고자 하는 모든 사람들의 공통적이고 가장 기본적인 이 질문에 무엇이라고 답하고 설명해야 할 것인가?
 불교를 전문적으로 공부하고 가르치는 입장에서나, 불교를 믿고 수행하며 생활하는 불교 신도들이나, 이러한 질문에 한마디로 쉽게 대답하기가 어려운 것이 불교다.
 옛부터 훌륭하신 조사 스님들이나 큰스님들께서 여러 가지로 표현을 하여 왔으나 그 뜻이 심오하고 차원이 높아 알기 어렵고 또, 한마디로 불교를 알려주는 뜻이라고 하기에는 얼른 이해가 안되는 점들이 많았다.

여기서는 가장 쉽게 알 수 있고, 대답할 수 있는 방법으로 차근차근히 알아보기로 한다.

(2) 깨달으신 부처님을 교주로 받들고 믿는 종교

불교(佛敎)란, 말의 뜻 그대로 '부처님의 가르침(佛陀之敎)'이다. 나아가 '부처님의 가르침에 의해 성립된 종교'다.

따라서 '부처님을 교주로 높이 받들고 믿는 종교'라 할 것이다.

부처님이란 인도말인 붇다(Buddha)를 소리대로 옮겨서 부처라 하고 존칭인 님자를 붙인 말이다. 중국에서는 이를 음역하여 불타(佛陀)라 하고 약하여 불(佛)이라 한다.

부처님의 뜻은 '깨달음(覺)'이요, '깨친 사람' '눈 뜬 사람' '깨달으신 분(覺者)'이란 뜻이다.

그러므로 불교는 '깨달음의 가르침'이요, '깨달으신 분의 가르침'이라 할 것이다.

여기서 우리가 주의할 것은 불교란 말에 깨달으신 분의 가르침이란 뜻과 함께 깨달음의 가르침이란 뜻이 있다는 것이다.

깨달음의 가르침이란 깨달으신 분의 가르침은 깨달음을 얻도록 하는 가르침이란 것이다.

(3) 모든 사람이 깨달음을 얻도록 가르치는 종교

부처님께서 이미 깨닫고 나서, 깨닫지 못한 사람들에게도 그 깨달음을 보여주고 알려주어서 모두 깨달음을 얻도록 가르침을 펴신 것이다.(自覺覺他)

이러한 뜻을 합하여 우리는 불교를 '깨달으신 부처님께서 모든 사람이 깨달음을 얻도록 가르치는 종교'라 할 것이다.

곧 부처님의 가르침은 모든 중생이 당신과 똑같이 부처가 되라는 가르침이다. 부처가 되는 성불(成佛)에 궁극적인 목표를 두고 있는 종교라 할 것이다.

그러면 불교는 깨달음을 주로 하고 깨달음을 목표로 한다면 그 깨달음의 내용은 무엇인가?

2. 깨달음의 종교

(1) 무상정등정각(無上正等正覺)

부처님께서는 깨달음을 얻으신 분이다. 그러면 어떠한 깨달음을 얻으셨는가?

부처님은 '아누다라삼먁삼보리(Anuttarasamyaksambodhi)를 증득(證得)하셨다' 한다. 이 뜻은 무상정등정각(無上正等正覺)이라 번역하니 '더 이상 위없이 높고 바르고 원만하고 완전한 깨달음'을 얻으셨다는 말이다.

부처님께서 깨친 깨달음은 조그마한 깨달음이 아니다. 흔히 우리들이 살아가는 동안에 느끼고 깨쳐가는 그러한 지혜들이 아니다. 우주와 인간의 근본 진리를 하나도 부족됨이 없이 완전히 깨달으신 것이다.

(2) 우주와 인간의 모든 근본 진리를 완전히 깨친 깨달음

부처님께서 깨달으신 것은 '우주와 인간의 근본 진리를 완전히 깨친 깨달음'이요, 그러한 완전한 깨달음을 모든 중생들이 다 함께 얻을 수 있도록 그 길을 가르쳐 주고 그 길에 들어서서 깨닫게 하여 주는 것이 불교라 할 것이다.

  그러면 부처님이 깨달으신 '완전한 깨달음' '우주와 인간의 근본 진리'는 무엇인가? 우리는 그 내용을 알게 되어, 깨닫게 되면 곧 석가모니와 같이 부처를 이루게 된다고 한다. 부처가 되는 길, 부처가 가르쳐 준 길을 처음부터 차례차례 알아보고 그 길에 들어서 함께 가 보려는 것이다.

3. 불교에서 믿고 의지하는 것
― 삼귀의(三歸依) ―

(1) 부처님을 믿고 의지

  불교가 깨달음의 종교라면 불교에서는 무엇을 믿고 의지하는가?
  첫째는 부처님을 믿고 의지하지 않으면 안된다.
  불교는 곧 부처님의 가르침이요, 부처님은 깨달으신 분이기 때문에 깨달음에 들어서기 위해서는 완전히 깨달으신 부처님을 믿고 의지하지 않으면 불교란 있을 수 없는 것이다. 그래서 "거룩하신 부처님께 지심으로 귀의(歸依)합니다(南無佛·歸依佛)." "거룩하신 부처님께 목숨 바쳐 돌아가 의지하나이다(至心歸命禮)" 하고 귀의를 한다.

(2) 부처님의 가르침을 믿고 의지

  둘째는 부처님의 가르침을 믿고 의지한다.
  부처님의 가르침은 우주와 인간의 근본 진리를 깨친 깨달음의 가르침이요, 부처가 되는 가르침이기에 그 가르침을 굳게 믿고 의지하지 않으면 안된다.

항구 불변하는 진리, 근본 법(法)에 의하여 인생의 근원을 밝히고 참된 삶을 지닐 수 있기에, 위대한 성인 부처님의 가르침을 믿고 의지하며 그 가르침대로 행하는 것이다. 그러기에 "거룩하신 가르침에 귀의합니다(南無法 歸依法)" "목숨 바쳐 부처님 법에 돌아가 의지하나이다" 하고 귀의를 한다.

(3) 스님들을 믿고 의지

셋째는 부처님의 제자인 스님들을 믿고 의지한다.

스님들은 부처님을 믿고 부처님의 가르침에 따라 행하고 불법(佛法)을 널리 전하여, 수없는 중생들에게 깨우침을 주는 분들이다. 부처님의 제자인 스님들에 의하여 위대한 성인, 부처님을 알게 되고 믿게 되며 또한 깊고도 높은 부처님의 가르침을 알게 되는 것이니 "거룩하신 스님들께 귀의합니다(南無僧 歸依僧)" "거룩하신 스님들께 몸과 마음을 다하여 돌아가 의지합니다" 하는 것이다.

이와 같이 거룩하신 부처님(佛)과 가르침(法)과 스님(僧)들께 돌아가 의지하는 것이(삼귀의 三歸依) 불교다.

불교에서는 이 세 가지가 이 세상에 더 없는 귀중한 보배가 된다 하여 삼보(三寶-佛寶·法寶·僧寶)라 하며 삼보를 믿고 의지하는 것이다.

4. 불교의 기본 입장
― 본질(本質) ―

(1) 깨달음의 종교

이제 우리는 불교란 무엇인가? 라는 질문에 불교는 부처님의 가르침이요, 부처님의 가르침은 곧 깨달은 분의 가르침이며 깨닫게 하는 가르침이기에 불교는 '깨달음의 종교'라 하고 깨달으신 부처님과 그 가르침인 진리와 가르침대로 믿고 실천하는 '불·법·승 삼보에 귀의하는 종교'라는 것을 알았다.

이러한 불교가 이 세상에 있는 수많은 사상과 주의와 종교, 철학들과는 어떻게 다르며 또한 불교의 기본 입장, 그 본질은 무엇인가?

부처님은 그 당시에 있었던 사상이나 주의, 종교 등이 62가지나 된다(六十二種見)고 했다. 현대에 난립되어 있는 수없는 사상과 종교의 현황과 비슷했던 것 같다.

(2) 세상의 견해 삼종외도설(三種外道說)

이러한 62종이나 되는 견해들을 다시 종합하여 구분하면 크게 세 가지로 나눌 수 있다. 이를 삼종외도설(三種外道說)이라 하는데 세상에 있는 모든 견해들이 여기에 포섭된다고 본다.

① 첫째는 신(神)의 창조론(創造論)이다.

우주의 창조는 물론, 그 안에 일어나는 모든 현상은 절대자인 신(神)에게 달려 있다고 보는 견해다.

② 둘째로 운명론(運命論), 숙명론(宿命論)의 견해다.

우주 만유의 모든 것은 이제 과거에 지은 바, 결정되어진 것으로 기계적으로 나타날 뿐이라는 것이다.

③ 셋째로 우연론(偶緣論), 유물론(唯物論)의 견해다.

이는 이 세상 모든 현상은 아무런 원인이 없이 발생하는 것으로 오직 물질들의 모임으로 존재할 뿐이라는 것이다.

이러한 분류는 현대에서도 통용될 수 있는 분류로 보아진다.

모든 사상과 주의(主義)와 철학 종교들이 이 범주 안에 포함될 수 있기 때문이다.

(3) 삼종외도설은 진리가 아니다.

　부처님은 이와 같이 세 가지로 분류하고 여기에 대하여 각기 예리하게 검토하고 비판하신다.
　"만일 모든 것이 신의 뜻에 따라서 일어난다고 하면 우리들이 나쁜 악행을 하는 것도 신의 뜻이라고 해야 할 것이다. 그리고 이것은 해야 한다, 이것은 해서는 안된다는 의욕도 일어나지 않을 것이며 또, 노력이라는 것도 있을 수가 없을 것이다." 〈中阿含 卷3度經〉
　또 모든 것이 과거에 지은 바, 결정된 대로 일어난다고 하는 운명론이나, 아무런 원인이 없이 일어난다고 하는 우연론의 견해도 마찬가지로 우리들이 악행을 하는 것도 그와 같고, 의욕이나 노력도 일어나지 않을 것이다.
　이러한 이 세상의 견해들은 모두 인간의 죄악이나 노력 등 현실적인 사실을 설명하지 못하기 때문에 진리라고 할 수가 없게 된다.
　최고 절대인 신(神)의 뜻에 의해 현상계가 전개되고 지속되며 환멸되는 것이라면 인간의 모든 문제는 피조물로서 오직 신의 뜻에 따라 지배될 뿐, 인간의 자유 의지라는 것은 전혀 있을 수 없는 것이다.
　또 이미 지어진 바, 결정된 운명에 의해 이루어진 현실이므로 불가피한 것이라든가, 우연한 것이라는 사상에도 마찬가지로 모두 인간의 자유 의지라는 것이 없는 것이다.
　그렇다면 인간은 무엇인가? 신의 뜻에 따라 움직이고 살아가는 한갓 꼭두각시인가? 운명의 노예인가? 우연히 살아가는 허망한 것인가? 분명히 그렇지 않은 것이 현실이고 사실인 것이다.

(4) 불교의 기본 입장

① 첫째, 불교는 인간 존중이다.

이 세상의 모든 것은 인간의 자유 의지에 의해서 일어나는 것(一切唯心造)이요, 그 결과를 가져오는 것으로 보는 것이다. 그래서 부처님의 제 1성이라고 하는 것이 '하늘 위에서나 하늘 아래서나 오직 내가 존귀하다(天上天下唯我獨尊)'라고 표현하기도 한다.

② 둘째, 불교는 진리 중심이다.

불교에서는 진리의 파악이 깨달음의 내용이다. 진리는 누구나 인정할 수 있고 엄연한 사실로 확인되어야 한다. 어떠한 경우에도 틀림이 없는 것이 진리라 할 것이다.

부처님의 가르침에 대하여 '부처님에 의해 가르침은 잘 설해졌다. 현실적으로 증명되는 것이며, 때를 지나지 않고 과보가 있는 것이며 와서 보라고 말할 수 있으며, 능히 열반에 인도하는 것이며, 또 지혜 있는 자가 각기 스스로 알 수 있는 것이다'고 말하여 '독 묻은 화살의 비유'에서도 가장 시급한 문제는 "괴로움과 괴로움의 원인과 괴로움의 소멸과 괴로움을 소멸하는 길이다."고 말씀하신다. 〈中阿含 箭喩經〉

나아가 "알 수 없고 볼 수 없는 것은 설하지 않는다"고 한다.〈如是語經〉

③ 진리는 현실에 대한 실상

진리는 사실이어야 하고 사실은 엄연한 현실로 그 현실에 대한 실상(實相)이 확연히 파악되는 것이어야 한다.

여기서 불교의 기본 입장은 진리 중심이요, 현실적으로 인증되는 사실에 중심을 두고 있다고 할 수 있는 것이다. 이런 기본 입장에 따라 부처님의 가르침은 전개되고 궁극의 목표를 향해 이끌어진다 하겠다.

제2장 이 세상을 어떻게 보나?
― 現實世間의 觀照 ―

1. 인식(認識) 가능한 현실 세계로부터

(1) 수없는 방편 시설(方便施設)

부처님의 가르침은 우리가 인식 가능한 현실 세계로부터 시작된다.
 추상적이거나 신비적이거나 또는 계시적이거나 인식이 불가능한 초월적인 것에서부터 출발하는 것이 아니다. 그것은 현실 세계에서 설명할 수 없는 현상이 조금이라도 나타난다면 궁극적인 진리라고 말할 수가 없기 때문이다.
 현상 세계의 정확한 관찰로부터 시작하여 합리적으로 설명할 수 있는 궁극적인 원리를 깨달으신 부처님이기에 우리에게 가르쳐 주시는 길도 이로부터 시작되는 것이다.
 신(神)이나 우주의 원리와 같은 초월적인 진리에서부터 가르쳐 가는 권위주의적 종교와는 정반대의 방향인, 현실적인 사실과 합리적인 사유(思惟)로써 중생들의 '깨닫는 능력(機)'을 점진적으로 성숙시켜서 결국에는 최상의 깨달음을 얻게 하는 방법으로 가르침을 펴신 것이다.

이러한 것을 방편 시설(方便施設)이라 하는데 방편이란 '접근한다'는 말이고 시설이란 '알아내게 한다'는 뜻이다.

부처님은 중생들의 지적 능력과 근기(根機)의 성숙에 따라 수없는 방편 시설로 법문(法門)을 펴 나가고 있다.

그러나 체계없는 불교로 이해한다면 '장님이 코끼리 만지듯' 하는 오해를 가져올 수 있다. 그것은 법문과 법문 사이에는 미묘하게 중층(重層)적으로 교리 조직이 짜여 있기 때문이다.

(2) 현실 세계에서 중심은 인간

그러면 인식 가능한 현실 세계에서 중심을 이루고 있는 것은 무엇인가. 그것은 우리 인간이다.

인간의 주체가 되는 것은 무엇인가?

인간에게는 의지(意志)가 있어 인간의 주체로서 존재하는 것이다. 이와 같이 살펴나가는 방법으로 부처님께서 점진적으로 깨달아가게 하는 가르침을 알아보기로 하자.

① 여섯 가지 근본(육근 · 六根)

먼저 우리 인간을 가장 소박하게 살펴볼 때에 우리에게는 각기 움직이고 작용하는데 따른 여섯 인식 기관이 근본을 이루고 있다.

이는 보고 듣고 냄새 맡고 알며 감촉을 느끼는 눈, 귀, 코, 입, 몸의 다섯 감각 기관과 생각하고 분별하는 뜻이다.

이와 같이 우리를 이루고 있는 근본인 눈(안 眼) · 귀(이 耳) · 코(비 鼻) · 혀(설 舌) · 몸(신 身) · 뜻(의 意)의 여섯 가지를 6근(六根)이라 한다.

② 일체는 12처에 들어감(일체십이처입 一切十二處入)

우리 인간이 여섯 가지 근본으로 이루어져 있다고 하나, 인간 이외에 존재하는 세상의 모든 것을 어떻게 보아야 할 것인가?

이에 대하여 부처님은 "일체(一切)는 12처(十二處)에 포섭되는 것이니 곧, 눈과 색(色), 귀와 소리, 코와 냄새, 혀와 맛, 몸과 촉감, 의지와 법이다. 만일 이 12처를 떠나 다른 일체를 시설(施設)하고자 한다면 그것은 다만 언설일뿐, 물어보아야 모르고 의혹만 더할 것이다. 왜 그러냐하면 그것은 경계(竟界)가 아니기 때문이다" 하신다. 〈雜阿含 卷13〉

일체(一切)란 모든 것의 뜻으로 우리가 살고 있는 우주 전체를 가리킨다. 이 우주의 삼라 만상이 모두 열두 가지에 포섭되어 그 속에 들어간다는 뜻으로 처(處)라 부르고 12처입(十二處入)이라 하는 것이다.

(3) 현실 세계의 모든 것은 12처(處)

이 열두 가지란 우선 우리를 이루고 있는 여섯 가지 근본(六根)인 인식 기관에 대하여 눈에는 보이는 물질[色]이 있고, 귀에는 들리는 소리가 있으며, 코에는 냄새, 혀에 맛, 몸에 촉감 그리고 의지에는 법이라는 여섯 가지 인식 대상이 있다는 것이다. 이를 6경(六境)이라고도 한다. 6근과 합하여 12처(處)라 한다.

6경(六境) — 색(色 물질)·성(聲 소리)·향(香 냄새)·미(味 맛)·촉(觸 감촉)·법(法)

인식의 주체가 되고 있는 여섯 근본(六根)은 그대로 인간 존재를 나타내고 인식의 객체가 되는 여섯 대상(六境)은 자연 환경에 해당되어 이 세상의 모든 것을 포섭하고 있는 것이다.

(4) 법(法)과 의지(意志)

여기에서 중요한 것은 주체적 인간의 특질은 의지(意志)로 보고 객체적 대상의 특질을 법(法)으로 파악하고 있는 것이다.

법(法)이란 법률이란 뜻 외에도 자연 법칙, 필연(必然)적인 것, 의지가 없는 것, 자연물 등의 뜻을 포함하고 있다. 인간의 인식 대상을 통틀어 법이라고 보는 것이다.

의지라는 것은 자기 마음대로 할 수 있는 자유와 능동적인 힘이 있는 것을 의미하며 법(法)은 어떤 원인이 있으면 반드시 그에 따른 결과를 나타내는 '필연적인 것'을 의미한다. 이와 같은 의지와 법으로 인간과 자연의 특질을 표현하는 것은 우리 불교가 인간을 중심으로 하는 세계관을 제시하고 있다는 것을 보여주는 것이라 할 것이다.

이와 같이 불교에서는 우리가 인식할 수 있는 가장 가까운 현실 세계만을 확실한 것으로 보며 또한 인간 중심의 세계관으로 궁극적인 진리를 천명해 나가는 것이다.

그러면 '일체가 12처에 들어간다' 하는데 나아가 인식 기관과 인식 대상 사이에서 발생하는 인식 작용과 그 원리는 무엇일까?

2. 모든 존재의 분석적 고찰
― 오온(五蘊) ―

(1) 육식(六識)의 발생과 18계(界)의 성립

① 육식의 발생

12처 설에서 6근이 의지적 작용을 가했을 때 그 대상(6경)은 반드시 반응을 보이는데, 그때에 달라지는 대상을 인식하는 식(識)이 발생하게 된다.

눈은 물질에 따라 분별하고 알아내는 작용인 안식(眼識)이 일어나고, 귀는 소리에 따라, 코는 냄새에 따라, 혀는 맛에 따라, 몸은 촉감에 따라 그리고 의지는 법(法)에 따라, 의식(意識)의 작용이 일어나게 되는 것이다.(眼因緣色하여 眼識이 生하고~意識이 生한다)

② 18계 성립

이로써 6근에는 각기 식(識)이 발생하여 6식(六識)이 이루어져서 12처와 함께 18계(界)가 성립이 된다.

계(界)란 한 층, 두 층하는 층(層)의 뜻이 있으며 어떤 구성 요소를 뜻하고 경계(境界)를 표시하는 말이다.

6根	안(眼)	이(耳)	비(鼻)	설(舌)	신(身)	의(意)
6識	안 식	이 식	비 식	설 식	신 식	의 식
6境	색(色)	성(聲)	향(香)	미(味)	촉(囑)	법(法)

이로써 안계(眼界)부터 의식계(意識界)까지 18계가 된다.

(2) 모든 물질의 요소 – 사대(四大)

우리는 지금까지 일체를 분석적으로 살펴본 바, 12처나 18계에 모두가 포함되는 것을 알았다. 그러나 이 12처와 18계를 조금 더 살펴보면 물질적인 것과 정신적인 것으로 되어 있는 것을 알 수 있다.

① 오근(五根)과 오경(五境)은 물질적인 것

12처 18계 중에서 눈〔眼〕·귀〔耳〕·코〔鼻〕·혀〔舌〕·몸〔身〕의 오근(五根)과 색(色)·소리〔聲〕·냄새〔香〕·맛〔味〕·촉감〔觸〕의 오경(五

境)은 모두 물질적인 것이요, 이 물질적인 것은 다시 네 가지 요소로 분석된다.

② 모든 물질의 요소는 네 가지

네 가지 요소(四大)란 땅[地 prthivi]과 물[水 ap]·불[火 tejas]·바람[風 vāyu]으로 모든 물질의 기본적인 요소가 되는 것이다.

부처님은 자연과 인간을 구성하는 기본적인 물질적 요소로 지·수·화·풍의 사대 요소(四大要素)설을 인정하고 받아들여 일체를 파악하는데 응용하고 있다.

지(地)의 요소란, 우리 인간의 머리털·손톱·발톱·이·뼈 등과 자연계의 흙·돌·나무 등 딱딱한 성질을 가지고 있으며,

수(水)는 물의 성질,

불(火)은 따뜻한 성질,

풍(風)은 움직이는 성질 등이 있다.

나아가 머리털이나 뼈 등에도 지(地)의 성질 뿐만 아니라 수·화·풍의 성질도 함께 있어 모든 것은 네 가지가 서로 화합되어 이루어졌다(四大所造)고 하는 것이다.

이러한 물질적인 요소에 대한 분석은 깊이 들어가 여러 종류의 극미(極微-paramānu)가 있어 물질을 이루고 있다는 내용도 있어서 현대 과학에서의 극한 미소립자(極限微小粒子)의 연구 등을 보며 검토해 볼 일이나 여기서는 생략하기로 한다.

(3) 모든 것은 다섯 가지 쌓임-오온(五蘊)으로 이루어졌다.

① 물질적 형체인 색(色)

물질적인 요소들이 사대 요소로 분석되고 또, 그 사대가 화합하여 물질적 형체인 색(色 rūpa)으로 종합된다. 〈雜阿含 卷13〉

그러나 물질적인 것만이 모든 존재의 바탕을 이루는 전부라고 볼 수

는 없는 것이다. 물질에는 생각하고 움직일 능력이 없는 것이 아닌가?
② 물질과 생명에 대한 여러 가지 설-범신론, 유물론, 이원론
이 문제에 대해 여러 가지 설이 있다.

모든 물질 속에는 생명이 들어 있다는 범신론(汎神論)의 입장도 있고, 인간의 생명은 물질의 분산과 함께 단절되어 버리기 때문에 일종의 물질적 화합 현상에 불과하다는 유물론(唯物論)의 입장, 생명과 물질적 요소를 따로 보는 이원론(二元論) 입장 등 가지각색이다.

현대에서도 인간의 생명·정신이라는 것은 물질의 화합에서 발생하는 물리 화학적 현상에 불과한 것이라고 자연 과학에서는 생각하고 있다.

그러나 그렇지 않고 정신이란 것이 따로이 존재하는 것 아니냐? 하는 연구도 계속되고 있다.

부처님은 모든 것이 물질적인 요소로만 이루어졌다고 보지 않고 더 나아가 사유를 깊이 하도록 한다.

③ 오온(五蘊)

물질의 요소를 종합하여 색온(色蘊)이라 하고 인식 작용을 세분하여 느끼고(受), 생각하고(想), 작용하고(行), 식별하는(識), 정신적인 것이 함께 하여 구성된 것이라고 일체에 관한 것을 종합 재구성했다.

색온(色蘊-rūpa)은 육체 등 모든 물질을 말한다. 여러 가지 요소(四大要素)들이 화합하여 이루어진 물질의 형체다.

수온(受蘊-Veaanā)은 느낌이다. 고락(苦樂) 등의 감수(感受)작용으로 3수(受)·6수(受) 등이 있다.

상온(想蘊-Samjñā)은 결합하여 아는 작용이란 뜻으로 취상(取像)작용이라 하며 개념이나 표상을 말한다.

행온(行蘊-Sāmzkara)은 결합하는 작용으로 모든 현상을 뜻한다.

식온(識蘊-Vijinānb)은 다르게 아는 것, 곧 분별, 판단, 인식하는 작용, 식별하는 것이라 할 것이다.

이와 같은 다섯 가지를 오온(五蘊)이라 한다.

오온이란 다섯 가지 모임 쌓임, 근간, 기간, 종류, 분단 등의 뜻을 가지고 있다.

이와 같이 이 세상의 모든 것, 일체를 종합하고 재구성하니 오온으로 이루어졌다고 보는 것이다.

오온은 오음(五陰) · 오수음(五受陰) · 오취온(五取蘊)이라고도 말하는데 오취온이란 특히 인간 존재를 한정적으로 말할 때 사용한다.

오온에 욕탐(欲貪)이 있는 것을 오취온이라 한다. 〈雜阿含經 卷1〉

④ 반야심경에서도 오온으로

불교의 이러한 오온설(오취온)은 물질을 바탕으로 하면서도 정신 세계가 독자적으로 있음을 분명히 하고 물질보다는 정신 쪽에 중점을 두면서 육체와 정신의 관계를 잘 살펴, 현실 세계의 현상을 정확히 파악한 것이라 할 것이다.

이에 불교에서 가장 간단하게 심오한 뜻을 내포하고 있다는 반야심경의 첫부분이 오온으로써 시작되고, 다음 자세히 풀어서 12처와 18계의 내용을 설명하고 있다.

반야심경의 처음을 보면 "관자재 보살 행심반야바라밀다시 조견오온(觀自在菩薩行深般若波羅密多時 照見五蘊)"이란 말씀이 있다.

이는 "관자재 보살(관세음 보살)이 반야(지혜)로써 사바고해를 떠나 피안에 이르고자(바라밀) 깊이 행할 때에 이 세상을 관조하여 살펴 보니 이 세상 모두는 다섯 가지 쌓임(오온)으로 이루어졌더라." 하시는 말씀이다.

우리 인간을 중심으로 이 세상 모든 것이 오온으로 이루어졌다면, 또한 이 오온의 근본은 무엇이며, 그 속성(屬性)은 무엇인가?

3. 현실 세계의 속성(屬性)과 실상(實相)
— 세 가지 진리 삼법인(三法印) —

지금까지 우리는 인간을 중심으로 일체의 현실 세계가 어떻게 구성이 되어 있는가를 분석적으로 살펴보는 내용을 알았다.

일체의 현실 세계가 12처와 18계, 그리고 다시 오온(五蘊)으로 이루어졌다는 것이다. 그러면 이러한 일체의 속성(屬性)은 무엇이며 그 실상(實相)은 어떠한 것인가?

(1) 일체는 무상(一切無常)이다

① 사대(四大)가 화합한 색(色)은 무상

인간과 자연 일체의 바탕을 이루고 있는 물질을 색(色-rūpa)이라 하는데 이 색의 요소는 네 가지(四大)로 되어 있다.

사대(四大)는 곧 지(地)·수(水)·화(火)·풍(風)이니 모든 물질의 기본적 요소라는 것이다. 현대 자연 과학의 원소설과 같은 입장이다.

'이 네 가지 요소인 사대와 화합하면 색(色)을 이룬다'는 것이다.

부처님께서는 "사대가 화합한 것이 곧 색(色)이다" "이 색(色)은 무상(無常)한 것이며 수·상·행·식 또한 그와 같다"고 하신다.

〈雜阿含 卷13〉

② 왜 색이 무상인가?

이 세상의 모든 것은 그대로 있는 것이 없다.

거대한 천체로부터 미물에 이르기까지 한번 생겨난 것(生)은 얼마 동안은 그대로 머물러 있으나(住), 다시 제 모습에서 변하고 달라져

(異), 결국에는 없어지고 마는 것(滅)이 생명의 현상이요, 또한 한번 이루어진 것(成)도 잠시 그대로 지니다가(住) 차츰 부서지고 망가져(壞) 결국에는 없어져 버리는 것(空)이다.

우리 인간도 아무리 의술이 발달한다고 하여도 결국에는 죽고 만다.

모든 물질을 이루고 있는 구성 요소인 사대 원소도 다시 분석되고 파괴되고 변하여 항상된 것은 하나도 없다. 그래서 일체는 무상한 것이다.

③ 오온이 무상

오온(五蘊)에서 색온(色蘊)이 무상하고 수·상·행·식의 나머지도 무상한 것이다. 물질 뿐만 아니라 정신 세계인 느낌, 생각, 작용, 식별이 모두 항상됨이 없이 끊임없이 변하는 무상인 것이다.

일체는 무상이라는 것이 현실 세계의 실상인 것이다.

(2) 일체는 괴로움(일체개고 一切皆苦)

① 무상한 것은 괴로움

앞에서 살펴본 바와 같이 일체가 무상한 것이라면 이 무상한 것은 곧 괴로움이다. 〈雜阿含 卷1〉

이 세상의 어떠한 것도 영원하길 바라는 것이 상정인데 그대로 있어 주질 않고 변화하여 무상하기 때문이다.

젊음이 젊음 그대로 있질 않고, 건강과 행복이 그대로 지속되지 않으며, 즐거움이 영원히 머물러주질 않는다. 여기에 불안과 서글픔과 괴로움이 있는 것이다.

② 여덟 가지 괴로움(八苦)

이 세상에 태어나는 괴로움, 늙어가는 괴로움, 병들어 괴로움, 죽는 괴로움 이 네 가지 큰 괴로움(生老病死-四苦) 외에도, 사랑하고 좋아하는 것과 헤어져야 하는 괴로움, 싫어하고 미워하는 것과 만나야 하는 괴로움, 구하는 것을 얻지 못하는 괴로움, 그리고 모든 것의 구성 요소인 오온 자체가 괴로움인 것이다. 〈中阿含 卷7〉

이를 불교에서는 여덟 가지 괴로움(八苦)이라 한다. 한마디로 말하면 오취온(五取蘊)은 괴로움이다.

이 세상을 괴로움으로만 보지 않는 사람도 있다. 괴로움과 즐거움이 반반(半苦半樂)이라고도 한다.

또 '뒷일을 미리부터 괴로워할 것 없이 현재의 즐거움에만 만족하면 되지 않느냐'는 낙천가도 있다. 그러나 현재 즐거움이 있다 하여도 인간 실존의 그 밑바탕은 괴로움이라고 하지 않을 수가 없는 것이다.

③ 일체가 괴로움인 것이 진리

이에 괴로움의 종류를 구별하여 세 가지로 말하기도 한다.

하나는, 괴로움의 괴로움(苦苦)이니 인간의 감각적인 괴로움이요,

둘은, 행의 괴로움(行苦)이니 모든 개체(個體)를 지속하기 위해 노력하는데 따른 괴로움이요,

셋은, 부서짐의 괴로움(壞苦)이니 그러한 노력에도 불구하고 결국에는 무너지고 부서져 버리는 괴로움이다.

부처님께서 바라보는, 이 일체의 현실 세계는 곧바로 모두가 괴로움이다. 일체를 괴로움이라고 보는 것이 곧 진실인 것이다.

우리는 인간의 실존이 괴로움이요, 현실 세계가 괴로움이라는 사실을 그대로 받아들여야 할 것이다. 그리곤 이에 따라 생의 가치를 모색해야 할 것이다.

'일체는 무상한 것이다. 무상한 것은 괴로움이다. 그래서 일체는 괴로움인 것이다.'

그런데 이 괴로운 것이 "나"인가? "나"가 아닌가?

(3) 모든 것은 실체가 없다(제법무아 諸法無我)

① 나(我)의 문제

우리 인간에게는 나(我)의 문제가 가장 중요할 것이다. 나란 무엇인가? 나는 어떻게 살 것인가? 하는 문제들은 내가 살고 있는 한 계속 따라다니게 된다.

'나의 몸이다, 나의 마음이다'라고 말하고 생활하는 나의 실체는 무엇인가? 태어나서 죽을 때까지 나의 심신은 변하여 가지만 그래도 한결같이 변하지 않는 나라는 것이 있는 것 아닌가?

또 남을 내 마음대로 할 수는 없지만, 내가 내 자신을 마음대로는 할 수 있고, 남의 것을 내 마음대로 할 수는 없지만 내 것을 내 마음대로는 할 수 있는 것 아닌가?

이와 같이 항상되고 주재(主宰)적인 나(我)라면, 여기에 변하는 것도 괴로움을 받는 것도 없어야 할 것이다.

그런데 나라고 생각하고 믿고 있는 나는 색·수·상·행·식의 오온으로 되었다면 이것은, 영원한 것도 주재적인 것도 아니다. 오온은 무상한 것이고 오온은 괴로움이기 때문이다.

② 눈·코·혀·몸은 내가 아니다.

부처님은 이렇게 말씀하신다.

"만일 눈(眼)이 나라면 핍박(逼迫)의 괴로움을 받을 까닭이 없고 이리저리 원하는 대로 할 수가 있으리라. 그러나 눈은 내가 아니기 때문에 핍박의 괴로움을 받고 이리저리 원하는 대로 할 수가 없다. 귀나 코·혀·몸 뜻도 또한 그와 같다."

"색(色)은 무상하다. 무상한 것은 괴로움이다. 괴로운 것은 나가 아니요, 나의 것이 아니다." 〈雜阿含經 卷1〉

부처님은 제자들과 대화를 하신다.

"색(色-물질)은 무상한 것이냐? 아니냐?"

"무상합니다."

"무상한 것은 괴로움이냐? 아니냐?"

"무상한 것은 괴로움입니다."

"무상하고 괴로운 것이라면 그에 대해 이것은 나의 것이요, 이것이 나요, 이것은 실체(實體)라고 말할 수 있느냐? 없느냐?"

"말할 수가 없습니다."

"수·상·행·식도 또한 그러하니라." 〈雜阿含經 卷1〉

③ '나'는 일시적인 화합인 것

우리들이 나라고 하는 것들인 눈·귀·코·입·몸·뜻이나 오온은 나라고 할 실체는 없는 것이다. 나의 것이라고 할 수 있는 것이 없는 것이다.

그러나 '현실 세계가 무상한 것도 분명한 사실이요, 살고 있으면서 고락을 받는 자도 분명히 나 자신인데' 하면서 의아심을 풀지 못한다.

경전에서도 이러한 점이 거론된다.

"만일 색(色)이 무상하고 수·상·행·식 오온이 무상하다면 살고 있는 자는 누구이며 고락을 받는 자는 누구란 말인가? 라고 묻고 있다." 〈中阿含 卷1〉

그러나 이 '나'라는 것은 영원 불변한 것이 아니다. 앞에서 살펴보았듯이 이 세상의 모든 물질 세계는 네 가지 요소인 사대(四大)로 구성되었고, 우리 인간은 다섯 가지 쌓임인 오온으로 이루어졌는데 이 사대와 오온은 일시적인 화합에 의해서 이루어진 것에 불과하기 때문이다.

이러한 요소들이 화합되어 존재하다가 서로 흩어져 버리면 '나'는 있다고 할 수가 없는 것이다.

④ 나는 실체가 없는 나

그러나 우리는 무상하여 영원하지 못하고, 내 마음대로 할 수 있는 실체가 없는 나라는 것을 알지 못하고 나라는데 집착하여 내 마음대로 안된다고 괴로워하고, 나의 것이라고 나의 소유라고 탐착하며 다투고, 뺏고, 몸부림을 치는 고통 속에 살아간다.

부처님은 이러한 아집(我執)을 타파하기 위하여 일체는 무아(無我)라 하시는 것이다.

전세를 든 사람이 그 집이 아무리 자기 집이라고 생각하고 있어도 그것은 여전히 주인의 집이요, 자기 집은 실재하지 않는 것과 같은 것이다.

나는 곧 실체없이 생하고(不實而生) 생하여서는 없어지는 것(生而盡滅)인데 무엇을 나라 할 것인가? 〈雜阿含 卷13〉

불교에서는 일체 모든 것에 항상되고(常), 유일하며(一), 절대적인 지배력을 가진(主宰) 실체아(實體我)의 존재도 도저히 있을 수 없다고 나의 실재성(實在性)을 부정한다.

그러나 '나'가 아주 없는 것은 아니다. 이 문제는 다음 장을 공부하고 논해야 할 것이나 우선 간략히 알아본다.

⑤ 나의 실상

"'나'는 없지만 아주 없지는 않다"는 것이 실상(實相)이다.

부처님은 경전에서 말씀하신다.

"세간(世間)의 집(集)을 여실히 정관(正觀)할 때 세간이 없다는 견해가 일어나지 않고, 세간의 멸(滅)을 열심히 정관할 때 세간이 있다는 견해가 일어나지 않는다. 여래는 이 두 끝을 떠나 중도(中道)를 설하나니 그것은 곧 연기(緣起)다." 〈雜阿含 卷10〉

이것은 곧 있다와 없다를 다 부정하여 차별적이고 상대적인 생각을 없이 하는 것이다. '나는 없지만 아주 없는 것은 아니다'는 중도적인 무아이다.

이는 "그러한 '나'는 실(實)로는 없지만 거짓으로 빌려서는(假) 있는 것"이라고 참나〔眞我〕의 발견을 유도하는 것이다.

결국 실재하지 않는 '나'에 집착하여 일으키는 아집(我執)과 아만과 아욕으로 참다운 나를 찾지 못함에 '나'를 부정하는 관찰을 하는 것이다.

참다운 나는 연기되어 이루어진 거짓 나(假我)의 부정을 통해서만 나타난다. 추호라도 나의 긍정이 있으면 나타날 수가 없는 것이다.

⑥ 오온이 본래는 공(空)한 것

'나'가 없다는 무아(無我)는 연기된 나이기 때문이며 이로써 곧 공(空)이고 제법실상(諸法實相)이다.

우리는 색수상행식(육체와 정신 작용들) 오온으로 구성되어진 나를 실체아(實體我)인 것으로 고집하여 이 '나'가 변화하고 받아들이는 느낌 작용에 따라 온갖 괴로움을 갖는다.

그러나 이 오온으로 구성된 '나'가 실체아가 아니요, 인연에 따라 연기되는 가아(假我)이며 오온이 본래는 공(空)한 것인줄 알게 되면 참다운 나를 발견하게 되고 또 온갖 괴로움을 여읠 수 있게 된다.

'나'는 본래 없지만 '나'를 여의는 줄기찬 실천이 있어야 한다.

무명(無明)이 완전히 다하여서 '나'가 없어질 때까지 끊임없는 수행이 있어야 하니 '알기만 하면 이루어지는 것(知卽成)'이 아니기 때문이다.

위에서 살펴본 바와 같이 현실 세간의 실상은 '무상, 괴로움, 무아'인 것이 진실하여 허망하지 않은 진리이기에 삼법인(三法印)이라 한다.

"모든 것은 덧없는 것이요, 괴로움이요, 실체가 없는 것이다. 이렇게 지혜로써 깨달은 사람은 괴로움을 진실로 느끼지 않아, 일마다 그 자취를 깨끗이 한다."

(4) 진리의 판단 기준 법인(法印)에 대하여

일체(一切)의 속성과 실상에 대하여 위에서 세 가지로 본 것을 세 가지 진리라 하여 삼법인(三法印)이라 표현한다.

삼법인(三法印)이란 이 세 가지는 모두 진리로서 진실하고 허망하지 않아 법의 진실 여부를 가리는 판단의 기준이 된다는 뜻으로 법인(法印)이라 한 것이다. 그런데 이 삼법인의 항목에 대해서는 약간의 차이가 있다.

원시 경전에서는 대개 무상(無常)과 고(苦)와 무아(無我)를 들어 삼법인으로 하고 있으나 무상과 고는 같은 입장이라 하여 고(苦)를 빼고 '열반은 고요함(涅槃寂靜)'이라는 항목을 넣어 제행무상(諸行無常)·제법무아(諸法無我)·열반적정(涅槃寂靜)으로 삼법인이라 할 때가 있다.
〈雜阿含 卷10〉

또 나아가 모두를 합하여 사법인(四法印)으로 할 때도 있다.
〈增一阿含 卷18〉

그러나 여기서는 초기 경전에 계속 표현되는 원형의 입장을 선택했다.

이 삼법인·사법인 설에 대해서는 대승불교에 들어와서도 계속 논하여지는 문제이기 때문에 다음 책에서 다시 거론키로 하겠다.

제3장 깨달은 진리
─연기법(緣起法)─

1. 모든 존재의 법칙

　부처님께서는 이 세상의 일체를 관찰하여 비춰보시고(觀照) 더 이상 위없는 완전한 깨달음을 얻으시게 되었다.
　어떠한 깨달음이 부처가 되게 했는가?
　부처님이 깨달은 내용은 무엇인가?
　이 세상의 모든 존재는 생멸 변화하고 이합 집산(離合集散)하여 영원히 변하지 않는 것은 하나도 없어, 일체가 무상(無常)한 것이 현상이라고 보았다.
　그러나 모든 것이 변화 무상하지만 그런 현상이 아무렇게나 멋대로 행해지는 것만은 아니다. 그 속에는 일정한 법칙(法則)이 있어 이 법칙에 따라 그런 현상이 발생하고 있는 것이다. 무상한 가운데 변하지 않는 법칙, 이는 무엇인가? 더 깊이 관찰해 나가는 것이다.

(1) 인과율(因果律)

① 원인에 따른 결과는 필연적

앞의 현실 관찰에서 살펴보았듯이 주체적인 인간의 근본인 육근(六根)과 객체적인 대상, 육경(六境) 사이에서부터 존재하는 법칙을 발견할 수가 있다.

인간이 갖고 있는 여섯 가지 근본은 각기 능동적인 작용의 힘을 갖고 있고 그 대상은 그 힘에 따라 필연적인 반응을 보인다.

인간과 자연물 사이에는 말할 것 없고 인간과 인간 사이에도 반드시 그에 상응하는 반응이 있기 마련이다. 인간의 의지적인 작용에는 필연적인 반응이 따르는 것이 법칙인데 의지적인 작용이 원인(原因)이 되고 그 반응은 결과(結果)가 되는 것이다.

② 만유의 법칙

이 세상에 어떠한 것도 원인 없는 결과가 없으며, 결과에는 반드시 원인이 있기 마련이다. 원인에는 그에 따른 결과가 필연적이라는 것이 존재의 기본 법칙이다. 이것이 곧 엄연한 인과율(因果律)이요, 인과법(因果法)이요, 만유의 법칙이니 부처님은 이를 먼저 관찰하신 것이다.

(2) 인연화합(因緣和合)

① 변화 현상 관찰

이 세상의 모든 것이 원인에 따라 결과를 맺는 것은 분명한 일이다. 그런데 그 결과를 가져올 때까지 변화하는 과정은 어떠한가?

어떠한 현상으로 해서 그 결과가 이루어지게 되는가? 하는 변화의 현상을 관찰할 일이다.

씨앗이 곧바로 열매를 이루지 못하는 것이며, 원인이 있다 하여 곧 결과가 되는 것은 아니다. 하나의 씨앗이 열매를 맺기 위해서는 햇빛과 물과 땅이 있어야 하며, 여기에 거름이 있느냐 없느냐에 따라 그 맺는 열매 또한 달라지게 된다.

다시 말하면 한 씨앗이 성장하여 열매를 맺을 수 있는 여건이 어떠하냐에 따라 그 열매가 달라지는 것이다. 아무리 훌륭한 씨앗이라도 봉지에 넣어 천정에 매달아 놓으면 그곳에서 싹이 터 열매를 맺을 수가 없다. 말라 비틀어지거나 상하게 되어 아무런 작용도 못하고 쓸모가 없게 되어버리고 만다.

우유에서 버터가 나오고 치즈가 만들어진다. 부처님 경전에선 유(乳)가 락(酪)이 되고 락은 수(酥)가 되고 수는 제호(醍醐)가 된다고 비유했다.

이와 같이 우유가 다른 것으로 변하는 데는 여기에 분명히 발효 조건이 갖추어져야 한다. 우유를 냉장고에 넣어두면 치즈나 버터는 결코 만들어지지 않는다.

그러나 발효 조건이 아무리 갖추어졌다 하여도 여기에 우유가 없으면 또한 버터나 치즈는 만들어지지 않는다.

② 근본 원인과 보조 원인의 화합

이 세상 모든 사물의 변화에는 이와 같이 근본 원인이 있는 가운데 또 보조 원인이 있어야 하니, 이 보조 원인을 연(緣)이라 한다.

근본적이고 직접적인 원인을 인(因)이라 하고, 보조적이며 간접적인 원인을 연(緣)이라 하여 두 가지가 화합되지 않으면 어떠한 결과도 가져올 수 없는 것이 이 세상의 법칙이다.

이것이 곧 인연화합(因緣和合)의 법칙이다.

우리 인간이 살아가는 데에는 반드시 적용되는 법칙이 인연화합이니 아무리 사람이 훌륭하고 재주가 있으며 노력한다 하여도, 바깥의 아무리 좋은 조건을 갖추고 있어도 당사자의 사람됨이나 자발적인 노력이 없을 때는 성공을 기대할 수 없는 것이다.

인과법을 더 구체적으로 정확히 말한다면 인연과법(因緣果法)이라 할 것이니 부처님은 이와 같이 관찰하시고 여기서 우주 만유와 인간의 근본 진리를 깨달으시게 된다. 그리고는 선언하신다.
  "나는 이것을 깨달았노라"
  그 깨달음의 진리는 무엇인가?

2. 연기(緣起)의 진리
―상의상관성의 공식―

(1) 존재와 존재 사이

  인과율과 인연화합이 모든 존재의 법칙임을 알게 되었다.
  인간이 외계(外界)에 의지적인 작용을 가하면 바깥 경계는 물리적이나 화학적이나 반드시 반응을 보인다. 이러한 뜻에서 인간의 의지는 세계의 모든 변화를 일으키는 근본 원인임을 알 수 있고 동시에 인간 의지의 절대성과 근본 주체성을 생각해 볼 수가 있을 것이다.
  그러나 세계 속에 던져진 인간이 세계에 영향을 끼쳐 변화시키지만, 동시에 세계의 영향을 다분히 받는다는 것은 분명하다.
  여기에서 존재와 존재 사이에는 어떠한 관계가 있는가? 를 살펴보지 않을 수 없다.
  ① 존재는 상대적으로 말미암아 일어나는(緣起) 것
  존재와 존재 사이에는 서로 의지하고 서로 관계되어 존재한다는 상의 상관성(相依相關性)을 발견하게 된다. 존재는 절대적이 아니고 상대적으로 '말미암아 일어나는' 조건에 의한 발생이다. 이러한 상의 상관성의 기본 공식으로 연기(緣起)의 진리를 부처님은 말씀하신다.

"이것이 있으므로써 저것이 있고(此有故彼有), 이것이 생하므로 저것이 생한다(此生故彼生), 이것이 없으므로 저것이 없고(此無故彼無), 이것이 멸하므로 저것이 멸한다(此滅故彼滅)" 〈雜阿含 卷15〉

② 존재는 서로 의지하고 관계한다.

이것과 저것이 서로 의지하고 서로 관계하여 존재한다는 것이다.

어떠한 것도 홀로 존재할 수 없으며, 서로 관계를 떠나서 있을 수 없는 것이 이 세상 현상의 진리라는 것이다.

인연화합에 의해서 어떠한 결과가 발생하게 되면 그 결과는 다시 그를 발생시킨 원인을 포함하여 다른 모든 존재에 대하여 직접적이거나 간접적으로 영향을 미치게 되는 것이다.

다시 말하면 어떠한 결과가 결과로서만 머무는 것이 아니라 새로운 원인이 되고 연(緣)이 되어 다른 것과 관계하게 된다는 것이다.

앞의 부처님 말씀을 더 부연하여 구체적으로 보면 "이것이 있으므로 저것이 있고(此有故彼有)"는 "저것이 있으므로 이것도 있다"는 말씀이 되고 "이것이 없으므로 저것이 없다(此無故彼無)"는 것은 "저것이나 어떠한 것도 서로 의지하고 관계하지 않으면 존재할 수 없다는 것"으로 연기의 진리인 것이다.

(2) 존재는 결과인 동시에 원인

① 모든 관계가 연기법에 포함

우리는 이 연기의 진리를 가장 알기 쉽고 깨닫기 쉬운 현실에서 살펴보면 연기의 공식에 따라 모든 것을 대비하여 비춰볼 수 있으니 "부모가 있으므로 자식이 있고, 부모가 없으면 자식도 없다" 반대로 "자식이 있으므로 부모가 있고 자식이 없으면 부모도 없다." 부모 자식 사이에나, 나와 가정 사이에나, 개인과 국가 사이, 나와 세계의 관계가 모두 연기법에 포함됨을 알 수 있게 된다.

"가정이 있으므로 내가 있고 내가 있으므로 가정도 있다" "국가가 있으므로 국민이 있고, 국민이 있으므로 국가도 있다" "내가 있으므로 세계가 존재하고 세계가 있으므로 나도 존재하게 된다" 등등 이 세상의 어떠한 것 하나도 연기법에서 떠날 수가 없는 것이다.

② 상의 상관성(相依相關性)

모든 존재는 결과임과 동시에 원인이기도 하다는 상의 상관성. 남을 떠나 홀로 존재할 수 있는 절대적인 자존자(自存者)는 이 세상 어디에도 있을 수 없다는 연기법은, 거대한 천체로부터 미미한 생물에 이르기까지 모든 존재는 서로 원인이 되고 서로 결과가 되면서 우주의 신비롭고 불가사의한 현상이 전개된다는 오묘한 근본 진리를 밝혀주는 법칙이라 할 것이다.

연기의 진리, 상의상관성의 공식이 그러하다면 그 근본 진리에 따라 펼쳐지는 현상계의 구체적인 모습들, 존재의 양상들을 실제적으로 구분하여 설명하는 말씀은 어떠한가?

다음에는 연기법을 자세히 나누어 열두 가지로써 설명하는 십이연기(十二緣起)에 대하여 알아본다.

3. 십이연기(十二緣起)

(1) 생(生)과 사(死)의 현상을 풀어주는 것

우리 인간을 포함하여 모든 현상(現像)의 실상(實相)을 인과(因果), 인연(因緣)에 의해서 상의상관(相依相關)적으로 존재한다는 것을 알았다.

이러한 연기법(緣起法)의 근본적인 법칙이 우리가 현재 존재하며 나타나는 생(生)과 사(死)의 현상을 어떻게 구체적으로 풀어주는가? 하는 답이 십이연기설이다.

이러한 답이 나오게 되기까지에는 먼저 현실 세계의 의문으로부터 해결하려는 방법이 있게 된다.

왜 이 세상의 모든 것은 죽어야 하는가? 그것은 늙고 병들기 때문이다. 늙고 병들고 죽어야 하는 괴로움이 있는 것은 무엇 때문인가? 그것은 태어남(生)이 있기 때문이다.

왜 태어나는가? 태어날 어떤 원인(有)이 있기 때문이다.

그러한 원인은 무엇으로 인하여 생기는가? 애착(愛着)하는 바가 있어서다.……

(2) 역관(逆觀)과 순관(順觀)

이와 같이 계속 그 원인을 캐어 나가 근본 원인을 밝혀 나가는 것이다. 이러한 방법을 거꾸로 관찰한다 하여 역관(逆觀)이라 한다.

그 결과 모든 생사의 근본 원인이 무명(無明)이라는 것을 깨닫고 부처님은 이제 차례차례 관찰하도록(순관 順觀) 가르침을 펴시는 것이다. 그 가르침은 무엇인가.

"맨 처음 무명(無明)이 있게 되면 무명을 연(緣)하여 행(行)이 있게 되고, 행을 연하여 식(識)이 있게 되며, 식을 연하여 명색(名色)이 있게 되고, 명색을 연하여 육입(六入)이 있게 되며, 육입을 연하여 촉(觸)이 있게 되고, 촉을 연하여 수(受)가 있게 되며, 수를 연하여 애(愛)가 있게 되고, 애를 연하여 취(取)가 있게 되며, 취를 연하여 유(有)가 있게 되고, 유를 연하여 생(生)이 있게 되며 생을 연하여 노사우비고뇌(老死憂悲苦惱)의 괴로움이 있게 된다"고 했다. 〈雜阿含 卷15〉

(3) 죽음이 있게 되는 형성 과정

한마디로 무명(無明)으로부터 죽음의 괴로움이 있게 된다는 것이다. 이 세상 모든 것이 죽음이 있게 되는 형성 과정을 열두 단계로 분석했다.

① 무명(無明): 명(明) 아닌 것(非明)이며, 명이 없는 것(無明)이니 실재(實在)가 아닌 것을 자기의 실체로 착각하는 망상이다. 또는 진리에 대한 무지로써, 근본 진리를 밝히지 못한 어리석음의 근본 집착이다.

② 행(行): 무명을 연하여 행이 있게 되는데, 행(行)은 결합하는 작용이란 뜻으로 무명에 의해 집착된 대상을 실재화(實在化)하려는 형성 작용(形成作用)과 같은 것이다. 우리 인간을 이루는 가장 근원적인 행위·업(業)이라 볼 수 있다.

③ 식(識): 행에 의해서 한 개체(個體)가 형성이 되면 여기에 식(識)이 발생한다. 분별하는 인식 작용, 식별이 일어나게 되는 것이다.

④ 명색(名色): 명색이란 물질적인 색(色), 비물질적인 명(名)으로 형색(形色)이 있는 물질과 이름만 띄는 것이 결합된 상태를 명색이라 한다. 분별하는 인식 작용을 연하여 명색이 일어나게 되는 것이다.

⑤ 육입(六入): 육처(六處)라고도 하는데 이는 여섯 개의 감각 기관(눈, 귀, 코, 혀, 몸, 의지)을 말한다. 명색을 연하여 여섯 기관이 발생하게 되는 것이다.

⑥ 촉(觸): 촉은 접촉한다는 뜻으로, 여섯 감각 기관인 6근이 각기 그 대상(六境)과 접촉하고 또 여기에 각기 식(識)의 작용이 일어나는 것(六識)과 화합되어 발생하는 것이 촉이다.

⑦ 수(受): 촉에 연하여 느낌, 감수 작용(感受作用)이 발생하는 것이다. 괴로움, 즐거움, 괴로움도 아니고 즐거움도 아닌 중간 느낌 등,

촉에 따른 느낌이 생기는 것이다.

⑧ 애(愛): 애는 끝없는 갈애(渴愛)를 뜻한다. 느낌이 일어나면 즐거움의 대상을 추구하는 맹목적인 욕심이 발생하는 것이다. 우리 마음을 물들게 하고 집착시키는 대표적인 것이다.

⑨ 취(取): 취는 취득하여 병합하는 작용이다. 애에 의해서 추구된 대상을 완전히 자기 소유화하는 것이다.

⑩ 유(有): 취득하므로써 생사하는 존재 그 자체가 형성된 것, 있게 된 것을 말한다.

⑪ 생(生): 유에 연하여 생이 발생하는데, 유가 형성되었으면 그것에 연하여 생(生)이 있게 되는 것은 필연적이라 할 것이다.

⑫ 노사 우비고뇌(老死憂悲苦惱): 생이 있으므로써 그 뒤엔 반드시 늙어가기 마련이고 결국엔 죽음이 온다. 그리고 우비고뇌가 따르기 마련이다.

(4) 유전문(流轉門)·환멸문(還滅門)

요약하면, 무명이 있으면 그로 말미암아 생사(生死)라는 중생의 괴로움이 있게 되니 생사의 괴로움을 없애려면 무명을 없애야 할 것은 필연적이다.

"무명이 멸하면 행이 멸하고 행이 멸하면 식이 멸하고~내지 노사우비고뇌가 멸하여 커다란 괴로움이 모두 멸하게 되느니라"고 말씀하신다. 〈雜阿含 卷12〉

무명으로부터 생사의 괴로움이 연기하게 되는 과정을 유전문(流轉門)이라 하고 무명이 멸하므로써 결국에 생사의 괴로움이 멸하게 되는 과정을 환멸문(還滅門)이라고 한다.

그러면 연기법의 구체적 설명인 십이연기설이 우리에게 보여주는 뜻은 무엇일까?

4. 십이연기(十二緣起)의 깊은 뜻

(1) 종교적 사색이 도달한 최고 성과

앞에서 우리 중생들이 겪어야 하는 생사의 괴로움이 연기하게 되는 열두 가지 연기에 대하여 구체적인 설명을 들었다.

모든 종교는 인간의 궁극적인 문제인 죽음의 문제, 삶의 가치 등에 관한 문제를 해명해주는 데에 목적이 있다.

인간의 죽음이 어떤 신(神)의 노여움에 의하여 신의 뜻대로 되어지는 것이라든가, 숙명적으로 결정된 것이라든가, 또는 우연히 그렇게 되어지는 것이라면 우리 인간의 존재는 얼마나 허무하고 막막한 절망 속에서만 헤매이게 될까?

인간 스스로의 노력으로는 그것을 어쩔 수가 없는 것인가?

신의 구원으로써만 가능하다고 하겠지만 구원의 확실성을 우리는 또 어떻게 믿을 수가 있을까?

그러나 부처님은 깊고 진지한 수행과 구도(求道) 끝에 마침내 인간의 죽음은 절대적인 것이 아니라, 진리에 대한 자신의 무지(無知)에서 연기한 것임을 발견한 것이다.

세계의 어느 종교가 부처님의 이러한 깨달음보다 더 밝은 전망을 인류에게 비춰주고 있을까? 연기의 깨달음이야말로 인류의 종교적 사색이 도달한 최고의 성과라 할 것이다.

(2) 연기법은 상주(常住)요, 법주(法住)요, 법계(法界)니라

부처님은 말씀하신다.

"연기의 법은 내가 지은 것도 아니요, 다른 사람이 지은 것도 아니다. 여래(如來)가 이 세상에 나오건 안나오건 간에 이 법은 상주(常住)요, 법주(法住)요, 법계(法界)이니라. 여래는 다만 이 법을 자각하여 바른 깨달음을 이루어 중생들에게 설하나니, 이것이 있으므로써 저것이 있고, 이것이 생(生)하므로써 저것이 생한다. 즉, 무명(無明)을 연(緣)하여 행이 있고 내지 하나의 커다란 괴로움의 집(集)이 있게 된다.

이것이 없으므로 저것이 없고, 이것이 멸하므로써 저것이 멸한다. 즉, 무명이 멸하므로 행이 멸하고 내지 하나의 커다란 괴로움의 멸이 있게 된다." 〈雜阿含 卷12〉

생(生)과 사(死)의 근본인 무명으로부터 관찰하는 것을 순관(順觀)이라 하는데, 이것은 깨달음에 입각해서 생사의 발생 과정을 밝혀주는 설명적인 교설이요, 생사 문제의 현실로부터 근본을 관찰해나가는 것을 역관(逆觀)이라 하는데 이는 종교적 사색으로부터 차츰 심화하여 깨달음을 얻는 방향이다.

십이연기를 순과 역으로 관찰해 나가므로써 인생 문제의 근본을 깨닫게 되는 것이다. 석가무니 부처님 뿐만 아니라 과거에 출현했던 모든 부처님이 모두 십이연기의 순관과 역관으로써 깨달음을 이루었다고 설해져 있다.

(3) 모든 법은 연기법에

어느 때 한 여인이 부처님께 여쭈었다.
"생(生)은 어디로 쫓아오는 것이며, 가면 또한 어디로 가고, 노(老), 병(病), 사(死)는 어디로 쫓아 오며, 어디로 가는 것이나이까?"
"착하다 매우 유쾌한 것을 묻는구나. 생은 쫓아오는 곳이 없고 가서도 가는 곳이 없으며, 늙음도 쫓아오는 곳이 없고 가서는 가는 곳이 없으며, 병들고 죽음도 그리하여 가서 이르는 곳이 없나니라. 모든 법은 모두 이와 같으니라. 비유하건대 나무가 서로 비벼서 불을 내면 도리어 그 나무를 태우고 나무가 다 타면 불이 꺼지는 것과 같나니라."

그리고 부처님은 여인에게 물으셨다.

"이 불은 어디로 쫓아왔으며 가서는 어디까지 가는가?"

"인연이 합하면 불이 일어났다가 인연이 흩어지면 불은 곧 꺼지나이다."

"그렇다. 모든 법도 이와 같아서 인연이 합하면 이루어지고 인연이 흩어지면 곧 없어지나니라."

(4) 연기법은 심심(甚深)한 것

부처님의 교설인 십이연기설은 얼핏 보기에 얕은 것 같으나 매우 깊은 뜻을 가지고 있다. 앞에서 관찰했던 오온과 십이처·생사 등의 여러 가지 법이 그 속에 하나로 짜여져 있으며 모든 불교적 개념이 포섭되어 있음을 엿볼 수가 있다.

부처님을 25년 간이나 시봉하고 부처님 법문을 하나도 빠짐없이 들었다는 아난다(阿難)도 연기법에 대하여 의문을 제기한다.

"아난다야, 그런 말 하지 말아라. 십이연기는 매우 심심(甚深)한 것이니 보통 사람이 능히 깨칠 수 있는 법이 아니니라" 〈增 阿含經 卷46〉

십이연기설의 깊은 뜻을 쉽게 이해하지 못하고 깨닫지 못하는 관계로 이후에는 여러 가지로 설명을 보충하고 체계화하여 연기의 깊은 뜻을 파헤치려는 노력이 계속 되었다.

(5) 연기론, 실상론

현실 세계의 현상은 어떤 것인가? 어떻게 하여 성립된 것인가? 하는 생성 문제를 중심으로 각종 연기론(緣記論)이 등장하고, 우주 만유의 그 근본 실체는 무엇인가? 하는 실체, 본체를 중심으로 하는 실상론(實相論)이 등장한다.

연기론에는 업감연기론(業感緣記論)·진여연기론(眞如緣記論)·법계연기론(法界緣起論)·육대연기론(六大緣起論)·불계연기론(佛界緣起論) 등의 각종 연기론이 있다.

실상론의 입장에서는 법체실유론(法體實有論)·법체유공론(法體有空論)·제법개공론(諸法皆空論)·유공중도론(有空中道論)·제법실상론(諸法實相論)·사사무애론(事事無碍論) 등이 있다.

이와 같이 복잡하고 어려운 학설론이 있으나 이는 모두 연기법(緣起法)에 그 근본 바탕을 두고 심화되고 발전된 것이라 할 것이다.

우리가 흔히 말하는 대승불교의 그 원천이 연기법에 있음을 알고 연기법의 깨달음이야말로 모든 불교의 깨달음에 첫걸음이고 기본이라는 것을 알아야겠다.

연기법의 더 깊은 소개는 다음 책인 '대승의 길 보살의 길'에서 다시 거론하기로 하고 여기서는 이만 생략하려 한다.

5. 연기(緣起)는 곧 중도(中道)

(1) 두 극단을 떠나며 종합하는 중도론(中道論)

불교는 다른 종교와 확연히 구별되는 독특한 종교적 입장이 있다.
그것은 두 극단을 떠나며 종합하는 중도론(中道論)이다.
중도(中道)란 한마디로 양쪽 극단에 치우치는 삿된 것을 여읜 중정(中正)한 도라는 것이다. 예를 들어 근본 진리를 체득하는 데에는 극단적인 고행(苦行)으로만 이루어진다는 고행주의나, 낙행(樂行)으로 가능하다는 낙행주의를 여읜 진정한 행법이 중도행이라는 것이다.

부처님께서 성도하신 후 녹야원의 다섯 수행인을 찾아가 처음으로 설법하셨다는 내용 가운데 다음과 같은 말씀이 있다.

"수행인들아, 두 가지 극단에 가까이 해서는 안된다. 그 두 가지란 무엇인가? 온갖 욕망에 오로지 집착함이니 그것은 비열한 범부의 소행이라 성스럽지가 못하며 또 무익하다. 또 스스로 고행을 일삼는 것은 다만 괴로울 뿐 성스럽지 못하며 무익하다."

"수행인들아, 나는 이 두 가지 극단을 버리고 중도를 깨달았다. 그것은 눈을 뜨게 하고 지혜를 생기게 하며 적정(寂靜)과 증지(證智)와 등각(等覺)과 열반에 도움이 된다." 〈相應部 6-329〉

두 극단을 떠난 중도를 말씀하신 것이다. 그러면 이 중도란 어떤 것인가? 더 살펴보기로 하자.

(2) 무아(無我)・망아(忘我)

먼저 나[我]라는 존재부터 관찰해 보자.
유아(有我)인가? 무아(無我)인가?
현재 존재하는 나가 있어 말하고 듣고 보고 있는 것이 분명하기에 유아(有我)라 해야 할 것이다.

그러나 앞에서도 살펴보았듯이 나라는 존재가 영구 불변하거나 본래부터 존재하는 나는 아니다. 이 세상 모든 존재가 그러하듯이 연기(緣起)해서 있는 것이다. 그래서 결정적으로 있다고 할 수는 없다.

왜 그러느냐 하면 실재성(實在性)이 없는 것을 실재한다고 착각하는 망념(妄念)인 무명(無明)에서부터 연기한 것이기 때문이다.

더구나 무명에서 연기한 것은 무명의 멸(滅)과 함께 없어지는 것이다. 이에 무아(無我)라 할 것이다.

불교에서의 무아설은 우리들이 강하게 집착하고 있는 나에게는 실재성이 없으므로 무아인 것이다. 그러나 이 무아는 망념에 입각한 나까지도 없다는 말은 결코 아니다. 보고 듣고 말하는 그 나는 바로 망령된 나(妄我)로서 있는 것이다. 따라서 불교의 무아설(無我說)은 유(有)와 무(無)의 두 끝을 떠난 중도적인 교설인 것이다.

(3) 이 세상 모든 것은 중도(中道)

나아가 다음과 같은 열네 가지의 질문에도 분명히 중도로써 답하신다.
① 이 세계는 항상된 것인가, 무상(無常)한 것인가, 상(常)도 아니고 무상도 아닌가.
② 세계는 유한(有限)인가, 무한(無限)인가, 유한도 아니고 무한도 아닌가.
③ 정신과 육체는 하나인가, 둘인가.
④ 여래(如來)는 사후에 유(有)인가, 무(無)인가, 유이며 무인가, 유도 아니고 무도 아닌가?
이러한 질문에 부처님은 답변을 않고 침묵을 지키셨다. 그것은 어느 한 쪽에 치우치지 않는 중도적인 연기설밖에 따로 없기 때문이다.
끝남(斷)도 항상(常)됨도 아니요, 동일(一)한 것도 서로 다른(異) 것도 아니고, 스스로 만든 것(自作)도, 타에 의해 만들어진 것(他作)도 아닌, 두 극단을 초월해 있기 때문이다.
"세간(世間)의 발생(集)을 여실(如實)하게 바로 보면 세간이 없다는 견해가 있을 수 없고, 세간의 멸(滅)을 여실하게 바로 보면 세간이 있다는 견해가 있을 수 없다. 여래는 그 두 끝을 떠나 중도(中道)에서 설한다……"

〈雜阿含 卷10〉

(4) 거문고 줄에 비유

중도설의 쉬운 이해를 돕기 위해 부처님의 비유를 들어보자.
하루는 몸이 극도로 쇠약해 있으면서도 열심히 고행으로 수도하는 제자를 찾아가 말씀하셨다.
"너는 거문고를 타 본 일이 있느냐"
"예, 출가하기 전 세상에서 거문고를 아주 잘 타고 그에 맞춰 노래도 잘 했습니다."
"그러하다면 어떠했느냐? 거문고 줄을 아주 세게 잡아매었을 때와 줄을 느슨하게 풀어놓았을 때 노래와 어떻게 어울렸느냐?"
"예, 거문고 줄을 세게 잡아매었을 때는 줄이 끊어져 노래와 어울리지 못했고, 거문고 줄을 느슨하게 했을 때는 소리가 또한 노래와 어울리지 아니했습니다"
"그와 같으니라. 훌륭한 수행도 거문고 줄과 같으니라." 〈雜阿含 卷9〉
거문고 줄에 대한 비유에서 우리는 부처님의 중도적인 가르침을 아주 잘 알 수 있게 된다.

(5) 연기(緣起)는 중도(中道)

부처님께서 중도에 대한 설명을 하시는 부분이 경전에는 수없이 나오나 그중에서 살펴보면 다음과 같다.
"아난아, 만일 아가 있다(有我)하면 곧 상견(常見)에 떨어질 것이요, 아가 없다(無我)하면 곧 단견(斷見)에 떨어지나니 여래의 설법은 이 두 변을 떠난(捨離二邊) 중도를 뜻함이다. 모든 것은 다 허물어져 없어지므로 항상된 것이 아니며(不常) 또한 현재에는 있는 것이라(續) 단멸되는 것이 아니며(不斷) 또한 항상되는 것도 단멸되는 것도 아닌 것(不常不斷)이니, 이로 인해서 유(有)가 있고 유가 있어 생(生)이 있고 ……노사 우비고뇌가 있느니라." 〈別譯雜阿含 卷10〉

"가전연이여 '일체는 유(有)다' 하는 것은 한 극단이다. '일체는 무(無)다' 하는 것은 또 한 극단이다. 여래는 이러한 양 극단을 여의고 중도에 의하여 법을 설하나니라……무명에 의하여 행이 있고 내지 노사 우비고뇌의 집(集)이 있느니라." 〈相應部 2-24〉

부처님이 말씀하시는 중도는 연기에 바탕을 둔 것이다. 그래서 연기는 곧 중도라는 입장이 되는 것이다.

이후 중도설(中道說)은 더욱더 자세하게 표현하는 방법으로 천명되었고 대승불교에 들어서는 시발이 되었다.

팔불중도(八不中道)・공유중도(空有中道) 등으로 더욱 자세한 것은 다음 책에서 살펴보기로 한다.

제4장 해탈(解脫)의 수행도(修行道)

1. 아는 것과 실천(解와 行)

(1) 이론과 실천

우주의 근본 원리, 인간의 궁극적인 생사 문제 등을 해명하기 위하여 부처님은 여실하게 그 진리를 보여주셨다. 이 세상의 모든 것은 연기(緣起)하여 존재한다는 법칙 — 연기법(緣起法) — 을 깨달아 그 진리를 우리 중생들에게 보여주신 것이다.

그러나 진리를 알기만하면 다 되는 것인가? 아니다. 여기에는 분명히 진리를 알고 그 진리에 따라 가야할 길을 걸어가는 해탈의 수행이 따르지 않으면 안된다.

불교에서는 근본 사상에 대한 이론을 해(解)라 하고 그에 따른 행동 실천을 행(行)이라 한다.

(2) 받들어 행하라

우주의 근본 원리, 인간에게 생사의 괴로움이 있게 된 근본 원인을 밝혀주는 진리, 연기법이 부처님이 깨달으신 근본 진리라면 그 실천적인 교설은 어떤 목표를 향해 어떠한 방법으로 나가는 것일까?

우주의 생성 괴멸과 인간의 생로병사로 인한 괴로움의 타파는 어떻게 하여야 가능하며 그 괴로움으로부터 벗어나는 해탈(解脫)을 얻을 수 있을 것인가? 그 길을 제시하여 주는 말씀이 곧 해탈의 수행도이다.

중국에서 당송 8대가의 한 분인 백낙천이 한 스님에게 물어본다.

"어떤 것이 불법의 대의(大意)입니까?"

"모든 악한 짓은 짓지를 말고 모든 착한 일은 받들어 행하라(諸惡莫作·衆善奉行) 입니다."

"그러한 말은 일곱 살 어린아이도 아는 말 아닙니까?"

"일곱 살 아이가 알지언정 팔십 노인도 행하기 어려우니라"

불교는 아는 데에만 있지 않다는 말씀을 대변해주는 이야기라 할 것이다.

알아야 하되, 행하지 않으면 쓸데없다는 것이 부처님의 가르침이다. 해(解)와 행(行)이 항시 함께 되어야 하는 것이다.

(3) 알고 행하면 도를 얻으리라

법구경(法句經)에서도 말씀하신다.

"아무리 많은 경전을 외우더라도, 그 뜻을 모르면 무엇이 유익하리. 단 한 구절의 법을 알아도 그것을 행하면 도를 얻으리라(雖多誦經 不解何益, 解一法句, 行可得道)"

불교에서는 아는 이론(解)에 못지 않게 행(行)의 중요성이 크게 강조된다. 행이 없는 이론은 한낱 희론(戱論)에 불과한 것이다.

부처님께서 이론(解)에 해당되는 교설을 베푸실 때마다 그에 상응한 실천(行)을 반드시 함께 설해주시는 것이다.

궁극적으로 모든 고뇌를 벗어나 깨달음에 이른 해탈의 수행도는 무엇이며 그 원리는 어디에 있고 어떠한 방법으로 실천해 나갈 것인가? 차례차례 살펴보기로 한다.

2. 업보(業報)를 알아 악업(惡業)을 타파하는 일

(1) 업인(業因) · 과보(果報)

우리는 부처님께서 깨달은 근본 진리가 곧 연기법(緣起法)이라는 것을 알았다.

연기법은 이 세상의 모든 것이 서로 인연 되어서 결과가 일어나게 된다는 인연과법(因緣果法)이다. 우리 속담에 '콩 심은 데 콩 나고 팥 심은 데 팥 난다'는 것도 이러한 이치에서 나온 말이다. 원인(原因)에는 틀림없이 결과(結果)가 따른다는 것이 또한 과학의 기초가 된다.

씨앗이 되고 원인이 되는 것을 업(業)이라 하고 그 결과로 보답을 받게 되는 과보를 보(報)라 한다.

업(業-Karma)은 행위, 작위(作爲)나 일을 뜻하고, 보(報-Vipaka)는 이숙(異熟)이라는 뜻으로 성숙함, 익은 것, 결과라는 말이다.

업과 보라는 말은 인과 과라는 말과 합쳐 업인(業因) · 과보(果報)로써 더욱 명료하게 나타낸다.

(2) 업(業)에는 틀림없이 과보(果報)가 따른다

"선업(善業)에는 즐거운 과보[善報]가 따르고 악업(惡業)에는 괴로운 과보[惡報]가 따른다"는 말씀에 나아가

"흑업(黑業)에는 흑보(黑報)가 백업(白業)에는 백보(白報)가 흑백업(黑白業)에는 흑백보가 따르고 불흑불백업(不黑不白業)에는 보가 없다" 〈中阿含 卷27〉

이와 같이 선업에는 즐거움이 따르고 악업에는 괴로운 보가 따른다는 업보의 진리를 투철히 인식하여 알게 되면 우리가 해야 할 일은 악업을 버리고 선업을 쌓는 일이 제일인 것이다.

괴로움을 당하지 않고 즐거운 행복의 길을 가는 데에는 선업을 행하는 길 이외엔 없기 때문이다. 그러나 지금 우리들은 어떻게 살고 있는가?

행복하게 살기를 바라면서도 불행을 가져오는 일들에 더 젖어왔음이 사실이다. 우리가 처해진 괴로운 상황에서는 선업을 쌓기보다 악업을 행하기가 더 쉽고, 일단 악업에 젖다 보면 끝없이 악업을 되풀이하면서 헤어나지 못하고 있다.

인간의 이러한 어리석음, 무지(無知)를 타파하기 위해서는 무엇보다 먼저 악업을 타파해야 하기 때문에 부처님은 악업부터 설명하신다.

(3) 열 가지 악업(十惡業)과 삼독(三毒)

업(業)은 크게 보면, 우리들의 뜻, 의지로 지어지는 사업(思業)과 생각으로부터 말이나 행동으로 지어지는 사이업(思己業)으로 나눌 수 있고,

몸[身]과 입[口]과 뜻[意]으로 지어지는 삼업(三業)으로 나눌 수 있

으며,

몸과 입 뜻으로 지어지는 업을 더 나누어 열 가지 업(十業)으로 구체화한다.

열 가지 악업(十惡業)은

"몸으로 세 가지 악업을 짓고 괴로운 보를 받나니 그것은 곧, 살생(殺生) · 투도(偸盜-도적질) · 사음(邪婬-삿된 음행)이다.

입[口-언어]으로 네 가지 악업을 짓고 괴로운 보를 받나니 그것은 곧, 망어(妄語-거짓말) · 기어(綺語-꾸밈말) · 양설(兩舌-두 가지 말) · 악구(惡口-악독한 말)이다.

뜻[意志]으로 세 가지 악업을 짓고 괴로운 보를 받나니 그것은 곧, 탐욕(貪慾-욕심) · 진에(瞋恚-성냄) · 치암(痴暗-어리석음)이다"

〈中阿含 卷3〉

이러한 열 가지 악업은 신업(身業)에 셋, 구업에 넷, 의업(意業)에 세 가지인데 부처님은 이 중에 뜻으로 짓는 의업(意業)을 제일 중요시한다. 다른 악업이 뜻으로부터 비롯되기 때문이다.

그래서 탐 · 진 · 치 세 가지를 특히 삼독(三毒)이라고도 한다.

〈中阿含 卷32〉

(4) 열 가지 선업(十善業)

우리가 행복을 가져오려면 이러한 열 가지 악업부터 타파하고 선업을 짓는다면 틀림없는 일이다. 마치 '그림자가 형체를 따르듯이, 메아리가 없는 울림이 없듯' 하다는 것이다.

열 가지 선업(十善業)의 표현은 악업 앞에 아닌 것이라는 불(不)자를 붙여 표현하는 것이 보통이다.

'불살생(不殺生) · 불투도 · 불사음 · 불망어 · 불기어 · 불양설 · 불악구와 무탐(無貪) · 무에(無恚) · 정견(正見) 또는 무치(無痴)라 하는 것

이다' 〈雜阿含 卷28〉

그러나 살생을 않는다 하는 것은 소극적인 면이 없지 않아, 무엇을 해야 한다는 적극적인 입장으로 선업이 지어져야 한다는 뜻으로, 불살생은 방생(放生)으로 불투도는 보시(布施)로…… 치암은 지혜(智慧) 등으로 표현하기도 한다.

불교의 업설은 이렇게 합리적이고 틀림이 없는 것인데 우리의 현실은 그렇지 않은 경우가 허다하다. 선량한 사람이 일생을 불우하게 살기도 하는데 부처님은 이러한 문제를 어떻게 말씀하시는가? 다음 말씀에 귀를 기울여 보자.

3. 현실에 나타나지 않는 업보의 인식(三世業報說)

(1) 유신론, 운명론, 우연론에서의 인간

우리는 인과(因果)가 분명하고 업(業)에는 반드시 보(報)가 따른다는 업보인과율(業報因果律)로써 해명되기 어려운 현실 사회 문제의 현상에 대하여 어떠한 생각들을 갖게 되는가?

사람들은 다른 원리에서 그 원인을 찾으려 한다. 유신론자는 위대하신 신(神-하느님)의 뜻이라 하고, 운명론자는 운명과 숙명으로, 우연론자는 우연으로 그 원인을 찾는다.

이러한 생각들은 이해하기 쉽고, 가볍게 믿어 버리기에 편하여, 호응을 받고 행하여지고 있으나, 조금만 더 깊이 생각하여 보자.

이 세상에서 일어나는 모든 현상이 만일 신의 뜻이라든가, 운명과 숙명의 탓이며, 우연한 현상 등이라면 도대체 우리 인간이란 무엇인가? 인간에게 자유 의지나, 하고자 하는 의욕이나, 노력이 있어야 할

이유가 없어지는 것 아닌가? 〈中阿含 卷3〉

(2) 삼세인과업보설(三世因果業報說)

명확한 현실 관찰과 합리적인 사유를 중요시 하는 불교에서는 업보 인과율로 설명하기 어려운 현상이라 하더라도, 분명히 업보의 범주에서 벗어나지 않는다고 한다.

어째서 그러한가?

먼저 문제의 현상을 분석해 보면, 하나는 현재 업인(業因)이 있는데 그 과보(果報)가 나타나지 않는 경우며, 둘은 과보가 있는데 그 업인이 현재 발견되지 않는 경우다.

여기서 선업을 지었건 악업을 지었건, 그 과보가 현세에 없는 경우는 이후 미래세에 있을 것이요, 현세에 받고 있는 과보에 대한 업인을 알 수 없는 것은, 현세 이전인 과거세·숙세(宿世)에 있었다고 보아야 하는 것이 분명하고 합리적인 것이다.

부처님은 말씀하신다.

"만일 고의로 업을 지음이 있으면 반드시 그 보를 받나니, 현세에 받을 때도 있고 내세에 받을 때도 있다" 〈中阿含 卷3〉

이와 같이 불교의 업설은 과거와 현세와 미래의 삼세에 걸쳐 틀림없이 그 보를 받게 된다는 삼세인과업보설(三世因果業報說)로 전개된다.

부처님께서는 또 말씀을 하신다.

"선의 열매가 아직 익기 전에는, 착한 사람이 화를 당하기도 한다. 그러나 그 선이 익게 될 때는 반드시 그 복을 스스로 받으리라(禎祥見禍 其善未熟 至其善熟 必受其福)"

"악의 열매가 아직 익기 전에는 악한 사람이 복을 받기도 한다. 그러나 그 악이 익게 될 때에는 혹독한 죄의 대가를 스스로 받으리라(妖孽見福 其惡未熟 至其惡熟 自受罪虐)" 〈法句經〉

우리가 현실에 당장 그 결과가 보이지 않는다고 해서, 믿을 수 없다거나 진리가 아니라고 할 수 없는 것이다. 시야와 안목을 넓히고 깊게 한다면 분명한 진리로써 인과업보의 법칙을 알 수 있을 것이다.

(3) 육도윤회설(六道輪廻說)은 해탈케 하려는 가르침

부처님은 삼세업보설에 이어 미래세에 받게 되는 업보로써 육도윤회설(六道輪廻說)을 말씀하신다. 육도의 도(道)는 취(趣)라고도 하는데 가는 곳을 가리킨다.

육도는 천(天)·인(人)·수라(修羅)·아귀(餓鬼)·축생(畜生)·지옥(地獄)으로 선과 악의 인(因)에 따라 각기 그 과보를 받게 된다는 것이다.

불교에서의 삼세업보설과 육도윤회설을 자칫 단순한 숙명론으로 보려는 견해가 있는데 이는 잘못된 견해라 할 것이다.

불교의 업설을, 현세의 괴로움을 숙세(宿世)의 인연으로 돌리고 체념하라는 숙명론으로 돌려버리는 생각이다. 그러나 현세의 괴로움이 숙세의 업인에 의한 것도 물론이지만, 체념하는 데에만 목적이 있는 것이 아니다.

스스로의 의지력으로 그것을 극복하려는 미래 지향적인 인생관을 갖게 하는데 목적이 있음을 분명히 알아야겠다.

현세의 괴로운 과보는 전에 지어진 자기의 업인에 의한 것임을 알고 체념해버리는 것으로 끝나는 것이 아니라, 그 업인을 없애고 다시는 짓지 않겠다는 자유 의지가 작용되어 선업을 짓는 방향으로 돌리는 작업이 있어야 하는 것이다. 숙명이나 운명으로 돌린다면 계속하여 윤회의 수레바퀴를 벗어날 길이 없기 때문이다.

업설의 궁극적인 가르침은 인과업보의 필연적인 진리를 분명히 알아서 윤회의 길에서 해탈케 하려는 가르침인 것을 깊이 생각할 일이다.

4. 괴로움을 벗어나는 길
― 네 가지 성스러운 진리(四聖諦) ―

(1) 모든 교설은 사성제(四聖諦)에 집약

불교의 가장 기본은 괴로움에서 벗어나는 길이다.

지금까지 부처님께서 말씀하신 현실 관찰의 진리인 삼법인(三法印)에서 일체는 무상하여 일체는 다 괴로움(一切皆苦)이라고 가르치시고, 십이연기설에서도 왜, 생사의 괴로움이 발생하고 멸할 수 있는 가를 가르쳐 주셨다.

이제 모든 것이 괴로움인데 그 괴로움의 원인은 무엇이며 괴로움을 멸할 수행의 길은 무엇인가에 대하여 실천적인 교설로 네 가지 성스러운 진리를 가르쳐 주신다.

사성제(四聖諦)의 제는 사실이요, 진실이요, 진리란 뜻으로(체(諦)의 발음을 보통 제로 한다) 괴로움(苦)·괴로움의 원인(集)·괴로움의 멸(滅), 괴로움의 멸에 이르는 길(道)의 네 가지 성스러운 진리(聖諦)라는 것이다. 〈雜阿含 卷15〉

"뭇 교설은 사성제로 집약된다"고 말해질 정도로 중요시 되는 가르침이다. 〈中阿含 卷7〉

(2) 고성제(苦聖諦)

첫째는 고성제이다.

"어떤 것이 고성제인가? 생(生)하고, 늙고(老), 병들고(病), 죽고

(死), 미운 것과 만나고(怨憎會)·사랑하는 것과 헤어지고(愛別離)·구하는 바를 얻지 못하는(求不得) 괴로움이다. 한마디로 말하면 오취온(五取蘊)은 괴로움이다"…… 〈中阿含 卷7〉

이 여덟 가지 괴로움(八苦)를 대표적으로 든다. 모든 것은 괴로움(一切皆苦)이라는 진리에서 자세히 설명되었다. 괴로움이라는 것은 명백한 사실이기에 고성제(苦聖諦)라 하는 것이다.

(3) 집성제(集聖諦)

둘째, 집성제이니 괴로움의 원인이 집(集)이라는 것이다.
집성제는 괴로움이 어떻게 해서 발생하는가? 원인·이유를 밝혀주는 진리다.
집(集)이란 '결합하여 상승한다'는 뜻으로 집기(集起)라 함이 더 명확할 것이다. 집기라는 말은 연기(緣起)라는 말과 가까운 뜻으로, 생사의 괴로움이 근본에는 무명에서 연기한 것이요, 모든 괴로움은 다 연기 되어서 일어나게 되는 것이다.
오온(다섯 가지 요소)에 대한 애탐(愛貪)이라든가, 재생(再生)을 초래하고 희탐(喜貪)을 함께 하며 이곳 저곳에 낙착(樂着)하는 애(愛)가 원인이라는 것이다. 또 오온을 나누어서 색(色)은 애희집(愛喜集)이요, 수상행(受想行)은 촉집(觸集)이며 식(識)은 명색집(名色集)이라고 따로따로 설해진 경우도 있다. 〈雜阿含 卷2·卷3〉
쉬운 말로 풀이하면 모든 괴로움은 애착·집착으로 인연되어 일어나는 것이 사실이요, 진리라는 집성제인 것이다.

(4) 멸성제(滅聖諦)

셋째는 멸성제이다. 멸성제란, 괴로움의 멸이 진리라는 것이다. 이 세상 모든 것이 괴로움이며, 또한 그 괴로움에는 반드시 원인이 있고 이유가 있다는 것이 진리인데, 괴로움의 원인을 없앤다면 틀림없이 괴로움도 멸해진다는 것이 성스러운 진리이기에, 멸성제라 하는 것이다.

모든 것은(一切) 오온(五蘊)이요, 오온은 모두 괴로운 것, 그 원인(集)이 애탐(愛貪)이면 이의 멸로써 괴로움이 없어지게 된다.

십이연기설에서도 생사의 괴로움이 무명으로부터 연기된 것이 분명하다면 무명(無明)이 멸하므로써 괴로움을 근본적으로 극복할 수 있는 것이다.

괴로움의 멸은 명백한 사실이요, 괴로움이 사라진 세계의 경지는 안온하고 평화로우며 고요한 적정(寂靜)의 세계다. 이를 열반적정(涅槃寂靜)이라 하니, 이러한 세계가 분명히 존재하고 또 도달할 수 있는 것이 사실이라는 진리가 멸성제인 것이다.

(5) 도성제(道聖諦)

넷째는 도성제다. 도성제란, 괴로움의 멸에 이르는 길이 성제라는 것이다. 모든 괴로움이 사라진 열반 적정의 세계에 도달하는 길, 여덟의 올바른 길이 있으니 이는 성스러운 진리라는 것이다. 〈四諦經〉

그 올바른 길은 무엇인가?

5. 괴로움의 멸에 이르는 길

(1) 팔정도(八正道)

고·집·멸·도의 성스러운 진리에서 괴로움의 멸에 이르는 여덟 가지 올바른 길을 제시하는 것이 팔정도(八正道)이다.

① 정견(正見)

첫째로 올바른 길은 정견(正見)이니, 정견은 바르게 본다는 뜻이다. 경전에서는 "법(法)을 결택(決擇)하여 관찰하는 것"이라고 말씀하시니 진리를 똑바로 응시하여야 한다는 것이다.

진리란 과연 무엇인가? 어떠한 것이 올바른 견해요, 어떠한 것이 삿된 견해(見解)인지, 잘 결정하고 선택하는 관찰력이 제일 먼저 요청되는 것이다.

여기서 진리를 바로 볼 수 있는 올바른 견해란, 괴로움의 근본 원인에 대하여 관찰이 잘 이루어져서 괴로움이란 연기한 것이므로 실체가 없으나 무명(無明) 망념으로 인하여 실제로는 괴로움이 있게 된다는 것을 똑바로 응시할 수 있어야 한다는 것이다.

② 정사유(正思惟)

둘째로 정사유(正思惟)다. 이는 '바르게 사유한다', '바르게 마음먹는다'는 뜻으로 "생각할 바(可念)와 생각 안할 바(不可念)를 마음에 잘 분간하는 것"이라고 말한다.

③ 정어(正語)

셋째로 정어(正語)다. 정어는 바르게 말하는 것인데 '네 가지 선한 구업(口業)'으로 망녕되지 않은 진실한 말, 속이지 않는 말, 두 가지가 아닌 말, 악독하지 않은 말 등이다.

④ 정업(正業)

넷째는 정업(正業)으로, 바른 행위, 바르게 일하는 것이다. 이에는 '세 가지 선한 신업(身業)'으로 생명을 죽이지 않고 귀중히 하는 일과 남의 것을 훔치지 않고 베풀어 주는 일, 그리고 삿된 음행을 하지 않는 일 등이다.

⑤ 정명(正命)

다섯째는 정명(正命)으로, 바르게 생활하는 것이니 정당한 방법으로 의식주를 구하여 살아가는 것이다.

⑥ 정정진(正精進)

여섯째는 정정진(正精進)으로, 바르게 정진·노력하는 것이다. '끊임없이 노력하여 물러섬이 없이 마음을 닦는 것'이 올바른 정진이다.

⑦ 정념(正念)

일곱째는 정념(正念)으로 바르게 기억하는 것이다.

'생각할 바에 따라 잊지 않는 것'이 정념이다.

⑧ 정정(正定)

끝으로 여덟째는 정정(正定)이니, '바르게 집중한다'는 말로써 이리저리 흩어지지 않고 마음을 한 곳에 집중하여 일정해지는 것이다. 진리에 몰입되어 조금치도 흐트러지거나 흔들림이 없는 삼매(三昧)의 경지인 것이다.

(2) 정견(正見)과 정정(正定)

위와 같은 팔정도를 다시 요약하면, 진리를 똑바로 바라보는 정견(正見)에 입각해서 바르게 생각하고(正思惟)·바르게 말하며(正語)·바르게 행동하고(正業)·바르게 살아가면서(正命)·바르게 노력하고(正精進)·생각할 바를 잊지 않는 바른 기억(正念)으로 종교적인 생활을 영위하면서 진리에서 벗어나지 않게 집중하는(正定) 일이 모든 괴로움의 얽매임으로부터 벗어나는 올바른 길(正道)이라는 것이다.

　여기서 처음의 정견과 맨 끝의 정정이 가장 중요한 것임을 알 수 있다.

　정견이 없이는 정정을 이룰 수 없다. 진리에서 벗어나지 않는 생활, 곧 우주 만유의 진리에 계합되는 생활이 정정(正定)의 생활이요, 모든 괴로움을 벗어나는 해탈의 생활인데, 이는 진리를 똑바로 보고 파악하는 정견이 바탕되지 않고서는 이룰 수 없는 것이다.

　이에 정견에 대한 중요성과 무엇이 정견인가를 대승불교에서 더욱 심화되어 불교의 가장 근원적인 견해가 무엇인가를 제시하는 '부처님의 일대사 인연'으로 표현되기까지 한다.

　"해 뜨기 전에 밝음이 비치듯이 괴로움의 사라짐에는 먼저 정견(正見)이 나타나고 정견이 정사유 내지 정정을 일으켜서 정정(正定)이 일어남으로써 마음의 해탈이 있게 된다……" 〈雜阿含 卷28〉

　부처님의 팔정도 말씀은 해탈의 길을 가장 간략히 요약하신 것이라 할 것이다.

　팔정도는 뒤에 대승불교에서 핵심을 이루는 파사현정(破邪顯正), 지관법(止觀法)과 정혜쌍수(定慧雙修)의 기본이 되는 것이다.

　생사의 괴로움을 근본적으로 극복하려는 해탈의 길에 가장 올바른 길이요, 성스러운 길이라서 생사를 벗어나는 신성한 진리, 성스러운 진리, 성제(聖諦)인 것이다.

　이러한 사성제-팔정도의 수행을 하는 사람들에겐 어떠한 결과가 나타나고 그 과정은 어떠한가?

6. 기본적인 수행법
―삼학 · 오정심관 · 삼십칠도품―

부처님의 가르침을 따라 실천 수행하는 해탈의 수행도에는 사성제, 팔정도가 가장 기본적이고 핵심이 되는 방법이다. 그러나 이외에도 도에 이르는 길에 대해서 부처님은 때때로 또, 여러 가지로 각기 근기에 맞도록 설하셨다.

여기서 공부하는 방법으로, 수행도로 제시된 몇 가지를 살펴 보탬이 되도록 해보겠다.

(1) 삼학(三學)

모든 수행의 방법을 합하여 셋으로 구분한 삼학(三學)이 있다. 삼학은 초기에 잡아함경, 삼학부 등에서 설법을 하시는 것이 나타나 뒤에 대승의 입장에서는 (般泥恒經 등 大乘經 · 論) 더욱 보강되고 강조되어 수행인의 지표로 삼을 만큼 중시되었다.

삼학(三學)은 계(戒) · 정(定) · 혜(慧) 셋을 말한다.

① 계학(戒學)

계학(戒學)은 부처님께서 말씀하신 계율을 잘 지켜 신(身) · 구(口) · 의(意) 삼업으로부터 일어나는 십악업을 짓지 않도록 하는 것이다.

② 정학(定學)

정학(定學)은 선정(禪定)을 말한다. 고요히 정에 들어 마음을 밝혀서 깨달음을 얻는 것이다.

③ 혜학(慧學)

혜학(慧學)은 지혜(智慧)를 말하는데 진리를 통찰해서 거짓된 미혹(迷惑)을 끊는 것이다.

(2) 삼학에 대한 부처님 말씀

부처님은 삼학에 대하여 이렇게 말씀하신다.
"세 가지 공부가 있다. 어떠한 것인가? 이른바 왕성한 계율 공부와 왕성한 뜻 공부와 왕성한 지혜 공부니라."

① 계율 공부

계율 공부는, 계율에 머물러 위엄 있는 태도와 행동을 완전히 갖추어 조그만 죄를 보고도 두려움을 내어 계율 공부를 하는 것이다.

② 뜻 공부

뜻 공부란, 모든 악하고 착하지 않은 법을 떠나 거칠은 생각과 미세한 생각은 있지마는 욕계의 악을 떠남에 기쁨과 즐거움이 생겨, 첫째 선정에 머무르고 내지 넷째 선정을 완전히 갖추어 머무르는 것이다.

③ 지혜 공부

지혜 공부란 '이것은 괴로움의 거룩한 진리다' 내지 사성제를 참되게 알면 이것을 왕성한 지혜 공부라 한다.' 〈雜阿含 卷30〉

계정혜의 삼학은 모든 번뇌를 끊어 도를 성취하는데 필수적인 것이다. 나아가 계와 정과 혜의 세 가지가 따로따로이 수행하는 것이 아니고 계를 닦아 정을 얻고, 정을 닦아 혜를 얻게 되는 긴밀한 관계에 있는 공부인 것이다.

더욱 자세한 것은 다음 책에서 알아보기로 한다.

(3) 오정심관(五停心觀)

오정심관(五停心觀)은 수행의 기초적인 관법으로 설해지고 있으나 다음의 삼십칠도품과 중복되는 것이 있다.

① 부정관(不淨觀)

부정관(不淨觀)은 이 몸이 더러운 것이라고 사무치게 관찰하는 법으로, 몸에 대한 애욕·탐욕을 여의게 하는 수행법이다. 백골관·고골관도 포함된다.

② 자비관(慈悲觀)

자비관(慈悲觀)은 성내는 마음, 미워하는 마음 등을 없앤다.

③ 인연관(因緣觀)

인연관(因緣觀) 또는 계분별관(界分別觀)은 온·처·계·십이인연 등을 관하여 나에 집착하는 어리석음을 없이 하는 것이다.

④ 수식관(數息觀)

산란심을 다스리는 관법으로 정신 통일 하는데 쓰인다.

⑤ 불상관(佛相觀)

불상관(佛相觀) 또는 관불관(觀佛觀)은 부처님의 신상(身相)을 관하는 법이다. 부처님의 모습이 마음속에 완연히 드러나게 되면 모든 죄업장이 녹아 버린다는 것이다.

이러한 관법은 대승에 와서도 열반경 33권 등 여러 대승경전에서 설하고 있는데 주목할 만한 수행법이라 할 것이다.

(4) 삼십칠도품(三十七道品)

해탈의 수행도에서 팔정도를 닦아 가는데 더불어 함께 수행하는 방법이다.

삼십칠도품은 삼십칠분법(三十七分法)·삼십칠보리분법(三十七 菩提分法)·삼십칠조도품(助道品)이라고도 하며 장아함경(長阿含經)에서 자주 나타난다. 뒤에 대승경전에서는 수행의 방법으로 강조되어진다. (十住經, 普曜經, 菩薩持地經, 大莊嚴論經 등)

특히 유마경에서는 '삼십칠도품은 바로 보살도'라고까지 나타나는데 이는 전문적인 수행법이 되어서 일반에게는 잘 행해지지 않고 부정관(不淨觀)·수식관(數息觀) 등만 알려져 왔다.

여기서는 자세한 것은 생략하고 그 항목만 들어 소개하기로 한다.

삼십칠도품은 사념처(四念處)·사정근(四正勤)·사신족(四神足)·오근(五根)·오력(五力)·칠각지(七覺支)·팔정도(八正道)를 합하여 삼십칠도품이라 한다.

① 사념처(四念處)

사념처(四念處)는 사념주(四念住) 또는 사의지(四意止)라고 한다.
1. 신념처(身念處) – 부모에게서 받은 육신을 부정한 것으로 사무치게 관찰하는 것(觀身不淨)
2. 수념처(受念處) – 받는 느낌은 괴로움이라고 관함(觀受是苦)
3. 심념처(心念處) – 마음은 무상한 것이라 관함(觀心無常)
4. 법념처(法念處) – 모든 법은 무아라고 관함(觀法無我)

이상 사념처는 신수심법(身受心法)에 각기 관하는 것은 따로따로 관하기도 하고 한꺼번에 관하기도 하여 올바른 견해(正見)를 얻는 것이다.

② 사정근(四正勤)

사정근(四正勤)은 사정단·사의단(四正斷·四意斷)이라고도 하는데, 율의단(律儀斷)·단단(斷斷)·수호단(隨護斷)·수단(修斷)을 말하며, 아직 일어나지 않은 악은 일어나지 않게, 일어난 악은 끊고, 선심(善心)은 일어나게, 생긴 선심은 잘 자라게 하기 위하여 부지런히 정진하여 닦아가는 것이다.

③ 사신족(四神足)

사신족(四神足)은 사여의족(四如意足)이라고도 하는데, 사념처·사정근을 닦는 힘으로 구도심이 강해서 저절로 공부가 되어가는 욕여의족(欲如意足)과 정진여의족(精進如意足)·염여의족(念如意足)·사유여의족(思惟如意足)이 있다.

④ 오근(五根)

오근(五根)은 신근(信根)·정진근(精進根)·염근(念根)·정근(定根)·혜근(慧根) 등으로 도의 뿌리가 내려져서 흔들리지 않는 자리에 오르게 된 것이다.

⑤ 오력(五力)

오력(五力)은 신력(信力)·정진력(精進力)·염력(念力)·정력(定力)·혜력(慧力)으로, 도에 뿌리를 내려 흔들리지 않을 뿐 아니라 모든 악법을 꺾어 항복받는 힘을 얻은 경지다.

⑥ 칠각지(七覺支)

칠각지(七覺支)는 칠보리분(七菩提分)이라고도 하는데, 일곱 가지 법이 깨달음(보리)의 도를 잘 도와가는 부분이라는 뜻이다. 택법(擇法)·정진(精進)·희(喜)·제(除)·사(捨)·정(定)·염(念)각지이다.

염각지(念覺支)는 수행을 해나가는데 잘 생각하여 정(定)과 혜(慧)가 고르게 하는 것인데 만일 마음이 혼침(昏沈)하면 택법·정진·희각지로 마음을 일깨우고 마음이 들떠서 흔들리면 제·사·정각지로 마음을 고요하게 하여 늘 마음이 명료(明了)한 것이다.

⑦ 팔정도(八正道)

팔정도(八正道)는 팔성도(八聖道)라고도 하는데, 앞에 열거한 수행의 단계를 거쳐 그것을 다시 집약한 수행법이라 할 수 있다. 설명은 앞에 되어 있어 생략한다.

이러한 수행을 거치면 어떠한 방향으로 진전이 되며 어떠한 결과를 가져 오는가?

제5장 궁극의 목표
해탈(解脫) · 열반(涅槃)

1. 수행 결과 나타나는 네 단계(四向四果)

모든 괴로움의 근본을 파헤쳐 괴로움을 여의고 해탈하려는 수행의 길에서 사성제(四聖諦)와 팔정도(八正道)를 행하는 사람에게는 커다란 인격의 변화를 가져오지 않을 수 없다. 그것은 그러한 인격적인 변화를 향하여 수행해야 하는 것이 당연하기 때문이다.

세계를 바라보는 세계관의 근본적인 전환과 인생관의 확립으로 심성(心性)의 변화가 오면서 차츰 정화(淨化)되어 가는데, 이러한 종교적인 수행이 향하여 가는 곳과 체험을 얻게 되는 과정이 크게 네 단계로 구분되니 이를 사향사과(四向四果)라 한다.

(1) 사향사과(四向四果)

① 예류향(預流向)·예류과(預流果)

첫 번째는, 예류과(預流果)를 얻는데, 예류를 향하여 수행하면 예류과를 얻는다 한다.

예류(預流)란 어느 흐름에 들어서게 된다는 뜻으로 사성제·팔정도를 수행하여 세 가지 결박의 번뇌를 끊고 범속한 생활에서 성스런 흐름에 들어서게 된다는 것이다.

세 가지 결박의 번뇌란 자기 자신의 육체로 인하여 결박되어진 번뇌(身見)와 이 세상의 잘못된 가르침과 견해에 결박된 번뇌(戒見), 그리고 진리를 진리로 받아들이지 못하는 의심으로 결박된 번뇌(疑見)를 말한다. 예류과를 수다원과(須陀洹果)라고 한다.

② 일래향(一來向)·일래과(一來果)

두 번째는, 일래과(一來果)를 얻게 되는데 이는 세 가지 결박의 번뇌를 끊었을 뿐만 아니라, 탐(貪)과 성내는 진(瞋)·어리석은 치(痴)의 삼독심(三毒心)도 약화시켜서 이 세상[欲界]에 한 번만 돌아와 괴로움을 당한다는 것이다.

다시 말하면 결박의 번뇌를 끊고 괴로움에서 벗어난 듯 하지만 아주 벗어나질 못하고 다시 한 번쯤은 괴로움에 빠지게 되는 경지라는 것이다. 일래과를 사다함과(斯陀含果)라고 한다.

③ 불환과(不還果)

다음 세 번째로는, 불환과(不還果)를 증득하게 되는데 이때는 세 가지 결박의 번뇌에, 탐(貪)과 진(瞋)의 두 가지를 더한 다섯 가지 결박의 번뇌(五下分結)를 끊고 이 세상의 괴로움을 다시는 받지 않게 되는 경지다.

이 경지를 얻으면 천상에서 괴로움이 없는 열반에 든다고 한다. 불환과를 아나함과(阿那含果)라고도 한다.

④ 아라한과(阿羅漢果)

끝으로 네 번째는, 아라한과(阿羅漢果)를 증득하게 되는데, 이는 다섯 가지 결박의 번뇌(身見, 戒取, 疑, 貪, 瞋) 뿐만 아니라, 어리석음(痴)까지 벗어나, 현재의 법에서 그대로 해탈의 경계를 체득하는 결과를 얻는 것이다. 아라한과를 번역하여 무학과(無學果)라고도 한다.

(2) 정견(正見)이 가장 기본

여기서 우리는 네 가지로 향하여 가는 것과 그 결과를 네 가지로 보았는데, 살펴 알 수 있는 것은 먼저 끊을 수 있는 결박의 번뇌와 가장 끊기 어려운 결박의 번뇌다.

내 육체로부터 일어나는 잘못된 인식, 지식과 경험으로 빚어지는 오류, 진리를 바로 보지 못하는 의심 등의 바르지 못한 견해(不正見)를 없애고 정견(正見)을 가지는 것이 가장 기본적인 것이며 나아가 탐내고, 성내고, 어리석은, 탐진치 삼독심을 없이 하는 수행을 쌓아야만 얻을 수 있는 경지들이다.

(3) 마지막에는 어리석음을 없애는 것

삼독심 가운데도 탐욕심(貪)보다 성내는 마음(瞋)을 끊기가 어렵고, 이 두 가지보다 어리석음(痴)을 끊기가 가장 어려우니, 어리석음만 없어진다면 이 세상의 모든 괴로움이 사라져버린 해탈의 경계를 곧바로 증득할 수 있는 것이다.

어리석음은 곧 밝지 못함이요 어두움이기에, 무명(無明)이 근본이 되는 것임을 다시 확인하는 가르침이라 하겠다.

우리는 지금 어느 수행 과정을 향하여 노력하고 있으며 또 현재 나는 어느 정도의 경지에 도달했는지를 살펴보며, 다음 경지를 향하여 채찍질하고 정진하라는, 수행을 돕는 말씀인 것이다.

우리가 궁극적으로 이루려는, 모든 고통의 결박으로부터 벗어나는 해탈과 열반의 경지는 어떠한 것인가?

2. 해탈과 열반(解脫·涅槃)
— 불교의 궁극적 목표 —

불교에서는 수행을 통하여 도달한 궁극적인 경지를 해탈이나 열반이라고 한다.

해탈(解脫)이란 결박이나 구속 장애로부터 벗어난 해방이요, 대자유다.

열반(涅槃 Nirvāna)은 '불어 끈다'는 취멸(吹滅)의 뜻으로, 온갖 번뇌의 뜨거운 불길이 꺼진 고요한 상태를 가리키는 말로 적멸(寂滅)·적정(寂靜)이라고도 한다.

(1) 삼독심(三毒心)이 영원히 다한 것이 열반

우리는 지금까지 업설(業說)에서 악업(惡業)을 지으면 악도(惡道)에 이르고, 악업을 단절하므로써 선업을 지어 선도(善道)에 다다름을 보았다.

업설에서 궁극적인 목표는 모든 악업(十惡業)을 끊고 선업을 닦는 일이다. 십악업 중에서도 근본이 되는 것은 세 가지 의업(意業)이니 탐욕·진에(성냄)·치암(어리석음)의 삼독심이다.

다음 사성제·팔정도 설법에서 괴로움의 근본 원인이 집(集)성제이므로 괴로움의 멸(苦滅)을 위하여 이를 없이 하여야 하는데, 이 원인의 근본이 또한 탐·진·치 삼독심임을 알았다.

수행의 과정에서 차츰차츰 향하여 다다르는 네 단계를 사향사과(四向四果)라 하는데, 각 단계에서 탐·진·치가 점차 사라지고 아라한과에 이르러서는 탐·진·치 삼독심이 모두 끊어져 버린 상태가 됨을 알았다.

이와 같이 해탈과 열반은 탐·진·치가 영원히 끊어진 상태니
"열반이란 탐욕이 영원히 다 하고(永盡), 진에(성냄)가 영원히 다하고, 치암(어리석음)이 영원히 다 한 것을 열반이라고 이름한다" 하신 말씀이 이를 말하는 것이다.　　　　　　　　　　〈雜阿含 卷18〉

(2) 해탈(解脫)

열반이란 모든 악업과 괴로움의 근본 원인을 끊어버려 그 괴로움, 생사의 구속으로부터 벗어나는 해탈의 경계라 할 것이다.

해탈(解脫)에 대하여 좀더 구체적으로 살펴보면 해탈에는 두 가지가 있다고 설해진다.

해탈에는 혜해탈(慧解脫)과 심해탈(心解脫)이 있다.

① 혜해탈

혜해탈이란 오온이나 십이연기에 실체가 본래 없는 것을 보므로써(正見) 지적으로 해탈하는 것을 뜻한다. 곧바로 이 세상이 이루어진 현상이나 본체에 대한 진리를 알아서 현상에 집착되지 않음이 혜해탈인 것이다.

② 심해탈

심해탈은 모든 현상에는 본래 실체가 없는 무아(無我)라는 것을 직관하는 정견(正見)만으로써는 마음의 온갖 번뇌가 완전히 멸해지는 것이 못되므로, 정정(正定)을 통하여 마음 밑바닥에서 그것을 멸해야만

한다. 이것을 심해탈이라 한다.

(3) 열반은 모든 생사 고뇌의 해탈

열반은 혜해탈과 심해탈의 두 가지 해탈이 갖추어질 때 비로소 실현되는 것이다.

열반은 생사의 괴로움을 벗어난 세계이기에, 여기에는 생성 변화하는 무상(無常)함은 없고 오직 즐거움만 가득하다.

이러한 뜻을 요약하여 열반게송이라고 불리우는 게송이 있다.

"모든 행은 무상하니 이것이 생멸의 법이다. 생멸이 멸해져 버리면 열반(涅槃)은 즐거움이 되리라(諸行無常 是生滅法 生滅滅已 寂滅爲樂)" 〈雜阿含 卷22〉

이 세상의 모든 것은 하나도 영원한 것이 없다. 생겨나서(生), 얼마간 그대로 있다가(住), 차츰차츰 변하여져(異), 결국에는 없어져 버리는(滅) 현상이 되풀이된다. 이렇게 항상 그대로 있지 않고 변화해 버리는 것이 커다란 괴로움인 것이다.

생겨난 것이 없어지고 태어났다 죽어야 하는 생사의 굴레로부터 벗어나는 길이 해탈의 길이다.

해탈은 곧 모든 괴로움은 사라지고 모든 번뇌가 다 해버린 열반의 경지가 되어 즐거움 뿐이라는 말씀이다.

불교에서 궁극적으로 지향하는 목표가 해탈이요, 열반인 것이다.

그러나 불교에서 말하는 해탈과 열반에 대하여 잘못된 이해로 불교 전체를 그릇 인식하게 되는 견해들이 있으니 살펴보기로 하자.

3. 완전한 열반은 현재의 법에서 얻음

(1) 불교는 소극적도, 염세주의도 아니다

세상에서 불교를 말할 때 흔히들 소극적이요, 염세주의(厭世主義)라고 비평한다.

물론 그러한 면이 없는 것은 아니다. 사람들은 인생의 목적을 부귀공명 등 출세와 행복을 위하여 적극적인데, 불교에서는 이의 근본이 되는 욕구와 본능을 부정하고 있기 때문이다.

세상에서의 성공이라는 일들은 탐욕 등 삼독심으로 인하여 맹목적으로 추구되는 일이며, 결국에는 무상한 것이요, 다시 괴로움의 원인이 되는 것이기에, 이러한 탐·진·치 삼독심을 전적으로 부정하고 나아가 이를 끊기 위하여 출가 수도하는 것까지 권하고 있기에 소극적이요, 염세적인 종교요, 허무적멸(虛無寂滅)의 도(道)라는 평을 들어온 것이다.

그러나 이러한 비판은 열반의 참뜻을 잘못 이해하는 데서 비롯된 것이다.

선(善)과 악(惡)은 성질이 서로 반대되어 한 인간에게 선과 악의 양면성은 있되, 인간의 행위 위에 동시에 나타날 수는 없는 것이다.

악이 행해지고 있을 때 선은 있을 수 없고, 선이 행해지고 있을 때 악은 있을 수 없는 것이니 악을 끊으면 곧 선이 되고, 선을 끊으면 곧 악이 되어버리는 것이다.

불교는 모든 악을 끊어버리는데 목적을 둔다.

(2) 악, 삼독, 무명을 선, 정견, 광명으로 돌리는 것

수행의 과정에서 열 가지 악업(十惡業)을 소멸하면 곧바로 십선업이 되며, 그 가운데서 가장 근본적 악업인 탐·진·치 삼독심을 멸한 곳에 무탐(無貪)·무에(無恚)·무치(無痴)의 선한 업이 발생하게 되는 것이다.

따라서 사성제·팔정도가 완성되는 아라한의 경지에서 열반을 얻는다 함도, 열반은 탐·진·치의 일체 번뇌를 영원히 다 없애버린 경지이기 때문이다.

악을 없이 하면 선이 자연히 발생되고, 탐진치 삼독심을 멸하면 정견(正見)이 일어나며, 무명(無明)을 제거하면 대광명이 솟아오르게 되는데 어찌 이를 소극적이요, 염세적이라 할 수 있는가?

부처님은 다음과 같이 말씀하신다.

"내가 사성제에서 세 번이나 되풀이 하여 행함에(三轉十二行相) 눈이 생기고, 지(智)가 생하고, 명(明)이 생하고, 각(覺)이 생했다"

〈雜阿含 卷15〉

열반의 적극적인 의미가 뚜렷이 부각되는 말씀이라 할 것이다.

또 불교에서 말하는 열반을 사후(死後)에나 얻을 수 있는 것으로 생각하여 죽음을 열반이라 하는 일이 많아졌다.

(3) 완전한 열반은 현재의 법에서 생사 해탈

물론 석가무니 부처님의 죽음을 반열반(般涅槃)이라고 한다.

이는 완전한 열반이란 뜻이다. 그러나 부처님의 죽음 다음에는 어떻게 될까? 를 생각해 보아야 한다.

모든 중생은 생사에 윤회하고 있다.

선업을 지은 사람은 선도에, 악업을 지은 사람은 악도에 태어나 수레바퀴처럼 생사를 되풀이하고 있는 것이다.

그러나 생사를 결박하는 근본 무명을 끊어버리고 해탈한 사람에게 재생이 있을 수 없는 것이다.

부처님은 말씀하셨다.

"내 생은 다 했고, 범행(梵行)은 섰으며, 할 바는 했고, 후유(後有)는 받지 않을 것이다."

반열반은 곧 생사가 끊어진, 생사에서 완전히 해탈한 열반이다.

사후에나 실현될 수 있는 것이 아니다. 사후가 없게 되는데 어찌 죽음이 열반일 것인가?

이는 생전에 이미 열반을 이룬 죽음이란 뜻으로 완전한 열반·반열반에 드셨다고 하는 것이다.

열반의 참다운 뜻은 현재의 상태에서 생·사로부터의 해탈을 그대로 체득하는 것이다.

"현재의 법에서 반열반이란 어떤 것인가? 노병사(老病死)를 염리(厭離)하고, 욕심을 버리고, 번뇌를 일으키지 않고, 마음이 잘 해탈하면, 이것을 이르되 현재의 법에서 반열반을 얻었다고 한다" 〈雜阿含 卷15〉

(4) 열반은 상(常)·락(樂)·아(我)·정(淨)

모든 악을 멸하면 모든 선이 되고(滅惡起善), 모든 삿됨을 파하면 정(正)이 나타나는 것(破邪顯正), 현재의 생에서 모든 악업을 끊고 생사를 초월하는 해탈을 얻음이 참 열반인 것이다.

무상하고, 괴롭고, 무아(無我)였던 일체가 곧바로 상·락·아·정(常·樂·我·淨)의 일체로 전환되어 새로운 세계관, 생명의 약동을 가져오는 열반을 얻는 것이다.

이 열반에 관해서도 대승불교에 와서는 더욱더 적극적인 뜻으로 풀이한다. 상·락·아·정이 열반의 네 가지 덕(四德)으로 법신(法身)과 불성(佛性)의 덕과 같은 것으로 본다.

　유여·무여열반(有餘·無餘涅槃) 외에 자성청정열반(自性淸淨涅槃)·무주처열반(無住處涅槃) 등에 관한 자세한 것은 '대승의 길 보살의 길'에서 알아보기로 한다.

제6장 지혜의 완성
반야바라밀(般若波羅密)

1. 모든 법은 다 공(空)
― 제법개공(諸法皆空) ―

(1) 근본 불교적인 아함부(阿含部)

  지금까지 소개한 십이연기, 사성제, 팔정도 등의 불교 교리는 석가 무니 부처님의 교설(敎說) 중, 가장 기본적이며 처음 설해진 근본적인 부분으로 이들을 아함부(阿含部)라고 한다.
  아함(阿含)이란, 아가마(Agama)란 범어로 '가까이 옴'이란 뜻이니 '전래되어 오는 것', '전래되어 오는 진리'란 의미를 내포하고 있는 것이다.
  이는 석가무니 부처님께서 만든 것도 아니요, 다른 사람이 만든 것도 아니며, 다만 부처님이 이 법을 자각하여 정각을 이룬 뒤에 모든 중생을 위하여 분별해 연설하고 드러내 보이시는 법이라는 것이다.

〈雜阿含 卷12〉

뒤에 부처님 제자들은 이 아함의 교법에 대하여 전문적인 연구를 행하여 분석하고 체계화하는데 커다란 업적을 세웠다.

(2) 전문적이고 출가 위주적인 불교로

그러나 그러한 기여 가운데 번쇄하고 훈고학적인 해석으로 더욱 난해하고 전문적인 불교로 되어 버렸다.

사성제·팔정도 등의 수행을 통하여 모든 번뇌(탐·진·치 삼독심)와 무지(無知)가 사라진 그곳은 생사의 괴로움을 초월한 절대적인 열반 세계로 인식되었다.

이러한 해탈 열반은 불교의 궁극적인 목적이 되었다.

생사라는 것은 우리 중생 세계의 현실인데, 열반은 그것을 부정하고 초월한 것이기에 '출세간적(出世間的)'인 불교가 될 수밖에 없다.

이러한 까닭으로 사회의 현실과 윤리를 무시한 허무적멸(虛無寂滅)의 도라는 비난도 있게 되고, 일반 대중과는 거리가 먼 전문적이고 출가 위주적인 불교로 되어 갔다.

이에 부처님의 근본 사상을 되찾으려는 운동이 일어나면서, 한편으로만 치우쳐 해석되었던 아함의 교설을 돌이켜보기 시작했다.

(3) 불타 근본 사상의 재조명

아함에 설해진 열반을 그렇게 절대적인 것이라고만 할 수 있을까?

생사와 열반, 유위법(有爲法)과 무위법(無爲法)은 연기법에 의하여 서로 연(緣)이 되고, 과(果)가 된다.

즉, 생사가 있으므로 열반이 있고, 열반이 있으므로 생사가 있다는 것이 분명한 것이다.

이렇게 서로 상의상관(相依相關) 관계가 있다면, 이 두 법에는 독자적인 존재성이 있을 수 없다. 독자적인 존재성이 없다면, 이 두 법은 본질적으로는 동일한 것이 아닌가?

생사는 곧 열반이요, 열반은 곧 생사인 것이다. 그런데도 생사와 열반을 분별하여, 그중 열반을 독자적인 존재성을 지닌 것으로 절대시한다면 이는, 실상을 그대로(如實) 보는 견해라 할 것인가?

실상을 그대로 보지 못하는 것은 망념(妄念)이요, 이러한 무명 망념은 다시 생사의 괴로움을 되풀이하는 원인이 되어버리는 것 아닌가?

생사의 괴로움을 근본적으로 해결하기 위해서는 이러한 분별 망념을 극복하지 않으면 안된다.

분별 망념에는 실체가 없다. 아함경에서 모든 법은 무아(無我)라고 설한다. 무아란 실체가 없는 것이요, 실체가 없는 것은 곧 공(空)이다.

(4) 모든 법은 다 자성이 빈 법(諸法皆空)

그러나 모든 법은 십이처·사대·오온 등의 유위법(有爲法)을 가리키고, 그 법들이 모두 무아라고 하는데 비해서, 유위법은 물론 열반과 같은 무위법(無爲法)까지 모든 법이 다 공(空)하다고 하는 제법 개공(諸法皆空)이 근본 진리라는 것이다.

제법이 무아라는 말에서 더 철저히 모든 법은 자성(自性)이 공하다는 뜻으로 해석되면서 공관(空觀)의 개념이 분명해진다.

공(空)이란 무엇인가?

이는 '자성(自性)이 빈 법'이다. 그러나 이 공이 허공(虛空)이나 무(無)의 뜻과는 전연 다르다. 〈般若經〉

그러면 불교에서 말하는 공(空)의 참된 뜻은 무엇인가?
반야공관(般若空觀)이라 이름 지어지는 공의 참뜻을 밝혀 보기로 하자.

2. 공(空)의 참뜻
― 반야공관(般若空觀) - 반야심경(般若心經) ―

(1) 큰 지혜로 저 언덕에 이르는 중심된 경

불교의 참 뜻을 천명하는데 가장 요긴하고 간략한 경을 반야심경(般若心經)이라 한다.

반야심경은 원래 마하반야바라밀다심경(摩訶般若波羅蜜多心經)을 줄여 부르는 이름으로 이는, 큰 지혜로 저 언덕에 이르는 중심된 경이란 뜻이다.

반야(般若)는 범어의 프라자나(Prajñā)로 지혜(智慧)를 뜻한다. 이 지혜는 모든 법이 자성이 공함을 보고 그 실상을 직관하는 지혜다.

모든 분별을 떠난 지혜이므로 무분별지(無分別智)라고 할 수 있다. 무분별지는 분별을 못하는 지혜가 아니라 분별을 떠난 본래의 실상을 그대로 꿰뚫어 보는 통찰의 지혜다.

(2) 조견오온개공(照見五蘊皆空)은 주제

관자재 보살이 반야바라밀다를 깊이 행하실 때(觀自在菩薩 行深般若波羅蜜多時) 오온이 모두 공임을 비추어 보시고 일체의 고액을 건느셨다(照見五蘊皆空 度一切苦厄) 한다.

반야심경은 이 한 구절로 모든 것을 다 밝혀내는 주제로 삼았다. 곧 반야의 지혜로써 피안에 도달하려 깊이(甚深) 행할 때 반드시 벗어나야 할 일체의 고액을 오온이 모두 공임을 비추어 보고 즉시 해탈하여 저쪽 언덕인 열반에 이르렀다는 뜻이다.

저 언덕인 열반에 도달하는 데에는 일체고액의 해탈이 필수적이다. 그러한 해탈을 오온이 공임을 조견하므로써 이루었다하는 것은 큰 의미가 있는 것이다.

(3) 모든 물질(色)·정신 세계의 실체는 공

공은 허공이나 무(無)와 같은 것이 아니다. 허공은 어떠한 물체도 없는 공간(空間)을 의미하고, 무(無)란 있던 것이 없어졌을 때 그 상태를 말한다.

공(空)은 그러한 것이 아니다. 현재 우리의 눈앞에 존재하는 모든 것의 참다운 모습, 실상(實相)을 그대로 직관하는 입장에서 공인 것이다.

오온이 모두 공임을 비추어 보고 이제, 하나하나 다시 확인하여 나간다. 오온 가운데 먼저 색을 살펴보자. 그랬더니 "색은 공과 다르지 않고 공은 색과 다르지 않으니 색이 곧 공이요, 공이 곧 색이다(色不異空 空不異色, 色卽是空 空卽是色)".

색은 형상과 색깔이 있는 모든 물질인데 그 실체는 없는 것이다. 이 것이 곧 공이라는 것이다. 분명히 있으면서도 없는 것, 그 본질을 직시하는 것이 공관(空觀)이다.

이제 오온의 나머지 정신 세계인 수·상·행·식은 어떠한가? 그것도 역시 마찬가지로 공과 다르지 않고 곧 공이다(受想行識 亦復如是). 오온을 한꺼번에 비추어 보거나 나누어서 비추어 보거나 마찬가지로 모두 공임을 알게 하는 것이다.

(4) 제법공(諸法空)의 실상

유형이건 무형이건 물질 세계건 정신 세계건 모든 법이 이렇듯 공인데 그 공의 모양은 어떤 것인가?

"모든 법의 모양은 생하지도 않고 멸하지도 않고 더럽지도 않고 깨끗하지도 않으며 늘어나지도 않고 줄어들지도 않는 것(是諸法空 相 不生不滅 不垢不淨 不增不減)"이다.

모든 법의 실상은 이와 같이 불생불멸하고 불구부정하며 부증불감하는 공이라고 파악하게 하는 것이다.

그러하다면 공 가운데에 무엇이 있을 수 있는가?

어떠한 것도 있을 수 없다. "그러므로 공에는 색이 없고 수·상·행·식도 없다(是故 空中無色 無受相行識)" 공에는 오온이 모두 없는 것이다.

그러면 우리가 일체라고 보았던 안·이·비·설·신·의 육근(六根)과 색·성·향·미·촉·법 육경(六境)과 안계(眼界)에서부터 의식계(意識界)까지의 십팔계(18界)는 어떠한가?

그것도 물론 있을 수 없는 것이다. 이미 12처와 18계가 다시 구성되고 종합되어 오온으로 되었기 때문에 오온이 없으면 12처나 18계도 당연히 있을 수가 없는 것이다.

'오온이 모두 공이다'는 한마디에 다 포함되어 있지만 더욱 철저히 인식시키기 위해 낱낱이 그 설명을 해나가는 것이다.

"눈·귀·코·혀·몸·생각도 없고 색·소리·냄새·맛·촉감·법도 없으며 안계도 없고 내지 의식계도 없느니라(無眼耳鼻舌身意無色聲香味囑法 無眼界 乃至 無意識界)"

나아가 무명으로부터 노사까지의 십이연기에 대해서도 마찬가지로 설명한다.

(5) 12연기 · 4성제도 무소득(無所得)

"무명이 없고 무명의 다함도 없으며 내지 늙어 죽음도 없고 늙어 죽음의 다함도 없다(無無明 亦無無明盡 無老死 亦無老死盡)"

또 "고집멸도 사제도 없으니 지혜도 없고, 또한 얻을 것도 없다(無苦集滅道 無智 亦無得)"고 철저히 존재에 대한 부정을 해나간다.

"이것이다, 저것이다, 실체는 이렇다"하는 분별 망념을 철저히 타파하므로써 만이 모든 존재의 실상을 그대로 볼 수 있기 때문이다.

"이와 같이 얻은 바가 없으므로써 보살은 반야바라밀다에 의지하는 까닭에 생각에 걸림이 없고, 걸림이 없는 까닭에 두려움도 없고 전도와 몽상을 멀리 여의고 구경열반에 든다(以無所得故 菩提薩陀 依 般若波羅蜜多 故 心無罣碍 無罣碍故 無有恐怖 遠離顚倒夢想 究竟涅槃)"

얻을 것도 없고, 얻은 바도 없으므로 반야바라밀에 의지하게 되는 것이다. 만일 얻음이나 얻은 바가 있다면 반야가 될 수 없다. 어떠한 것에도 집착되어 있지 않고 어떠한 분별 망상도 벗어나 아무런 걸림도 없어야 반야라 할 수 있기 때문이다.

(6) 현장법사 역 반야심경

般若波羅蜜多心經
반야바라밀다심경   (玄奘法師 譯)

觀自在菩薩 이 行深般若波羅蜜多時 에
관자재보살   행심반야바라밀다시
(관자재 보살이 반야바라밀다를 깊이 행하실 때에)

照見五蘊皆空 하여 度 一切苦厄 하시니라
조견오온개공   도 일체고액

(오온이 모두 공임을 비추어 보시고 일체의 고액을 건느셨다.)

舍利子야 色不異空이요 空不異色이라 色卽是空이요 空卽是色이며
사리자 색불이공   공불이색   색즉시공   공즉시색

(색은 공과 다르지 않고, 공은 색과 다르지 않아 색이 곧 공이요, 공이 곧 색이다.)

受想行識도 亦復如是니라
수상행식   역부여시

(수·상·행·식도 또한 이와 같다.)

舍利子야 是諸法空의 相은 不生不滅이요 不垢不淨이며 不增不減이니라
사리자   시제법공 상 불생불멸   불구부정   부증불감

(사리자야, 이 모든 법의 공의 모양은 생하지 않고 멸하지 않으며, 더럽지 않고 깨끗하지 않으며, 늘어나지 않고 줄어들지 않는다)

是故로 空中에는 無色이며 無 受想行識이니
시고   공중   무색   무 수상행식

(그러므로 공에는 색이 없으며 수·상·행·식이 없으니)

無 眼耳鼻舌身意요 無 色聲香味觸法이며
무 안이비설신의   무 색성향미촉법

(눈·귀·코·혀·몸·마음이 없고, 색·소리·냄새·맛·촉감·법이 없다)

無 眼界 乃至 無 意識界이며
무 안계 내지 무 의식계

(안계가 없고 의식계까지 없다)

無 無明이라 亦無 無明盡이요 乃至 無 老死라 亦無 老死盡이며
무 무명   역무 무명진   내지 무 노사   역무 노사진

(무명이 없고 또한 무명의 다함도 없으며 내지 늙어 죽음도 없고 늙어 죽음의 다함도 없다)

無 苦集滅道 니 無智 라 亦無得 하여
무 고집멸도　　무지　　역무득

(고 · 집 · 멸 · 도가 없으니 지혜도 없고 얻음도 없다.)

以無 所得故 로 菩提薩陀 는 依 般若波羅蜜多故 로 心無罣碍 요
이무 소득고　　보리살타　　의 반야바라밀다고　　심무가애

(얻은 바가 없으므로써 보살은 반야바라밀다에 의지하는 까닭에 생각에 걸림이 없다.)

無罣碍故 로 無有恐怖 며 遠離顚倒夢想 하고 究竟涅槃 하니라
무가애고　　무유공포　　원리전도몽상　　　구경열반

(걸림이 없는 까닭에 공포가 없고 전도와 몽상을 멀리 여의고 구경열반에 든다)

三世諸佛 도 依 般若波羅蜜多故 로 得 阿耨多羅三藐三菩提 하시니라
삼세제불　　의 반야바라밀다고　　득 아뇩다라삼먁삼보리

(삼세의 모든 부처님도 반야바라밀다에 의지하는 까닭에 아뇩다라삼먁삼보리를 얻으셨다)

故知 하라 般若波羅蜜多 는 是 大神呪 며 是 大明呪 며 是 無上呪 며
고지　　　반야바라밀다　　시 대신주　　시 대명주　　시 무상주

是 無等等呪 이니라
시 무등등주

(그러므로 반야바라밀다는 대신주이며 대명주이며 무상주이며 무등등주임을 알아라)

能除一切苦 는 眞實不虛 라 故 로 說 般若波羅蜜多呪 니 即說呪曰
능제일체고　　진실불허　　　고　　설 반야바라밀다주　　즉설주왈

揭諦揭諦 波羅揭諦 波羅僧揭諦 菩提 娑婆訶 이니라
아제아제　바라아제　바라승아제　보디　사바하

(능히 일체의 괴로움을 없앰이 진실하여 거짓이 아니다. 그러므로 반야바라밀다주를 설하니 즉 아제아제 바라아제 바라승아제 보디 사바

하라 한다.)

3. 마하반야바라밀(摩訶般若波羅蜜)

(1) 마하반야바라밀은 큰 지혜의 완성

모든 법에 실체가 없음을 밝히는데 금강경(金剛經)에서는 "모든 법은 꿈과 같고 환(幻)과 같으며 물거품 같고 그림자 같으며 또한 번개와 같은 것이다"고 한다.　　　　　　　　　　　　　　〈金剛經〉

분별 망념의 부정으로부터 실천행을 일으키고, 그러한 실천행은 경계를 얻게 하는데, 그런 경계에 집착하면 또다시 분별 망념이라는 것이다.

다시 분별 망념의 부정이 있게 되고, 무한한 자기 부정적 실천이 계속되어 마침내 진여(眞如)의 세계에 도달한다.

이러한 뜻을 나타내는 말이 언어로써 표현하기가 극히 어려우나 한 마디로 말하자면 마하반야바라밀이다.

마하(摩訶 Mahā)는 크다는 뜻이요, 반야(般若 prajñā)는 지혜이다.

바라밀은 바라밀다(波羅蜜多 Pāramitā)로써 저쪽 언덕인 피안에 도달한다는 '도피안(倒彼岸)'이라는 뜻이다. 저 언덕에 이른 상태는 궁극적인 것, 완성된 것과도 통하는 말이니, 두 낱말이 합하여 이루어진 반야바라밀은 '지혜가 피안에 이른 것(智倒彼岸)', 또는 '지혜의 완성'이라는 뜻이 된다.

(2) 반야바라밀로 구경열반(究竟涅槃)

생사가 있는 이쪽 언덕〔此岸〕으로부터 일체의 분별 망념을 멸하여 궁극적인 피안(彼岸)에 이르는 것을 반야바라밀이라 하지만, 소극적인 열반의 뜻과는 다른 것을 알아야겠다.

생사와 열반을 분별했을 때의 열반경계가 아니요, 그러한 분별의 세계를 벗어난 것이 반야의 구경열반 세계이기 때문이다.

"모든 법은 가가 없음(無邊)이니 전제(前際)도 얻을 수 없고 중제(中際)도 얻을 수 없고, 후제(後際)도 얻을 수 없다. 연(緣)이 무변(無邊)이기에 반야바라밀도 무변이다"라고 까지 공관(空觀)의 실천에 대하여 말한다. 〈小品般若 卷1〉

일체가 공이요, 공이라는 것도 또한 공(空亦復空)이며, 일체는 얻을 수 없으며, 얻을 수 없다는 것도 또한 얻을 수 없는(不可得) 것이다.

공의 절대적인 부정이 계속되는 가운데 절대적인 긍정을 이룰 수 있다는 의미가 성립된다.

어떠한 것에도 집착되지 않는 그러한 세계에 진정한 대자유가 있고 해탈이 있는 것이며, 여기에는 또한 진정한 긍정이 있게 된다는 진공묘유(眞空妙有)의 도리가 반야공관이라 할 것이며, 이로써 피안에 도달할 수 있기에 반야바라밀이다.

반야바라밀다는 이렇게 모든 분별 망념을 초월하여 일체의 괴로움을 없애주는 것이니 "반야바라밀다에 의지할 때 마음에는 걸림이 없고, 마음에 걸림이 없는 까닭에 무서움이나 놀람의 공포가 없고 거꾸로 된 생각을 멀리 떠나 궁극적인 열반에 이른다" 하신 것이다.

(3) 생사고를 해탈하는 진실된 길

"과거, 현재, 미래 삼세(三世)의 모든 부처님이 위없는 바른 깨달음(삼먁삼보리)을 얻는 것도 반야바라밀다에 의해서다(三世諸佛依 般若波羅蜜多 故 得阿耨多羅 三藐三菩提)"고 했으며

"그러므로 바라밀다는 대신주(大神呪)이며 대명주(大明呪)이며 무상주(無上呪)이며 무등등주임을 알지니라"(故知 般若波羅蜜多 是大神呪 是大明呪 是無等等呪) 한다.

신비로운 활용을 헤아릴 길 없으므로 대신주라 이르고, 무명을 타파하여 어리석음을 없애므로 대명주라 칭하고, 더 이상 위 없으므로 무상주요, 동등할 바가 하나도 없어 무등등주인 이것이 반야바라밀이다. 나아가

"능히 일체의 괴로움을 없앰이 진실하여 거짓이 아니다(能除一切苦 眞實不虛)"고 거듭 생사고를 해탈하는 진실된 길은 반야바라밀에 있다고 강조하는 것이다.

"그러므로 반야바라밀다주를 설하노니 즉, 주를 설하여 이르되 아제 아제 바라아제 바라승아제 보디 사바하"라 한다.

이는 '가세 가세 피안으로 가세, 피안으로 바로 가세! 깨달음을 성취하네'의 뜻이다.

공사상(空思想)은 불교의 근본 사상으로 대승에 들어서서는 더욱 깊어져 무상개공(無相皆空)·유공중도(有空中道) 등 실상론의 근간을 이루게 된다. 다음 편에서 살피기로 한다.

4. 지혜의 완성자, 보살(菩薩)

지금까지 우리는 부처님의 근본 가르침이 어떠한 것이었는지? 현실 세계의 관조로부터, 깨달은 진리, 그리고 해탈의 수행도를 알아보며, 지혜를 완성하는 길까지 부처님의 가르침을 살펴 보았다.

(1) 도를 차츰 열어보이는 가르침과 부처의 본원

부처님의 가르침은 점진적으로 중생들을 성숙시켜 가서 마침내는 깨달음을 얻게 하는 편리한 방법〔方便〕을 채택하고 있음을 느끼면서 이제, 한 걸음 더 나아가 개인적인 해탈과 열반, 깨달음을 얻는데 그치지 않고, 모든 중생을 깨달음의 길로 인도(引導)하시는 부처 본연의 도(道)를 차츰차츰 열어보이는(開示) 가르침을 알아가려 한다.

이는 석가모니 부처님이 이 세상에 출현(出現)하시기 전까지의 수행과정에서 보여주는 부처님 전생의 모습에서, 그리고 보리수 아래서 위 없는 깨달음을 이룬 다음 그 깨달음을 중생에게 펼쳐야겠다는 사유(思惟)와 결정으로부터 이미 알 수 있듯이, 홀로 깨달음의 법열(法悅)을 누리지 않고 모든 중생을 깨닫게 하여 제도(濟度)하는 일이 부처의 본원(本願)이라는 가르침이 있게 된다. 〈長阿含 卷1〉

(2) 보살은 반야바라밀다의 성취자

해탈의 수행도에서, 해탈과 열반을 얻은 성자는 생사에서 벗어난 아라한이라 한다. 그러나 그 열반은 무위법(無爲法)의 열반이다.

이제 **반야바라밀다**의 성취에서는 생사를 떠난 열반을 얻음이란 구경열반(究竟涅槃)이 아니었다. 일체는 얻을 수 없으며 얻을 수 없다는 것도 또한 불가득(不可得)이라. 이러한 **반야바라밀다**의 성취자를 **보살**이라 한다.

보살(菩薩)이란 인도말로 **보디삿트바**(Bodhisattva)를 중국에서 소리대로 보리살타(菩提薩陀)라 음역하고 이를 줄여서 보살(菩薩)이라 표현한 것이다.

보살은 보리(菩提-Bodhi)와 살타(薩陀-Sattva)의 합성어다.

보리(Bodhi)란 깨달음(覺)을 뜻한다. 그 깨달음이란 언어로써는 표현할 길이 없고(言語道斷) 생각이 끊어진(心行處滅) 경계, 진리 자체를 스스로 체험하여 얻은 자내증(自內證)의 깨달음이다. 깨닫기 전에는 도저히 알 수 없으나 깨닫고 나면 너무나도 명백한 진리의 실상인 경계이기에 깨달음이라 한다.

살타(Sattva)는 생명이 있는(有情) 중생(衆生)을 뜻하므로 **보리살타**, 곧 **보살**은 깨달음을 구하는 생명이요, 깨달음 속의 중생이라는 뜻이 된다.

(3) 보살은 중생과 함께 깨달음

나아가 **보살**의 뜻을 광범위하게 살펴보면
① 깨달음을 구하는 분-깨달음 속에 있는 구도자(求道者)-이요
② 깨달은 분-이미 깨달음을 얻은 분-이며
③ 깨닫게 하는 분-스스로 뿐만 아니라 아직 깨닫지 못한 중생을 깨닫게 하는 분-이란 뜻도 포함되어 있는 것이다.

보살이 깨달음을 구하는 것은 아라한(阿羅漢)이 열반을 구하는 것과는 다르다. 이 세간을 떠난 열반만을 구하는 출세간(出世間)적인 수행이 아라한의 수행이라면 **보살**은 생사와 열반, 번뇌와 보리, 나와 남

등의 모든 분별을 떠난 평등한 깨달음을 구하는 수행이다.

　보살은 부처님과 같은 깨달음을 얻는 것이 궁극적인 목표지만 이에 앞서 먼저 중생을 제도(濟度)하겠다는 서원(誓願)이 있다.

　보살의 수행을 흔히 "위로는 깨달음을 구하고(上求菩提) 아래로는 중생을 교화(下化衆生)"하는 것이라고 표현하는데 이는 깨달음을 구하는 일과 중생을 교화하는 일을 동시에 끊임없이 수행한다는 것이다. 깨달음을 구하는 것이 곧 중생을 교화하는 것이요, 중생을 교화하는 일이 곧 깨달음을 구하는 일로써 선후가 있을 수 없는 동시의 서원인 것이다.

　지장보살(地藏菩薩)은 지옥에서 고통받고 있는 모든 중생을 제도하기 전에는 결코 성불하지 않겠다(衆生度盡 方證菩提 地獄未濟 誓不成佛)고 서원하며,

　아미타불이 부처를 이루기 전에 자신이 비록 부처가 된다 하더라도, 괴로운 중생에게 깨달음을 열어줄 수 있는 것이 아니라면 결코 깨달음을 얻지 않겠다고 서원한 것 등이 이러한 뜻이다.

　중생을 제도하고 깨닫게 해주지 못하는 혼자만의 깨달음은 완전한 깨달음이라 할 수 없는 것이기 때문이다.

(4) 발사홍서원(發四弘誓願)

여기에서 모든 **보살**의 대표적인 네 가지 큰 서원이 펼쳐지게 된다.
① 중생이 가 없어도 건지고야 말리라(衆生無邊誓願度)
② 번뇌가 끝 없어도 끊고야 말리라(煩惱無盡誓願斷)
③ 법문이 한 없어도 배우고야 말리라(法門無量誓願學)
④ 불도가 위 없어도 이루고야 말리라(佛道無上誓願成)

　이러한 서원으로 수행을 하여 반야바라밀다를 성취한 완전한 지혜의 완성자가 곧 **보살**이라 할 것이다.

이에 **보살**은 스스로 깨달음을 구하는 구도자(求道者)일 뿐만 아니라, 아직 깨닫지 못하고 미혹에 쌓여 괴로움에 헤매이는 중생들을 깨달음으로 인도하는 인도자이니 중생과 한 몸으로 대자비를 나누는(同體大悲) 인격의 완성이라 할 것이다.

5. 육바라밀의 수행

반야바라밀을 성취하여 지혜를 완성한 이상적인 인간상이 보살이다.

보살은 반야바라밀을 행할 때에 그와 함께 보시와 지계·인욕·정진·선정의 다섯 바라밀을 함께 행해야 한다. 이것이 보살이 닦아가야 할 보살도(菩薩道) 육바라밀이라 한다.

(1) 육바라밀

① **보시바라밀**(布施-dāna)은 자기의 소유를 다른 사람에게 베풀어 주는 일이다. 보시에는 세 가지가 있다.

물건으로써 남에게 베풀어 주는 재보시(財布施)와 올바른 길로 이끌어 주는, 법을 베풀어 주는 법보시(法布施) 그리고 두려움을 없애주고 안락을 주는 무외시(無畏施)가 있다.

또한 보살은 베풀어 주면서도 준다는 생각이 없이 베풀어야 하는 것이다.

② **지계바라밀**(持戒-śila)은 계율을 잘 지니는 바라밀이다. 계로는 삼귀의계, 오계(불살생·불투도·불사음·불망어·불음주)와 십선계 등이 있으며, 대중이 모여 사는 곳에는 율(律)이 있다.

이러한 계율을 잘 지켜야 하며 또, 지키면서 부담감이나 자만심이 있어서도 안 된다.
　③ 인욕바라밀(忍辱-kṣānti)은 괴로움이 있다 하더라도 능히 그 괴로움을 받아들여 참는 것(安受苦忍)이다. 어려움에 당해서나 욕된 일을 겪을 때, 분함을 참지 못하고 견디지 못하면 안된다. 보살은 마음에 흔들림이 없고 안주하는 일이 바라밀이기 때문이다.
　④ 정진바라밀(精進-virya)은 게으르지 않고 부지런히 노력하여 나가는 것이다. "방일하지 않으므로써 나는 정각(正覺)을 이루었고 방일하지 않아서 무량한 선법을 낳았느니라" 선법(善法)을 증장시키는 데는 정진이 없인 안되는 것이다.
　⑤ 선정바라밀(禪定-dhyāna)은 산란한 마음을 가라앉히고 고요히 사려(靜慮)하는 것이다. 그리하여 유혹당하지 않고 흔들림이 없이 마음이 일정해지는 것을 정(定)이라 한다. 선정바라밀이 없인, 모든 혹(惑)의 번뇌를 끊고 깨달음을 얻을 수 없는 것이다.
　⑥ 반야바라밀(般若-prajñā)은 보시에서부터 선정바라밀까지 다섯 바라밀을 주도하는 것이다.

(2) 육바라밀의 공덕

　보시바라밀로 간탐심(慳貪心)을 없이 하고, 지계바라밀로 범계심(犯戒心)을 물리치며, 인욕바라밀로 성냄(瞋心)을 가라앉히고, 정진 바라밀로 해태심(懈怠心)을 여의며, 선정바라밀로 산란심(散亂心)을 누르고, 반야바라밀로 어리석음(無智心)을 벗어나면, 여기서 대자비심이 일어나고 모든 선법(善法)이 쌓이는 것이다.
　이러한 바라밀의 수행은 곧 나도 이롭고 남도 이롭게 하는 자리이타(自利利他)의 마음을 일으켜 나의 구제와 함께 모든 중생의 제도를 원하는 큰 서원을 발하게 되는 것이다.
　자세한 것은 이후 '대승의 길, 보살의 길'에서 다루기로 한다.

제7장 부처님의 위덕과 자비

1. 부처님은 어떤 분이신가?

(1) 영원한 생명의 화현(化現)

이미 우리는 부처님의 생애를 통해서 그리고 부처님의 가르침을 알아오면서 부처님에 대하여 대개는 파악을 했을 것이다.

석가무니 부처님은 분명히 역사적인 인물이었다. 우리와 똑같은 인간의 모습으로 이 세상에 출현하여 인간이면 누구나 겪는 생로병사의 모습을 그대로 따라 일생을 마치신 분이다.

그러나 부처님은 고통에 허덕이는 중생들을 구제하려고 원력으로 태어나신 영원한 생명의 화현(化現)이셨다. 그리고 다시 영원한 생명으로 돌아가신 것이다.

우리는 석가무니 부처님의 인간적인 면만 알고 느끼다 보면 부처님의 크나큰 위덕을 모르기가 쉽다. 여기서는 부처님이 어떠한 위덕이 있으신지 살펴보기로 한다.

(2) 부처님의 위덕(如來十號)

부처님은 더 이상 위없는 깨달음(無上正等正覺)을 얻으신 분이다.
부처님은 스스로 선언하신다.
"나는 일체에 뛰어나고 일체를 아나니 같은 자가 없으며, 이 세상에 비할 자도 없다. 나는 일체를 이긴 승자(一切勝者)요, 일체를 아는 자(一切智者)니라."
"부처는 과거, 현재, 미래의 모든 것을 밝은 지혜로 환히 알아, 닦아야 할 것은 이미 다 닦고, 끊어야 할 것은 이미 끊었다. 그러므로 이름을 부처라 한다" 하신다. 〈雜阿含 卷4〉

부처님의 위덕을 표현하기 위하여 흔히 여래십호(如來十號)를 말한다.
"진리 따라 오시어 정각을 깨치신 분이라 하여 여래(如來)요, 사람과 하늘의 공양을 마땅히 받을 만한 분이라 응공(應供)이며, 일체 법을 바르게 두루 깨친 분이라 정변지(正編知)며, 삼명(三明)의 행이 구족하신 명행족(明行足)이며, 진리 따라 잘 가신 분이라 선서(善逝)요, 세간의 모든 것을 능히 아시는 분이라 세간해(世間解)요, 더 이상 위없는 분이라 무상사(無上士)요, 능히 사람을 잘 길들이는 조어장부(調御丈夫)요, 하늘과 인간의 스승이신 천인사(天人師)며, 깨달으신 가장 존귀한 분이라 불세존(佛世尊)이다." 〈雜阿含 卷20〉

(3) 부처님의 공덕(十八不共法)

나아가, 부처님은 다른 사람에게는 없는 18불공법(不共法)의 공덕을 갖추셨다고 한다. 이는 십력(十力)·사무소외(四無所畏)·삼념주

(三念住)・대비(大悲)를 말한다.
　십력(十力)이란,
　① 바른 도리와 아닌 도리를 판별하는 처비처지력(處非處智力)
　② 삼세의 선악업과 그 과보를 여실히 아는 업이숙지력(業異熟智力)
　③ 사선・팔해탈・삼삼매・팔등지 등을 여실히 아는 선정해탈지력(禪定解脫智力)
　④ 중생의 근기를 모두 아는 근상하지력(根上下智力)
　⑤ 중생의 의욕경향을 아는 종종승해지력(種種勝解智力)
　⑥ 중생계와 세간을 다 아는 종종계지력(種種界智力)
　⑦ 모든 수행과 도를 아는 변취행지력(偏趣行智力)
　⑧ 중생의 숙명을 여실히 아는 숙주수념지력(宿住隨念智力)
　⑨ 중생의 생사・미래를 아는 사생지력(死生智力)
　⑩ 일체의 번뇌가 다하여 현세에 해탈을 증득하는 누진지력(漏盡智力)을 말한다.
　이러한 십력은 오직 부처님만이 성취하는 것이다. 〈雜阿含 卷26〉
　또, 사무소외(四無所畏)가 있는데,
　이는 아무런 두려움이 없이 일체지자(一切智者)로서 모든 번뇌를 극복했고, 수행에 장애되는 법을 설하고, 괴로움을 멸하는 길을 설할 수 있는 자신이 있는 것이다.
　또, 부처님은 중생이 신봉하여도 희심(喜心)을 일으키지 않고, 불신하여도 근심하지 않고 또, 신봉하거나 비방하거나 정념(正念)에 머무는 삼념주(三念住)가 있다.

(4) 육신은 멸해도 법신은 상주(常住)

　부처님의 육체는 서른두 가지의 훌륭한 상(三十二相)과 팔십 가지의 뛰어난 모습(八十種隨形好)을 갖추고, 정신적으로는 위신력과 덕성을 구비하셨는데, 여든 살을 일생으로 열반에 드시려 하자 그 제자들은 슬픔과 비탄에 젖었다.

부처님은 제자들에게 말씀하셨다.

"나의 육체는 비록 멸도하지만 법신(法身)은 영원히 머물러 없어지지 않느니라. 내가 멸도한 뒤에는 계율과 법으로 너희들의 스승을 삼아라." 〈增一阿含〉

부처님의 육신은 비록 멸하셨다 하여도 법신(法身)은 온 법계에 두루 상주(常住)하시는데 어찌 부처님을 받들고 모심에 조금이라도 소홀함이 있으랴!

(5) 부처님의 자비

불교는 대자 대비(大慈大悲)가 근본이다. 지혜와 함께 자비를 갖추신 분이 부처님이다.

자비는 어떻게 해서 일어나는가?

부처님은 무명을 타파하고, 온갖 번뇌를 끊고, 어리석음에서 벗어나 지혜를 얻도록 가르치신다. 이 지혜를 바탕으로 자비가 일어난다.

지혜를 얻게 되면 탐내고, 성내고, 어리석은 삼독심이 없어지고, 살생하고 투도하는 등 악업을 짓지 않고 선업을 짓게 됨에 자연히 자비가 일어나는 것이다.

자(慈)는 남에게 이익과 안락을 주는 것이요(與樂),

비(悲)는 불이익과 고통을 덜어주려는(拔苦) 인간애인 것이다.

지혜가 깊어지면 그에 따라 자비도 더욱 강렬해지는 것이다. 위없는 깨달음을 얻은 부처님에게 있어서 그 자비는 무한일 수밖에 없다. 부처님의 일생은 자비행의 일생이었다 할 것이다.

"지자(智者)는 일체 중생이 생사의 고해에 빠져 허덕이는 것을 보고 건지고자 하므로 대비(大悲)를 일으킨다.

사도(邪道)에 헤매이는 데도 이끌어주는 사람이 없음을 보고, 대비(大悲)를 일으킨다.

오욕의 진수렁에 빠져 나올 수 없으면서도 방일하는 것을 보고, 대비(大悲)를 일으킨다.

재물과 처자에 얽매어 빠져 나오지 못함을 보고, 대비(大悲)를 일으킨다.

중생들이 악업을 짓고 고통을 받으면서도 탐착하는 것을 보고, 대비(大悲)를 일으킨다.

생로병사를 두려워하면서도 오히려 그 업을 짓는 것을 보고, 대비(大悲)를 일으킨다.

무명의 어둠 속에 있으면서 지혜의 등불을 밝힐 줄 모르니 이 대비(大悲)를 일으킨다." 〈優婆塞戒經〉

부처님의 자비는 참으로 크다고 아니할 수가 없다. 괴로움을 여의고 깨달음을 얻도록 그리고 모든 사람이 요익하도록 부처님의 자비의 문은 항시 열려 있는 것이다.

제4편
여러 가지 상식

제1장 절의 구조와 각 건물의 명칭

1. 절 입구에서 본당(本堂)까지

(1) 우리 나라 절의 구조

 옛부터 내려온 우리 나라의 큰절들을 찾으면 절의 구조가 복잡하고 건물마다 한문으로 현판이 걸려 있는데 어리둥절하게 된다.
 절의 구조는 대개 어떻게 되어 있으며 현판의 명칭들은 무엇을 뜻하는가?
 신라 시대, 고려 시대, 이조 시대 등 시대에 따라 구조의 차이를 보이나 대략적으로 알아보기로 한다.
 우리 나라 절의 구조와 건물 배치 등에는 일정한 규정은 없으나 이루어진 형식에 따라 '쌍탑식 평지가람' '일탑식 산간가람' 등으로 나누고 있다.
 이것은 절의 중심부를 이루는 본 건물에 하나의 탑으로 이루어진 형식인가, 쌍탑(雙塔)으로 이루어진 형식인가에 따라 불려지는 것이다.

대개 절의 중심부는 본 건물과 탑을 중심으로 하니, 이는 불상과 부처님사리(佛舍利)를 받드는 불보(佛寶) 존중의 뜻이다.

절 중앙의 법당 양편으로 승방(僧房)이 있어 스님들이 수행하는 곳으로 삼고 각 부속 건물이 주위에 배치되어 있다.

절 입구에서 법당까지는 각종 문(門)과 누각으로 늘어 서 있고 필요한 건물과 시설물들이 있게 된다.

(2) 일주문(一柱門) · 불이문(不二門)

대부분 절의 입구에 일주문이 있다. 이 일주문은 양쪽에 기둥 하나씩만을 세워서 문을 세웠기에 일주(一柱)문이라 한다. 여기서부터 그 절의 경내가 되고 들어가는 입구가 되는 것이다. 이 일주문에 ○○산(山) ○○사(寺)라는 현판이 걸려 있다.

일주문과 불이문이 따로 있는 곳도 있어 두 가지가 별개의 문인 것처럼 보이기도 하나 일주(一柱)란 불이(不二)로서 둘이 아니라는 뜻이다.

우리가 살고 있는 현상계는 모두가 상대적인 차별이 있어 따로따로 있는 것 같지만 그 실상(實相)인 본질(本質)은 둘이 아닌 평등성인 것이다.

이 문에 들어오면 이러한 진리를 깨닫고 본래의 성품을 밝히라는 뜻에서 불이문(不二門)이라 이름 붙여진 것이다.

불이문 기둥에 '入此門內 莫存知解(입차문내 막존지해)'라는 글이 붙어 있는데 이는 "이 문 안에 들어오면 알음알이(잔꾀로 헤아림)를 내지 말라"는 것으로 둘이 아닌 실상의 본바탕을 깨달으라는 것이다.

(3) 사천왕문(四天王門)-중문(中門)-해탈문(解脫門)-봉황문

 일주문을 들어서면 다음에 문을 달아 놓은 건물이 천왕문 또는 중문이라 한다.
 이 건물의 문을 밀치고 들어서면 양쪽으로 험상궂고 무섭게 생긴 모습을 한 형상들이 칼과 창 등을 들고 넷이 서 있다. 이들은 동서 남북 사방 천하를 다스리는 사천왕(四天王)으로, 불법(佛法)을 수호하고 밖에서 오는 삿된 마군(魔群)들을 막는 역할을 한다.
 이곳을 지나면서 세상에서 저질렀던 잘못된 일들, 그리고 물들었던 나쁜 마음들을 모두 털어버리고 맑고 깨끗한 마음으로 부처님께 참배하는 것이다.
 또 다른 이름으로 해탈문(解脫門) 또는 봉황문(鳳凰門)이라고도 한다.

(4) 누각(樓閣)-문루(門樓)-강당(講堂)

 천왕문을 지나면 강당으로 쓰이는 누각이 있다. 여기서부터 절의 중심 지역이 된다.
 누각은 2층 형태로 아래는 기둥만 서 있어 통행이 자유롭고 이층에는 마루를 깔아 강당으로 사용한다.
 이곳에 강설루(講說樓)란 현판이 대개 붙어 있다. 이는 법을 강의하고 설하는 곳이라는 뜻이다.
 들어가는 문(門)과 누각의 뜻을 합하여 문루(門樓)라고도 한다.

2. 절의 중심부

(1) 법당(法堂) - 불당(佛堂) - 금당(金堂)

누각에 들어서면 맞은편으로 절의 가장 중요한 법당이 있다.
이 법당을 예전에는 부처님을 모신 집이라 하여 불당(佛堂)이라 하고 또, 부처님은 가장 존귀한 분으로 황금같으신 몸과 금광명(金光明)을 놓으시는 분의 집이라 하여 금당(金堂)이라고도 했다.
이후 차츰 부처님 법을 받들고 설(說)하는 곳이라 하여 법당(法堂)이라 하여 왔다. 이 법당은 법당 안에 모신 부처님에 따라 명칭과 현판이 각기 다르다.

(2) 대웅전(大雄殿) - 큰법당

석가무니 부처님을 모신 곳이다. 부처님은 큰 힘이 있어서 모든 마군(魔群)이를 항복받으므로 대웅(大雄)이라 하여 법당을 대웅전 또는 대웅보전(大雄寶殿)이라고 한다. 요즈음에는 한글로 큰법당이라고도 쓴다.
대웅(大雄)이란 '위대한 어른'이란 뜻으로 모든 부처님에게 공통되는 표현이기에 석가무니 부처님 이외의 다른 부처님을 모시고도 대웅전이란 이름을 붙이기도 한다.

(3) 팔상전(八相殿 - 捌相殿)

석가무니 부처님이 일생 동안 여덟으로 구분하여 모습을 나타내 보이기에 팔상(八相)이라 하고 팔상을 모신 집이라 팔상전(捌相殿)이라 한다.

　팔상전에는 석가무니 부처님을 중앙에 모시고 좌우로 부처님의 일생을 그린 팔상도를 모신다.

　팔상은 도솔래의상, 비람강생상, 사문유관상, 유성출가상, 설산수도상, 수하항마상, 쌍림열반상이다.

(4) 대적광전(大寂光殿)-대광보전(大光寶殿)

이곳은 비로자나불(毘盧遮那佛)이 모셔진 곳이다. 비로자나불은 부처님의 진신(眞身)을 나타내는 칭호로 법신불(法身佛)이라고 하며, 광명이 두루 비춰 미치지 않는 곳이 없으므로 대적광·대광보전이라 하며 또는 비로전(毘盧殿)이라고도 한다.

(5) 무량수전(無量壽殿)-미타전(彌陀殿)-극락전(極樂殿)-무량광전(無量光殿)

무량수전(無量壽殿)은 아미타불을 모신 곳이다. 아미타불은 한량없는 생명을 깨달으신 분, 영원한 생명이신 부처님으로 무량수불(無量壽佛)이라 하고 또 광명은 과거·현재·미래 삼세에 이르도록 한량없으므로 무량광불(無量光佛)이라 하며 주도하시는 세계가 극락 세계이므로 극락전, 극락보전(極樂報殿)이라고도 한다.

(6) 천불전(千佛殿)-삼천불전(三千佛殿)-만불전(萬佛殿)

부처님 일천 분을 모신 곳이라 하여 천불전이라 한다.

　천불이란 이 세상에 석가무니 부처님 한 분만 아니라 계속 출현하시는 부처님들이 천 분이란 것이다. 석가무니 부처님 이전에도 부처님이 계셨고 또 이후에도 부처님이 출현하시니 미륵불이다.

과거, 현재, 미래에 각각 일천 부처님이 계신다 하여 삼천불(三千佛)을 말하기도 하여 삼천불을 모신 곳은 삼천불전이라 하고, 또 요즈음은 일만 부처님을 모시고 만불전이라고도 한다.

(7) 미륵전(彌勒殿) - 용화전(龍華殿)

석가무니 부처님 이후, 당래(當來)에 교화를 맡으실 부처님인 미륵불을 모신 곳이다. 미륵불이 주도하시는 세계는 용화 세계라 용화전이라고도 한다.

(8) 약사전(藥師殿)

약사 여래 부처님을 모신 곳이다. 동방의 정유리 세계(淨瑠璃世界)를 교화하시는 부처님으로 대의왕불(大醫王佛)이라고도 하며 과거에 12대원을 발하여, 이 세계 중생의 질병을 치료하고 수명을 연장하며 재화(災禍)를 소멸하고 의복, 음식 등 생활을 만족케 해주시는 부처님이시다. 만월전(滿月殿)이라고도 한다.

3. 각 건물의 명칭

(1) 관음전(觀音殿) - 원통전(圓通殿)

관세음 보살을 모신 곳이 관음전이다. 관세음 보살은 모든 중생들의 고난의 소리를 들으시고 대자대비한 마음으로 이를 건져주시는 분이다.
　또 세상의 어느 곳에도 두루 미치지 않는 곳이 없이 원륭하게 통하시는(周圓融通) 교화의 주인이시다 하여 원통교주(圓通敎主)라 한다. 그래서 관음전을 원통전이라고도 한다.

(2) 지장전(地藏殿)

　지장 보살을 모신 곳이니, 지장 보살은 석가무니 부처님께서 입멸하신 뒤, 당래(當來)에 미륵불이 출현할 때까지 육도(六道)에 몸을 나타내어 천상에서 인간 지옥까지 일체 중생을 제도하시는 보살이시다.
　흔히 지옥 문전에서 고통받는 지옥 중생들을 보고 눈물을 흘린다 하여 지옥 중생만 구제하는 보살님이라 생각하는데, 우리 인간뿐 아니라 천상계까지 제도를 맡으신 대비대원 보살이시다.

(3) 명부전(冥府殿)-시왕전(十王殿)

　이 세상이 아닌 어두운 세계인 명부세계(冥府世界)의 왕인 염라대왕을 모신 곳이라 하여 명부전이라 하며 또한 염라대왕 한 분만 아니라 지옥에 있어서 죄의 경중(輕重)을 정하는 열분의 왕(十王)을 모신 곳이라 하여 시왕전이라고도 한다.
　시왕중 제1 진광대왕, 제2 초강대왕, 제3 송제대왕, 제4 오관대왕, 제5 염라대왕, 제6 변성대왕, 제7 태산대왕이다.
　사람이 죽으면 그날부터 49일까지는 7일마다 각 7대왕이 심판을 맡으며 그 뒤 백일에는 제8 평등대왕, 소상 때는 제9 도시대왕, 대상 때는 제10 오도전륜대왕이 차례로 생전에 지은 선업과 악업 등 잘잘못을 심판한다고 한다.

명부시왕을 모신 주좌(主座)에 지장 보살을 모시는 일이 있는데 이런 경우에도 지장전이라는 이름 대신 명부전·시왕전이라는 이름을 붙이는 예가 많다.

(4) 영산전(靈山殿)

　석가모니 부처님을 주좌(主座)로 모시고 영산 회상의 아라한들을 모신 법당을 말한다.

(5) 나한전(羅漢殿)-응진전(應眞殿)

　부처님의 제자 중 아라한(阿羅漢)과를 증득하여 성인이 된 분들을 모신 곳이라 하여 나한전이라 한다.
　이 아라한들을 번역하여 마땅히 공양을 받들만하고(응공 應供) 마땅히 진리에 들어갈 분이라 하여 응진전(應眞殿)이라고도 한다.

(6) 독성각(獨聖閣)

　독성(獨聖)을 모신 곳이니 이는 부처님이 없는 세상에서 다른 이의 가르침을 받지 않고 홀로 수행하여 깨달은 이를 말한다. 독성을 연각(緣覺)이라고도 한다.

(7) 장경각(藏經閣)

　부처님께서 성불하신 뒤 설법하신 모든 경전을 보관하여 모셔 놓은 곳이다.
　장경(藏經)이란 모든 글과 뜻을 포함하여 저축했다는 뜻이고 흔히 대장경(大藏經), 팔만대장경이라 하여 불교 성전(聖典)의 전집(全集)이라 할 수 있다.
경남 합천 해인사(海印寺)의 장경각이 대표적이다.

(8) 선불당(選佛堂) - 선불장(選佛場)

석가무니 부처님께서 당(堂)을 열어서 계(戒)를 설하신 곳을 이름한다. 흔히 선당(禪堂)·승당(僧堂)·좌당(坐堂)의 다른 이름이며 이곳에서 계율을 일러주고 선법(禪法)과 교법을 닦는 곳이다.(坐禪辨道)
또 계를 설하는 곳엔 금강계단(金剛戒壇)이라 현판하고, 통도사 큰법당은 금강계단이라 현판되어 있다.

(9) 조사당(祖師堂) - 조사전(祖師殿) - 조당(祖堂)

부처님의 법을 이어 온 조사(祖師)스님을 모신 집, 처음에는 중국에 초조(初祖)이신 달마대사를 모셨는데 뒤에는 한 종파를 세운 스님, 존경을 받을 스님 등을 모시고 나아가 그 절의 창건주, 역대 주지의 영정이나 위패를 모시기도 한다.

(10) 국사전(國師殿)

우리 나라에서 고려 시대부터 나라의 스승[師表]이 될 만한 스님을 국사(國師)라 하고, 왕의 스승을 왕사(王師)라 했는데 이러한 국사(國師)를 모신 곳을 말한다.
순천 송광사에 고려 보조국사(普照國師) 이래 열다섯 분의 국사가 나왔다 하여 십육(十六)국사를 모신 국사전이 대표적이다.

(11) 그 외 수행처(修行處)

이외에도 스님들이 거처하며 공부하는 곳으로 선원(禪院)·강원(講院)·염불원(念佛院)·율원(律院)이 있다.

또 건물에다 심검당(尋劍堂)·심우장(尋牛堂)·연화실(蓮華室)·삼소굴(三笑窟)·미소굴(微笑窟)·응향각(凝香閣) 등의 이름을 지어서 걸고 있다.

또, 삼국 시대에는 주위를 이어서 연결하는 회랑이 있었다.

4. 기타 시설물

(1) 탑(塔)·부도(浮屠)

절에서 중요한 위치를 차지하는 것이 탑(塔)이다. 탑의 기원으로 보면 각 법당 등 건물이 이루어지기 전에 탑부터 모셔졌기 때문이다.

대승불교는 탑에 대한 신앙으로부터 시작되었다고까지 말하는 불교 신앙의 대상으로 되어 있다.

탑(塔)은 탑파(塔婆, Stupa, Thupa)라는 인도말로, 본래는 부처님의 사리(舍利)를 봉안하기 위하여 흙이나 돌을 높이 쌓아 예배하고 공양했다.

탑의 모양에 따라 여러 가지로 이름을 붙이고 또 만든 재료에 따라 석조탑·목조탑으로 말하기도 한다.

불국사의 다보탑과 석가탑, 황룡사 구층탑 등이 유명하다.

부도(浮屠)는 탑의 한 종류이나 우리 나라에서는 스님들의 사리나

유골을 봉안한다. 흔히 절의 한 쪽편에 부도터를 잡고 역대 스님들의 사리·유골을 봉안하는 부도를 세우게 되었다.

(2) 찰간(刹竿)·당간(幢竿)

절의 입구나 법당 앞에 높다랗게 깃대를 세워 그 절의 종지(宗旨)나 사격(寺格)을 표시하도록 한 것이다. 지금은 아랫부분인 지주(支柱)만 남아 있는 곳이 많고 공주 갑사(甲寺)에 비교적 온전한 모습이 남아 있다.

(3) 삼성각(三聖閣)·칠성각(七星閣)·산신각(山神閣) 등

흔히 독성과 칠성(七星)과 산신을 모셔 놓고 삼성각이라 하고 칠성을 모신 곳이 칠성각, 산신을 모신 곳이 산신각, 산령각(山靈閣)이라 이름 붙인다.
이외에도 절에는 여러 가지 건물과 구조물들이 있으나 시대에 따라서 그 위치와 구조 등이 차이점을 보이고 있다.

(4) 요사(寮舍)·후원(後院)·정재소(淨齋所)

절의 살림살이를 하는 곳으로 곳간으로서 필요한 물품을 두기도 하고 스님들의 공양 음식물을 만들기도 하는 곳이다.
흔히 후원, 요사채, 공양간 등으로 불리워진다. 특히 공양(밥)을 짓는 곳을 정재소(淨齋所)라 하는데 이것은 부처님이나 스님께 올릴 공양물을 깨끗하고 청정하게 준비하는 곳이란 뜻이다.

5. 우리 나라의 유명한 절

불교가 우리 나라에 전래된 이래, 각 명승지에 절이 세워져서 승려들의 수행 도량으로, 신도들의 귀의처로 역사와 전통을 지녀왔다.

특히, 우리 민족의 문화를 계승하여 온 문화재는 거의 대부분이 불교 문화재로 전승되어 각처에 퍼져 있다.

우리 나라의 산 이름, 고을 이름 등 지명(地名)이 불교적인 명칭으로 된 곳이 허다하고, 이어 내려온 전설은 곳곳에 스며 있어 불교의 역사와 문화를 알지 않으면 안 될 입장이다.

국보(國寶)적인 문화재 사찰이 수없이 많으나 여기에서 모두 다 소개할 수 없는 일이라서 불교 신도들이 알아두어야 할 몇 군데 절만 알아본다.

(1) 적멸보궁(寂滅寶宮) - 보궁(寶宮)

우리 나라 절 가운데는 불상(佛像)을 전혀 모셔 놓지 않은 절이 있다. 법당 안에는 단(壇·戒壇)만 있고 속이 텅 비었으며 법당 밖 뒷편에는 사리탑을 봉안하여 놓은 곳이다.

이러한 곳을 적멸보궁, 또 보궁이라 하는데 이는 사리탑에 부처님의 진신(眞身)사리를 모신 보배로운 곳이라는 뜻이다.

신라 진덕왕 때 자장(慈藏)스님이 중국 오대산에 가서 문수 보살을 친견하고 부처님 가사와 사리를 받아와 우리 나라의 가장 수승한 땅에 부처님 사리를 봉안하여 모셨는데 경남 양산 통도사(通度寺)에 부처님 가사와 사리를 모시고 금강계단을 세웠다.

그리고 강원도 설악산 봉정암(鳳頂庵), 오대산 상원사(上院寺)에 각기 사리를 모시고 적멸보궁을 지었다 한다.
또, 강원도 영월 사자산 법흥사(法興寺)와 태백산 정암사(淨岩寺)에도 부처님 사리를 봉안하고 적멸보궁을 세웠다. 이로써 이곳을 3대 적멸보궁, 5대 적멸보궁이라고 통칭하고 있다.

(2) 삼보 사찰(三寶寺刹)

우리 나라에서 세 군데 절이 삼보 사찰이라고 불리워지고 있다. 이는 불보(佛寶) 사찰로 통도사, 법보(法寶) 사찰로 해인사, 승보(僧寶) 사찰로 송광사(松廣寺)를 말한다.

① 불보 사찰

불보 사찰이란 부처님의 진신(眞身)사리와 가사를 봉안했다 하여 통도사를 말한다.

② 법보 사찰

법보 사찰이란 부처님의 법인 팔만대장경을 봉안한 곳이 해인사라 하여 법보 사찰로 부른다.

③ 승보 사찰

승보 사찰은 우리 나라 절 가운데 훌륭한 스님을 가장 많이 배출한 곳이 송광사라 하여 일컫는 말이다. 송광사에서는 보조국사 이래 16국사가 나왔다.

그러나 널리 보아 우리 나라의 절이 모두 삼보 사찰이 아닌 곳이 없다 하겠다. 어느 절이건 부처님을 모시지 않은 곳이 없고, 불법이 없는 곳이 없으며, 스님이 다 계시기 때문이다.

또 각 절들의 특색을 말하기 위해 관음도량, 문수도량, 나한도량 등으로 어떠한 도량이라 말하기도 하고 또 무슨 기도처라고 말하기도 한다.

(3) 구산선문(九山禪門)

신라가 삼국을 통일한 뒤부터 불교가 한창 융성할 때에, 큰스님들이 중국에 가서 달마선법(達磨禪法)을 받아가지고 와서 선풍(禪風)을 크게 드날린 곳이 구산선문이다.

① 전남 남원군 지리산 실상사—홍척 국사
② 전남 곡성군 동리산 태안사—혜철 국사
③ 전남 장흥군 가지산 보림사—도의·염거·체증 국사
④ 충남 보령군 성주산 성주사—무염 국사
⑤ 강원 명주군 사굴산 굴산사—범일 국사
⑥ 경북 문경군 희양산 봉암사—지선·극양 선사
⑦ 강원 영월군 사자산 흥령사—도윤·절중 선사
⑧ 경남 창원군 봉림산 봉림사—현욱·심희 선사
⑨ 황해 해주군 수미산 광조사—이엄 존자

지금은 거의 쇠퇴하고 문경 봉암사가 조계종 특별 선원으로 지정되어 선문을 열고 또 곡성 태안사가 청화 스님에 의하여 금강선원으로 선문의 명백을 유지하게 됐다.

제2장 절에 모셔진 상(像)

1. 부처님 상(佛像)

 절에 들어서면 법당 안에나 밖에 모셔진 상(像)들이 너무도 많다. 부처님 한 분만 아니고 여러 부처님, 그리고 불상(佛像) 외에도 별의별 모습을 한 상들이 조각과 그림으로 수없이 많다.
 이렇게 많은 불상(佛像)과 모습들은 어떠한 분들이며 무슨 뜻을 담고 있는지 알아본다.

(1) 석가무니불(釋迦牟尼佛)

 절 안의 제일 한가운데에 석가무니 부처님상을 모신다.
 석가무니 부처님은 인도 지역 카필라국에 태어나셨던 역사적인 부처님으로 불교의 교주이시다.
 불교는 석가무니불에 의해 비롯되고 그 가르침에 의해 전해 내려온 것이다.

　우리가 살고 있는 이 사바 세계의 교주로서, 부처님이 되실 때 모든 마군(魔群)을 항복받아 정각(正覺)을 성취하셨다 하여 항마인(降魔印)을 하고 있다.

　항마인(降魔印)이란 오른손을 펴서 무릎 위에 내려놓아 누르고 있는 모습이다. 이것은 들고 일어나려는 모든 악마의 무리를, 마군이를 꼼짝 못하게 내려누르고 항복받는다는 표시의 인법(印法)이다.

　인법이란 손이나 모습 등으로 어떤 뜻을 표시하는 방법으로 불상(佛像)을 구분하는데 흔히, 특징적인 인법으로 알게 되는 것이다.

(2) 아미타불(阿彌陀佛)

　아미타불은 극락 정토(極樂淨土) 세계의 교주이시다.

　아미타불은 영원한 생명이며 온 생명의 근원인 부처님이요, 본래 한량이 없는 광명이신 부처님으로 모든 중생을 극락 세계로 맞아들인다는 표시의 내영인(來迎印)을 하고 있다.

　내영인은 오른손은 들어 부처를 보이고 왼손은 내려 놓아 중생을 오라 하는 모습이다.

　손가락을 엄지와 중간 손가락을 마주하도록 둥그렇게 하는 모습 등이 있는데 이것은 극락 세계를 표시하는 것이다.

　극락 세계는 아홉으로 구분되어 있는데, 이를 구품연화대라 하고 상·중·하품에 따라 손가락을 엄지와 제1 손가락, 엄지와 중간 손가락, 엄지와 셋째 손가락을 서로 둥글게 하여 마주대는 모습이다.

　아미타불은 오랜 옛적 과거세에 세자재왕불의 감화를 받은 **법장**(法藏)이 2백 10억의 많은 국토에서 훌륭한 나라를 택하여 이상 국토를 건설하기로 서원하고 48원을 세워 자기와 남들이 다 함께 성불하기를 소원하면서 오랜 수행을 쌓고 성불했으니 이 분이 곧 아미타불이시다.

아미타불이 성취하신 이상 국토는 청정한 세계요 극락 세계다.
이곳에 태어나기를 발원하는 중생은 모두 다 **아미타불**의 원력(願力)에 의하여 왕생하게 된다.

(3) 미륵불(彌勒佛)

미륵부처님은 미래의 부처님이시다.
자씨(慈氏)이며 이름을 **아일다**(阿逸多)라 하는데 인도의 **바라내국** 바라문 집에 태어나 석가무니 부처님이 입멸(入滅)하신 후 56억 7천만 년을 지나 다시 이 사바 세계에 출현하시어 용화수(龍華樹) 아래에서 성도하여 모든 중생을 제도한다고 한다.
미륵불이 교화하는 세계는 용화 세계라 하여 용화교주 자씨 미륵불이라 한다.

(4) 약사 여래불(藥師如來佛)

약사불은 약사 유리광 여래, 또는 대의왕불(大醫王佛)이라 하며 동방 정유리 세계의 교주이시다.
이 부처님은 과거에 12대원을 발하여 이 세계 중생의 질병을 치료하고 수명을 연장하며 재화(災禍)를 소멸하고 의복, 음식 등을 만족케 하며 불법을 닦아 위없는 깨달음을 얻게 한다고 서원했다.
큰 연화 위에 있으며, 왼손에 약병을 들고 있으며, 오른손을 들어 손바닥이 밖으로 향하도록 하고 다섯 손가락은 모두 펴는 시무외인(施無畏印)을 맺어 중생들의 두려움과 공포를 없애주고 안심을 주는 형상을 하고 계신다.

(5) 비로자나불(毘盧遮那佛)

비로자나불을 변역하여 변일체처(邊一切處) 또는 광명변조(光明邊照)라 하며 대일 여래(大日如來)라고도 한다.

부처님의 진신(眞身)을 나타내는 칭호다. 부처님의 자비 광명이 온 법계에 두루 비추이는 이치로 법신불(法身佛)이라고 한다. 지권인을 하고 있다.

이외에도 수많은 부처님이 계시어 과거, 현재, 미래에 3천불까지 말씀이 되나 우리 나라에서는 대개 위의 부처님을 받들고 모시기에 이후는 생략한다.

2. 보살 상(菩薩像)

(1) 관세음 보살(觀世音菩薩)

관세음 보살은 범어(고대 인도말)로 **아발로키데스바라**(Avalokitesvara)라는 말을 번역한 말이다.

관세음을 줄여서 **관음**이라고도 하니 이 말은 세상의 모든 소리를 관(觀)한다는 말로, 관세음 보살은 이 세상 모든 중생의 온갖 고뇌의 소리를 다 들으시고 관찰하여 아시는 분이라는 뜻이다.

관세음 보살은 아미타불을 받들고 계신 분으로 중생에게 온갖 두려움이 없는 무외심(無畏心)을 베풀어 주는 분이라 하여 **시무외자**(施無畏者)라고도 하고 대자 대비를 본원력으로 하시는 분이기에 **대비성자**(大悲聖者)라고도 한다.

관세음 보살은 세상을 구제하시고 교화함에 중생의 근기에 맞추어 여러 가지로 형체를 나타내므로 **보문시현**(普門示現)이라 하니 그 나투는 모습에 따라 십일면(十一面) 관세음 보살·천수천안(千手千眼) 관세음 보살 등으로 불리워진다.

관세음 보살은 달리 번역하여(중국의 현장법사 번역) 관자재 보살(觀自在菩薩)이라 한다. 이는 거룩한 지혜로 이 세상의 모든 것을 관조(觀照)하시므로 자유 자재한 묘과(妙果)를 얻으신 분이라는 뜻이다. 관세음 보살과 관자재 보살은 같은 분인 것이다.

관세음 보살은 역사적인 분이 아니고 석가무니 부처님께서 설법하실 때, 옛날 **정법명왕 여래**(正法明王 如來) 부처님이 중생을 제도하기 위하여 시현(示現)으로 보살의 형상을 나투신 분이라고 말씀하심으로부터 비롯되고 그 공덕은 누구도 따라갈 수 없는 무량한 공덕과 대자대비심을 지니신 분이라고 한다.

관세음 보살은 머리에 화관을 쓰고 화관의 이마엔 아미타불을 모셨으며 왼손에 연꽃을 들고 오른손에 감로수(甘露水) 병을 들고 있다.

연꽃은 중생이 본래 갖춘 불성(佛性)을 표시하는 것으로 그 꽃이 핀 것은 불성이 드러나서 성불한 뜻이요, 그 봉오리는 불성이 물들지 않고 장차 필 것을 나타낸다.

감로수는 일체 중생이 고뇌와 번뇌의 불길에 휩싸여 목이 타게 고통받는 불길을 꺼주고 목마름을 적셔주는 구원의 감로수다.

관세음 보살을 다음과 같이 찬탄하여 말한다.

"구족신통력 광수지방편 시방제국토 무찰불현신(具足神通力 廣修智方便 十方諸國士 無刹不現身)"

원만하게 구족하신 신통력과 널리 닦으신 지혜의 방편으로 시방 세계의 모든 국토에 나투지 않는 곳이 없으신 관세음 보살님이시다.

(2) 대세지 보살(大勢至菩薩)

아미타불의 바른편 보처(補處) 보살이다.

아미타불에게 자비문과 지혜문이 있는 가운데서 관세음 보살은 자비문을 표하고, 대세지 보살은 지혜문을 표한다.

대세지 보살의 지혜 광명이 모든 중생에게 비치어 3도(三途-지옥, 아귀, 축생)를 여의고 위없는 힘을 얻게 하므로 대세지(大勢至)라 한다.

또한 대세지 보살이 발을 디디면 삼천 세계와 마군(魔群)의 궁전이 진동하므로 대세지라 한다.

이마 위에 보배병을 얹고 아미타불의 바른편에 계시는 분이다.

(3) 문수사리 보살(文殊師利菩薩)

만수실리 보살(曼殊室利菩薩)이라고도 하며 번역해서 묘길상(妙吉祥) 보살이라고도 한다.

보현 보살과 짝하여 석가무니불의 왼쪽에서 지혜를 맡고 있으며 머리에 5계(髻 : 상투)를 맺고 바른손에 지혜의 칼을 들고 왼손에는 꽃 위에 지혜의 그림이 있는 청련화를 쥐고 사자를 타고 있다.

문수 보살은 지덕(智德)과 체덕(體德)을 맡아 석가무니불의 교화를 돕기 위하여 일시적인 권현(權現)으로 보살의 자리에 있다고도 한다.

이미 성불하여 용존상불(龍尊上佛)·대신불(大身佛)·신선불(神仙佛)이라 하며 또 미래에 성불하여 보견 여래(普見如來), 현재에 북방 세계의 환희장마니보적 여래라고도 이름하고, 오대산(청량산)에서 1만 보살과 함께 있다고도 한다.

(4) 보현 보살(普賢菩薩)

석가무니불의 오른쪽에서 리덕(理德)·정덕(定德)·행덕(行德)을 맡아 중생 제도하는 일을 돕고 있다.

문수 보살과 같이 일체 보살의 으뜸이 되며 또 중생들의 목숨을 길게 하는 덕을 가졌으므로 보현 연명(延命) 보살이라고도 한다.

형상은 여러 가지이나 크게 나누면 흰 코끼리를 탄 모양과 연화대에 앉은 모양이 있다.

보현 보살은 특히 행원력이 크신 분이다. 보현 보살이 발한 10종의 큰소원은 보살들의 행원을 대표한다.

보현 보살 십종 대원은 여러 부처님께 예경하고, 여래를 칭찬하며, 공양을 널리 닦고, 업장을 참회하며, 수희(隨喜) 공덕하며, 법륜 굴리기를 청하고, 부처님께서 항상 세상에 머물기를 청하고, 항상 부처님을 따라 배울 것이며, 항상 중생에 수순(隨順)하고, 모든 것을 다 회향한다는 것이다.

(5) 지장 보살(地藏菩薩)

지지(持地) 보살이라고도 한다.

도리천에서 석가 여래의 부촉을 받고 매일 아침 선정(禪定)에 들어가 중생들의 근기(根機)를 관찰하며, 석가무니불이 입멸한 뒤부터 미륵불이 출현할 때까지 몸을 육도(六途)에 나타내어 천상에서 지옥까지 일체 중생을 교화하는 대자 대비하신 보살이다.

형상은 천관을 쓰고 가사를 입고 왼손에 연꽃을 들고 오른손에서 시무외인(施無畏印)이나 보주(寶珠)를 들기도 한다.

후세에 석장(錫杖)을 짚으신 스님의 형상이 생기고 다른 모습들이 나오기도 했다.

　지장 보살은 일체 중생이 모두 제도되어 성불한 다음에야 비로소 성불하겠다는 서원을(衆生度盡 方證菩提 地獄未濟 誓不成佛) 세우신 분으로 지옥 문전에서 항시 눈물을 흘리며 제도하시는 대비(大悲) 보살이라 한다.

(6) 미륵 보살(彌勒菩薩)

　대승 보살, 아일다 보살이라 하며 석가무니 부처님의 업적을 돕는다는 뜻으로 보처(補處) 보살이라고도 하며 미래에 성불할 보살이기에 미륵불이라고도 한다.

(7) 제 보살(諸菩薩)

　이외에도 수많은 보살들이 있어 팔만사천 보살을 말하기도 하나, 우리 나라에서 형상을 모시고 받드는 보살들은 대개 이상이라 하겠다.
　천수경에 나오는 천수 보살, 여의륜 보살, 대륜 보살, 관자재 보살, 정취 보살, 만월 보살, 수월 보살, 군다리 보살, 십일면 보살 등의 명호는 모두 관세음 보살의 덕화를 칭송하여 붙이는 이름들이라 하겠다.
　인로왕 보살(引路王菩薩)…죽은 사람의 영혼을 맞아 극락 세계로 가는 길을 인도하는 보살이다.
　일체청정대해중 보살(一切淸淨大海衆菩薩)이라 하여 모든 보살을 다 통틀어 말한다.

3. 탱화(幀畵) · 괘불(掛佛) · 벽화(壁畵)

(1) 탱화(幀畵)

 부처님이나 보살·성현들의 모습을 그린 화폭, 그림 족자를 탱화라고 한다.
 부처님 상을 그린 것은 불탱화(佛幀畵)인데, 불상(佛像) 뒤에 걸어 모시기 때문에 후불 탱화라고도 한다.
 불탱화에는 흔히 주불(主佛)과 삼존상(三尊像)을 그리고, 그에 따른 제자들 또는 모시고 있는 보살, 옹호하는 천황, 신장들을 함께 그려 장엄되어 있는 모습을 나타낸다.
 예를 들면 영산 회상에서 설법하시는 모습, 극락 정토 세계의 모습, 지옥의 모습 등 진상(眞相)을 변하여 그림으로 그려서 변상도(變相圖)라고도 하며 인도말로 만다라라 한다.
 신중(神衆) 탱화는 부처님과 불법을 옹호하는 신장들의 모습을 그려 걸어놓은 족자를 말한다.
 신중(神衆)은 대표적으로 화엄신중(華嚴神衆)을 말하는데 이는 화엄경에 나오는 104분의 성현·신장들로서 8금강 4보살 10대명왕·대범천왕·제석천왕·사천왕 등 각 천왕과 천자·호법선신 등이다.
 이외에도 칠성탱화·독성탱화·산신탱화 등이 있다.

(2) 괘불(掛佛)

 불상(佛像)을 그려서 걸 수 있도록 만든 탱화다.

불상이나 탱화는 보통 한번 봉안하게 되면 옮기기 어려움에, 법당 밖 야외에서 행사나 의식을 집행할 때에 걸어놓을 수 있도록 만들어진 것이 괘불이다. 괘불은 그 크기가 대단하고 또 장엄스럽게 그려져서 괘불을 모시고 열리는 불사는 대법회를 이루어 왔으며, 국보나 문화재로 지정되어 있는 것도 많이 있다.

(3) 벽화·단청(壁畵·丹靑)

법당 안과 밖의 벽에는 여러 가지 그림을 그려서 장엄한다.

벽화에는 부처님의 일생을 그리는 팔상성도, 설법하는 모습, 참선을 하여 자기 자신의 본래 성품을 찾아가는 모습을 비유한 십우도(十牛圖), 내려온 전설·설화 등을 그린다.

절 건물의 기둥이나 벽과 천장, 반자에 갖가지 채색으로 장엄하여 그리는 것을 단청(丹靑)이라고 한다.

제3장 절에서 사용되는 도구
─ 불구(佛具)·법구(法具) ─

1. 부처님 앞에 갖추어지는 도구 – 불구(佛具)

부처님 앞에는 여러 가지로 장엄하는 도구와 사용되는 도구들이 있다. 이를 모두 불구(佛具)라 하는데 이에는 천개, 당번, 화만, 연화, 대좌, 불기, 향로, 다기, 촛대 등이 있다.

(1) 천개(天蓋)…닷집

부처님 상(佛像)을 덮는 일산(日傘)이나 우산(雨傘)과 같은 것이다. 처음에는 비나 먼지 같은 것을 막는다는 뜻으로 만들어진 것인데 법당 안에 있는 탁자 위를 덮을 수 있도록 한, 닷집으로 되었다.
본래는 천으로 만들었던 것이나 후세에 와서 금속이나 목재로 조각하여 만든 것이 많으며, 고전 양식의 법당처럼 포를 얹은 지붕 형태를 만들어 법당 천정에 달아놓거나 또는 긴 장대 끝에 매달아 세워 놓기도 한다.

고대 인도어로는 Chattra라 하여 비나 햇볕을 가리기 위하여 대나무 껍질·나뭇잎 등으로 만들어 부처님께서 거동을 하시거나 법문을 하실 때 받쳐들고 부처님을 비나 햇볕으로부터 가리워 드린 데서 비롯된다. 지금은 불상 위에 뿐만 아니라 법사 스님이 설법하는 법상 위에 달기도 한다.

(2) 당(幢)·번(幡)…보상개

장대 끝에 용머리의 모양을 만들고 비단촉으로 깃발을 달아 드리운 것으로 불·보살님의 위신력과 공덕을 표시한 장엄구(莊嚴具)로 불전이나 불당 앞에 세우는 것을 당(幢)이라 한다.

당에는 중생을 지휘하고 모든 마군이들을 굴복시키는 표시라는 뜻도 있다.

번(幡)도 역시 깃발을 드리운 것으로 불·보살님의 위력을 표시하는 장엄 도구이며 이를 만들어 달고 복을 빌기도 한다.

번(幡)은 정(定)과 혜(慧)의 손을 본뜬 것이라고도 하며 또 사바라밀(四波羅密)…상(常) 락(樂) 아(我) 정(淨)의 발을 본뜬 것이라고도 한다.

지금은 당과 번을 합하여 당번이라 하며 우리 나라에서는 보상개, 보산개라고 부른다.

(3) 화만(華鬘)…꽃다발

꽃으로 만든 꽃다발을 화만이라 하는데, 많은 꽃을 실에 꿰거나 묶어서 장식으로 하는 것이다.

본래 인도에서는 사람들이 목에 걸거나 몸에 장식하는 꽃다발·꽃 목걸이였는데 스님들은 이것으로 몸에 장식하는 것이 허락되지 않아, 방안에 걸어두거나 부처님께 공양하는데 쓴다.

화만을 만드는 꽃은 일정하지 않고 주로 향기가 많은 것을 골라 꾸미었는데 후세에 와서는 금속으로 만든 꽃으로 장식하게 되었다.

(4) 연화대좌(蓮華臺座) … 화대·연대·연화대

불·보살님을 모시는 자리를 연꽃의 모양으로 조각을 하여 연화좌·연화대좌라 한다.

연화대에 모시는 것은 연꽃이 진흙 속에서 나서 꽃을 피우지만 조금도 더러움이 물들지 않는 덕이 있기 때문이며 불·보살님은 깨끗하지 못한 더러운 국토에 있으면서도 세상의 풍진을 여의고 청정하여, 신력이 자재한 것을 나타내기 위하여 연화 자리를 만드는 것이다.

(5) 부처님께 올리는 공양구

불기(佛器)·다기(茶器)·촛대·화병·다관·다반

부처님께 공양(佛供)을 올릴 때 사용되는 기구들이 있다.

부처님께 올리는 공양의 종류에 사사공양·오종공양이 있어 각기 기구들이 필요하니 불기(佛器)란 쌀이나 밥(절에서는 마지라 한다)을 담아 올리는 그릇이며, 향로(香爐)는 향을 피우기 위한 그릇이고, 꽃을 담기 위한 화병, 그리고 차를 올리는 그릇을 다기(茶器), 차를 담는 주전자와 같은 것을 차관(다관)이라 하며, 다기를 담아 올리는 쟁반을 다반이라 한다.

2. 의례와 수행에 사용되는 도구-법구(法具)

(1) 법구 사물(法具 四物)

우리 나라 절에서 사용되는 범종(梵鍾)·법고(法鼓)·목어 목탁(木魚木鐸)·운판(雲板) 네 가지를 법구의 사물(四物)이라 한다.

법구란 불법을 수행 정진하는데 사용되는 법(法)의 도구라는 뜻이다.

① 범종(梵鍾) 또는 인경

㉮ 범종의 쓰임

큰 종(大鐘)을 범종이라고 한다. 또 순 우리말로는 '인경'이라고도 한다.

절에서 대중을 모으기 위해서나, 때를 알리기 위해서 큰 종을 치게 된다. 나아가 아침·저녁 예불을 드릴 때나 법요(法要) 의식 때에 대중에게 알리기 위함이며, 종소리를 듣는 모든 중생의 고뇌를 씻어주고 청량함을 얻어 이고득락(離苦得樂)케 하기 위함이다.

종을 치면서 발원(發願)하는 염불을 하게 된다.

"원컨대 이 종소리 온 누리에 두루 퍼져, 모든 중생들이 종소리를 듣고 온갖 번뇌의 어둠이 사라지고, 지혜는 자라나며, 지옥에서 벗어나고 삼계의 윤회에서 뛰어나, 모든 중생 성불하여, 모두 다 제도하여지이다."

맑으면서도 웅장하고 그윽하면서도 장중한 종소리, 울려 버지는 여운(餘韻)에서 온갖 시름 몰아내고 청정한 마음을 갖게 한다.

㉯ 범종의 모양

범종(梵鐘)이란 범은 청정한 뜻이니 범찰(사찰)에서 청정한 불사에 사용하는 종이란 뜻이다.

본래 중국에서 사용되던 종과 인도에서 사용한 건추(健椎 : 나무조각을 마주쳐서 소리를 냄)를 본받아 만든 것이 우리 나라의 범종 형태라 한다.

큰 종을 종루나 종각을 짓고 달아두며 모양과 크기는 일정치 않고, 종의 맨 윗부분은 용의 머리처럼 만들어 소리를 내는 음통과 거는 역할을 하는 용두(龍頭)가 있다. 상부에는 젖꼭지 모양의 유곽(乳郭)이 둘러싸 있고 아랫부분에 양편으로 상대해서 두 개의 당좌(撞座)가 연꽃 무늬로 있게 되는데 종을 칠 때는 이곳을 쳐야 한다. 또한 몸통에는 사보살상이나 아름다운 천녀가 악기를 연주하면서 하늘을 날아가는 모습을 한 비천상(飛天像)이 아름답게 새겨진다.

㉮ 우리 나라의 대표적 범종

우리 나라의 종 가운데 모양이나 소리가 뛰어나게 아름다운 종으로 성덕대왕 신종(또는 에밀레종)과 오대산 상원사의 종이 국보로 지정되어 있을 만큼 극치를 이룬 범종이다.

불제자들은 새벽에 울려퍼지는 우렁차고 은은한 종소리에 혼미한 잠을 깨고 밝은 새날의 광명을 기리며 부처님께 예불을 드리게 되는 것이다.

② 법고(法鼓) 또는 홍고(洪鼓)

큰 북을 말한다. 홍고라고도 하고 법고라고도 하는데 이것은 불법(佛法)을 북에 비유하여, 법을 말하는 것을 '법고를 울린다'고 한다.

부처님의 교법이 널리 세간에 전하는 것을, 북소리가 울려 퍼지듯 하는데 비유한 말이다.

절에서 법당의 동북쪽에 누각(고루)을 짓고 매달아 놓는 큰 북을 말한다.

법고는 아침 저녁 예불할 때와 상당(上堂)·소참(小參)·보설(普

說)·입실(入室) 등의 법요 의식에 쓰인다.

이 북소리를 듣고 중생의 모든 번뇌를 없애는 것이 마치 군대에서 북소리에 맞추어 적군을 무찌르는 것과 같다고 하는 것이다.

③ 운판(雲板)

청동으로 된 판을 구름 모양으로 만들어 재당(齋堂)이나 부엌에 달고 대중에게 끼니 때를 알리기 위하여 걸어놓는 기구다.

죽이나 밥을 끓일 때에 세 번 치므로 화판(火板)이라 하며, 끼니 때에 길게 치므로 장판(長板)이라 하며, 구름 모양의 형상을 한 것은 구름은 비를 머금고 있기 때문에 불을 다루는 부엌에 매달아 놓으므로써 화재를 막는다는 뜻이 있다.

④ 목어(木魚)·목탁(木鐸)

절에서 사용하는 법구 중에 가장 중요하고 또 제일 많이 사용되는 것이 목탁이다.

목탁(木鐸)은 원래, 기다랗게 물고기 모양을 한 목어(木魚)를 우리 나라에서 변형시켜 둥글게 만든 것이다.

목어(木魚)는 나무를 깎아 잉어 모양을 만들고 속을 파내어 비게 하고 이것을 두드려 불사에 쓰는 기구다. 본래 중국의 선원(禪院)에서 아침과 낮에 공양 때를 알리던 것으로 모양이 길고 곧게 물고기와 같이 된 것을 목어, 또는 방(梆)이라 하는 것이다.

이러한 원형 그대로가 지금도 우리 나라 절의 처마끝이나 고루, 종각 등에 매달려 있다.

⑤ 목어의 유래

목어(木魚)가 만들어지게 된 연유가 일정하지는 않으나 다음과 같은 설화가 전해 오고 있다.

옛날 어떤 스님이 스승의 가르침을 제대로 따르지 않고 어기다가 죽어서는 물고기가 되었다. 뿐만 아니라 물고기 등에는 나무가 나서 뿔처럼 자라났다. 어느 날 스승이 배를 타고 바다를 지나갈 때에 한 마리의 물고기가 바다에서 몸을 나타내어 옛날의 죄를 참회하고 등에 난 나무를 없애줄 것을 애원하므로 스승이 수륙재(水陸齋)를 베풀어서 물고기의 몸을 벗게 하고 그 나무로는 물고기의 모양을 만들어서 달아 놓고 스님네들을 경책(警策)했다 한다.

또 물고기는 밤낮으로 눈을 감지 않으므로 이것을 두드려 수행자로 하여금 잠에 취하거나 해태하지 않고 도를 닦으라는 뜻으로 고기 모양을 만들었다고도 한다.

현재 우리 나라에서는 길게 물고기 모양을 한 것을 목어라 하고 둥글게 된 것을 목탁이라 하여 불전에서 염불할 때, 독경하고 예배할 때에 사용하며 또 공양을 할 때에나 대중을 모을 때에도 쓴다. 목탁의 손잡이는 물고기 꼬리가 양쪽으로 붙은 형태라 한다.

⑥ 법구 사물의 용도

이상의 범종·법고·운판·목어를 법구 사물이라 하며 이들 법구는 각기 중생을 제도하는데 작용하는 부분이 다르다 한다. 범종은 지옥에서 고통받는 중생을 위하여, 법고는 축생계의 중생을 위하여, 또 목탁은 수중(水中)의 중생을 위하여, 운판은 공중(空中)의 날아다니는 중생을 위하여 울리게 된다고도 한다.

⑦ 법상(法床)·경탁(經卓)

법당 안에는 법상과 경탁이 있다.

법상은 설법할 때에 법사 스님이 앉으시는 높고 큰 상을 말한다. 보통 사자좌(獅子座)라 하여 부처님이 앉으시는 상좌에 비유하여 말한다. 이는 부처님은 사자와 같이 위대한 분이시며 부처님 말씀은 사자후(獅子吼)처럼 모든 소리를 제압하는 진리의 말씀이기 때문에 불법을 전하는 설법 자리를 사자좌로 비유하는 것이다.

경탁(經卓)은 경전을 올려놓는 탁자다. 불경을 독송할 때는 탁자 위에 바쳐 올려 놓기에 경탁이라 한다.

(2) 그 외 수행과 의식에 사용되는 도구

① 경쇠〔磬〕

인도에서는 건추(健推)라 하는 것을 종(鍾) 또는 경쇠로 번역했다. 경쇠는 종의 종류이나 작은 것으로, 주발 그릇과 같이 만들어 복판에 구멍을 뚫고 자루를 달고, 쳐서 소리를 내는 불전의 기구다.

법식을 행할 때 부전 스님이 쳐서, 대중이 일어서고 앉는 것을 인도하며 또 공양을 할 때에 심경(心經)을 독송하며 사용하기도 한다.

본래 돌로 만들었으나 지금은 놋쇠로 흔히 만들고 노루 뿔 따위로 치게 되면 소리가 잘 난다.

② 동라(銅羅) - 태징

법회 때 쓰는 악기로 흔히 놋쇠로 만들어 대야와 같이 둥글게 하고 테두리 한 곳에 끈을 매어 손으로 들고 채로 복판을 친다. 속어로 태징이라 한다.

③ 바라 - 동발(銅鈸)·요발(鐃鈸)

이를 또 동반(銅盤)이라 하고 발(鈸)이라고도 하는데 금속으로 만든 편편한 접시 모양 같은 것이다. 두 개로 되었고 각각 중앙에 끈을 달아 좌우 손에 한 개씩 들고 서로 비벼 쳐서 소리를 낸다. 본래는 요와 발 두 종류의 악기이던 것이 합쳐서 하나로 된 것이다. 우리 나라에서는 흔히 바라라고 하며 이 바라를 치면서 춤을 함께 추는 바라춤은 불교 의식의 장중함을 더해 준다.

④ 요령(鐃鈴·搖鈴)

놋쇠로 만든 자루가 달린 작은 종(小銅鈸)과 같은 것으로 불전에서 흔들어 소리를 내는 법구다. 경을 독송할 때 사용하며 특히 밀교에서 진언·다라니를 외울 때 쓰는 것으로 자루를 금강저 모양으로 오고를 한 오고령(五鈷鈴)이 있다. 방울같은 종을 흔드는 것이라 하여 요령

(搖鈴)이라 하기도 한다.

⑤ 죽비(竹篦)

길이가 한 자 반쯤이나 되는 대나무나 나무를 2/3쯤은 가운데를 타서 두 쪽으로 갈라지게 하고 나머지는 자루를 만들어, 오른손에 쥐고 왼손바닥에 쳐서 소리를 내어, 대중의 앉고 일어섬을 지도하는 법구다. 특히 선가(禪家)에서 참선을 지도하는데 죽비로 마음이 흩어지는 것을 경책하는 것이다. 길다랗고 큰 죽비를 장군 죽비라 한다.

⑥ 법라(法螺)·패(唄)

소라 고동에 금속으로 부는 곳을 만들어 경행(經行) 시에나 법회 때에 이것을 불어서 대중을 모이게 하고 의식을 행하는 악기 종류다.

제4장 스님들의 사용 물품
─승물(僧物)─

1. 가사(袈裟)-법복(法服)

(1) 삼의일발(三衣一鉢)

　수행하는 스님들의 의(衣)·식(食)·주(住)의 일상 생활에 필요한 소유물을 부처님 당시에는 삼의일발(三衣一鉢)로 표현했다.
　삼의일발(三衣一鉢)이란 세 가지 옷과 발우(음식을 담는 그릇) 하나이니, 겉옷, 중간옷, 속옷의 세 가지면 의(衣) 생활이 만족되고, 바루(그릇) 하나면 식(食) 생활이 충분하며, 주(住) 생활은 나무 밑이나 바위 위(樹下岩上)면 되니 따로이 필요없다 한 것이다.
　그 뒤 여러 사람이 모여 대중을 이루게 됨에, 여기에 약간의 필수품이 첨가되기도 했다.
　그러나 불교가 중국에 전래되어서도 불법을 전할 때에(法脈相續) 깨달은 바 마음으로써 전하지만(以心傳心), 그 표시로써 전법게(傳法偈 …법을 전하는 게송 법구)와 더불어 의발(衣鉢)을 전수하는 것으로써 신물(信物)을 삼아왔으니 스님들에게 의발(衣鉢)은 가장 중요한 소유물이 되는 것이다.

스님들의 옷을 인도에서는 가사(袈裟 Kasaya)로 통칭하고 있으나 중국에 와서 도복(道服)이라 흔히 부르고 있다.

가사란 범어(인도 고대어)로 **가사야**를 음역한 것이고 적색(赤色)·부정색(不正色)·염색(染色)이라 번역한다. 가사는 부처님께서 입으시는 옷(如來所著衣)인데 뒤에는 스님들이 입는 법의(法衣) 세 가지를 말하게 되었다.

삼의(三衣)란 상의(上衣-승가리)·중의(中衣-울다라승)·하의(下衣-안타회) 세 가지인데, 그중에 상의인 **승가리**를 법의(法衣)라 하여 가사의 대표로 삼는 것이다.

(2) 가사가 지니는 열두 가지 이름

가사에는 가사가 지니는 의의와 공덕을 나타내는 열두 가지 이름이 있으니

① 사바 세계의 여섯 가지 티끌(六塵)에 물들지 않고 멀리 여읜 사람의 옷이라는 뜻에서 이진복(離塵服·離染服)이라 하며,

② 불도를 수행하는 사람의 옷이므로 도복(道服)이며,

③ 세간의 모든 얽매임을 떠난 사람의 옷이라 출세복(出世服)이며,

④ 진리인 법에 어긋나지 않는 여법(如法)한 수행인의 옷이라는 법의(法衣)라 하며,

⑤ 모든 번뇌를 털어버리는 덕이 있는 옷이란 뜻으로 소수복(瘠瘦服)이며,

⑥ 진흙 속에서 피어나는 연꽃이 더러움에 물들지 않음과 같아 연화

복(蓮華服), 무구의(無垢衣)이고,

⑦ 인욕하는 갑옷이 되므로 인욕개(忍辱鎧)이며,
⑧ 자비를 행하는 이의 옷이 되므로 자비복(慈悲服)이요,
⑨ 다섯 가지 정색(靑黃赤白黑)을 피한 색깔의 옷이라고 간색복(間色服)이라 하며,
⑩ 가사의 조각을 붙인 모습이 밭이랑과 같고 가사의 공덕이 마치 밭에서 곡식을 내는 것처럼 복밭이 되므로 복전의(福田衣)라 하고,
⑪ 수행자가 덮는 윗옷이므로 와구(臥具) 부구(敷具)이며,
⑫ 진리를 펴는 법의 옷이라 하여 가사(袈裟) 법복(法服)이라 한다.

(3) 가사의 종류와 색깔

상의인 **승가리**를 중의(重衣) 대의(大衣)라고도 한다. 조각 수에 따라 25조(條)부터 9조까지 9종[品]이 있어 스님들의 법계(法階)에 따라 입게 되는데, 제일 큰 대가사(25조)는 큰스님께서 그리고 작은 가사(9조)는 이제 스님이 된 분이 착용하는 것이다.

가사 색깔은 정색을 피하는 것으로 원칙을 하는데, 우리 나라에선 태고종과 몇 종단이 홍(紅) 가사, 조계종은 밤색 가사, 그리고 노란(黃) 가사를 입는 종단도 있으며, 중국 등에서는 노란 가사, 태국 등에서는 황갈색, 황적색 가사 등 차이가 있다.

장아함경에는 부처님께서 복귀(福貴)라는 신도에게서 두 벌의 황금가사를 받아 하나는 아난에게 주고 하나는 직접 입으셨다 하며,

중아함경에서는 **구담미**로부터 금루황색의(金縷黃色衣)를 받아 여러 제자에게 보시했다 하고, 중국에 와서 가사가 홍 가사로 붉어진 것은 황제가 천자(天子)로서 태양을 상징하여 진홍 비단을 입었는데 부처님 세사인 스님은 법왕자(法王子)이니, 만천하의 스승이 된다 하여 대접으로, 붉은 바탕에 만 가지 수를 놓아 만수가사(滿繡袈裟)를 지어드린

이후부터라는 설이 있다.

또 가사 끝에 천(天)·왕(王)의 표시를 하고 해와 달을 상징한 금까마귀와 옥토끼를 수놓은 일월광(日月光)을 가사 중앙에 붙인 것도 이때부터라 한다.

(4) 가사의 다섯 가지 공덕

가사에는 여러 가지 공덕이 있으나 석가무니 부처님께서 전생에 "성불했을 때는 가사에 다섯 가지 공덕을 갖추겠다"는 서원으로 오덕(五德)을 갖추었다 한다.

첫째, 크나큰 죄를 범하고 나쁜 사견을 가진 사람이라도 가사를 존경하는 마음을 내면 삼승(三乘)에 오를 것이요.

둘째, 천룡(天龍) 귀신 등이라도 가사에 공경심을 내면 삼승에서 물러나지 않게 하며,

셋째, 만약 귀신이나 사람이나, 가사 한 조각만 지녀도 음식을 충족케 하며,

넷째, 모든 중생이 서로 원수처럼 미워한다 해도 가사를 생각하기만 하면 문득 자비심이 생기게 하며,

다섯째, 만일 전쟁터에서 가사 한 조각만 지녀도 목숨을 잃지 않게 하리라는 것이다.

가사는 크나큰 복밭[福田]이 되는 것이다.

2. 장삼(長衫)·승복(僧服)

(1) 장삼(長衫)

① 석가무니 부처님 당시

스님들의 법복(法服)이다, 도복(道服)이다, 하는 법의(法衣)가 석가무니 부처님 당시에는 가사(袈裟)로 통칭되어 상의(上衣), 중의(中衣) 하의(下衣)의 세 가지로 천 조각을 여럿 합하여 꿰맨 것으로 몸에 둘러 감고 다녔다.

그러나 불교가 서역으로부터 동쪽으로 전파되고 특히 동북 아시아인 중국 대륙에 전래되면서 동북 지방의 기후와 생활 여건에 따라, 가사를 걸치는 것만으로는 생활하기에 어려운 형편이 되었다.

온대 지방에서 한냉 지방으로 전해진 불교가 불법을 펴는 승려, 성직자라 할지라도 지역의 기후와 풍토에 따른 변화가 필연적일 수밖에 없었던 것이다.

② 중국 대륙에서

중국 대륙에 와서 가사 밑에 입어야 하는 여러 가지 옷들이 필요하게 되었다. 우선 속옷이 따로 있어야 하고 또한 겉옷이 있게 되고 가사는 맨 위에 걸치는 법의(法衣)로써만 품격이 오르고 더불어, 일반 평상복에 가사를 입을 수 없다는 존엄함에 다시 다음의 법복(法服)이 필요하게 된 것이다.

윗옷인 편삼(偏衫)과 아래 옷인 군자(裙子)를 합쳐 꿰맨 장삼이 예복으로 되었으니 중국에서는 이를 직철(直綴)이라 했다. 직철은 본래 몸의 가운데에서 상·하를 관철한다 하므로 옷을 꿰매는 것이 위와 아래에 서로 통한다는 뜻이었다.

직철이 장삼으로써, 예를 갖추는 윗옷으로써 불전에 예배하고 법식을 행할 때에 입어졌으므로 법복이나 도복이라 불리워졌다.

③ 우리 나라의 장삼

다시 중국에서 우리 나라로 전래된 불교는 한국의 예복과 길을 같이 하면서, 궁중 예복인 관대를 두르는 관복과 세칭 양반들이 입는 도포를 본뜬 예복인 장삼(長衫)으로 법복이 되었다. 그리하여 경건한 예식과 법회에서는 반드시 입어야할 법의(法衣)로써 등장된 것이다.

그러나 근세까지 혼란이 없다가 해방 이후 현대에 들면서 다시 법복에 대한 정통 문제가 제기되었다.

일부에서는, 중국에서 입었던 법복을 따라야 한다 하여 중국 장삼인 직철의 형태를 모방하여 윗옷 아래에 주름잡힌 천을 붙인 장삼을 보조 장삼이라 하여 법복으로 착용하는 운동이 일었다.

한편으로는, 우리 나라 고유의 옷인 도포 형태의 장삼을 고수하여야 한다 하여 두 갈래의 장삼 모양을 갖고 있다.

장삼의 형태가 어떠한 형태이든 불교 고유의 법복이 아닌 점은 분명하고, 더불어 그 나라에 따라 법의가 만들어져야 할 것임에 전통적인 옷을 법복으로 삼아야 한다는 점에서는 생각해볼 일일 것이다.

④ 팔대장삼

장삼 중에 특히, 예식 중 경건하면서도 의식의 극치를 표하는 팔대장삼이 있다. 이는 소매 자락이 땅에 끌리듯 늘어진 장삼이니 승무(착복)를 할 때 입는 법복이다.

(2) 승복(僧服)

① 치의·염의…물들인 옷

승복이라 함은 스님들이 입는 옷을 모두 말한다. 승의(僧衣)라고도 하는데 본래는 가사만을 일컬었으나 흔히 스님들이 입는 일상 평상복인 한복 형태의 바지·저고리를 승복이라 한다.

이는 다분히 우리 나라 옷의 모양인데 다만 물들인 옷감을 사용하여 치의(緇衣), 염의(染衣)라 한다.

회색으로 물들인 옷은 우리 나라 일반인이 입는 흰옷(백의 민족)에 대비하여 출가 수도인을 표시하고, 수도에 전념하기 위해선 옷을 빨거나 손질하는데 수공을 들이지 않는 옷이며, 또 곱고 화려한 색깔을 피한 잡색인 회색 옷(먹물 옷)이 세상의 오욕락을 초월하는 수도자다운 옷이기 때문이다.

② 동방의

승복 중에 윗저고리가 반 두루마기와 같은 옷을 특히 동방의라 하니 이는 우리의 옛 옷과 같은 형태다. 요즈음은 스님 뿐만 아니라 불교 신도들도 이 동방의를 입어 수행을 돕고 있다.

승복의 변천된 과정을 보며 지금 이 시대에 알맞는 승복은 어떻게 되어야 할 것인가? 일상복과 법복은 구분되어야 법답지 않을까 한다. 앞으로 더욱 연구되어야 할 것이다.

3. 바릿대(鉢盂-발우)…식기(食器)

(1) 그릇 하나

스님들의 식(食)생활에 필요한 것은 무엇인가? 한마디로 말하면 한 발우(一鉢)이니, 음식 그릇 하나면 된다는 것이다.

스님늘의 식생활에선 여러 가지 도구가 필요없다. 오직 하나의 밥그릇이면 충분하다고 하는 것이다.

발우란 인도말의 Patra로써 소리대로 발(鉢)이라 했고 여기에 한문으로 그릇을 뜻하는 우(盂)를 덧붙인 것이다. 이를 또 소리대로 바루·발다라·바릿대라 말하기도 한다.

발우란, 뜻으로 보면 응기(應器), 또는 응량기(應量器)라 한다.

응량기란, 양에 마땅한 그릇이니 먹을 만큼의 분량을 담는 그릇이요, 또 남의 공양을 받기에 마땅한 수행과 덕을 갖춘 성현(聖賢)이 사용하는 그릇이란 뜻이다.

다른 사람의 대접을 받고 공양을 받을 때에는 그만한 수행과 덕이 갖추어져야 하는 것이다. 만일 그러한 수행과 덕을 갖추지 못하고 남의 공양을 받기만 한다면 이는 빚이 되고 죄업을 짓는 일이 되는 것이다.

(2) 여래응량기(如來應量器)

싯달타태자가 깨달음을 얻어 부처님이 되시자, 동서 남북 사방의 천왕이 부처님께 공양을 올리려고 각기 공양 그릇인 발우에 진미의 공양을 담아 올리게 된 고사에서부터 비롯된다. 그러나 부처님의 위신력으로 네 발우는 한 발우가 되고 또 양에 알맞는 공양이 되었다.

이로써 여래응량기(如來應量器)라 하니, 부처님은 모든 중생들에게 마땅히 공양을 받으실 분이며 또 모든 사람은 부처님께 공양을 올리므로 커다란 복덕을 짓게 되는 것이다.

이후엔 부처님께 올리는 공양 그릇은 불기(佛器)라 불리워지고 스님들의 음식 그릇을 발우라 하게 되었다.

스님들께서 공양을 받기 위해 발우를 펴면서 "부처님의 응량기를 내이제 펴나니, 원컨대 일체 중생이 다함께 불도를 얻어지이다" 하고 발원한다.

본래 그릇의 숫자는 하나의 발우(一鉢)이나 후대에 사방의 천왕이 올린 것과 같이 스님들의 발우가 네 쪽이 되었다. 그러나 크기가 점점 작아져서 모두 포개면 제일 큰 그릇안에 다 들어가게 되어 하나로 합해진다.

(3) 검소한 식생활

발우를 만드는 재료도 쇠붙이나 흙으로 구워서 만들었으니 철발우, 질그릇발우였으나 중국과 우리 나라에 와서 나무로 만든 목발우가 생겼고 근래엔 프라스틱으로 만든 발우까지 등장했다.

스님들의 음식 그릇이 한 발우면 충족되었던 시대는 스님들이 전혀 음식을 만들지 않고 신도들이 만든 음식을 공양 받았던 것이다.

그러나 후대에 스님들이 직접 음식을 만들어 먹어야 하게 됨에 여러 가지 도구들이 필요하여졌다.

하지만 한 발우로써 만족하라고 가르치시는 부처님의 뜻은 변함이 없이 많은 음식을 탐하지 않고 좋고 나쁜 음식을 가리지 않고 오직 도업을 성취하는데 목적을 두고 이 몸을 유지함이 수행하는 것이다.

한 벌의 발우를 펴서 네 쪽의 발우가 되는데 여기에는 물·밥·국·반찬을 담게 되었으며 또 담은 음식은 알맞게 하여 먹다 남기질 않는 것이 규칙이다.

근래에 **식판**이란 것이 세상에서 사용되는데, 스님들이 사용하는 발우와 같이 각기 음식의 담는 곳을 만들었고 한 판에 한 것이 뜻이 있게 보인다.

스님들의 식생활은 모든 음식을 귀중히 생각하여 조금도 소홀하지 않으며, 맛있고 좋은 음식을 탐하지 않고, 건강을 유지하는데 충족하는 것으로, 검소한 생활이라 할 것이다.

4. 염주(念珠)

(1) 염주·수주

염주는 무엇인가? 말 그대로 생각하기 위한 구슬이다.

항시 부처님을 생각하며 부처님 명호를 부르거나 예배할 때에 염주를 가지고 돌리며 염불하는 도구인 것이다.

염주를 수주(數珠)라고도 하니 이는 염불을 하면서 그 수를 헤아리는데 사용하는 구슬이란 뜻에서이다. 이는 염불을 할 때에 다른 잡념을 없이 하고 오직 전념 몰두할 수 있도록 염주를 사용하여 조금도 어긋남이 없게 하는 것이다.

(2) 염주의 유래

염주의 유래는 난국(難國)이라는 나라의 **파유리왕**이 부처님께 사신을 보내어 사뢰었다.

"세존이시여! 저희 나라는 해마다 도적과 병과 흉년으로 오곡이 희귀하고 악질이 치성하여 백성이 도탄에 빠져 있습니다. 저는 편할 날이 없이 잠을 이루지 못하오니 이와 같은 때 수행할 수 있는 법을 가르쳐 주시옵소서"

부처님께서 말씀했다.

"만일 그같은 번뇌의 장애와 업보의 장애를 없애고자 하거든 목환자(木槵子) 나무 열매로 백팔 염주를 만들어 항상 몸에 지니면서 걷거나, 앉거나, 눕거나(行住坐臥) 늘 흩어짐이 없는 지극한 마음으로 불·법·승 삼보의 명호를 부르면서 염주를 하나씩 넘겨라. 이렇게 열 번이고 스무 번이고 계속하여 일심으로 이십만 번을 채우면 그 목숨을 마친 뒤 극락에 태어나 의식이 저절로 갖춰지고 언제나 평안과 즐거움을 누리리라. 다시 백만 번을 채운다면 백팔 번뇌가 끊어져 비로소 생사의 고통에서 벗어나 열반에 나아가 영원히 번뇌가 없는 최상의 과보를 받으리라"
〈불설목환자경(佛說木槵子經)〉

이로부터 왕은 즉시 목환자 염주를 만들어 자기 뿐만 아니라 모든 백성이 모두 염주를 가지고 염불을 하여 국가의 평화를 찾았다는 데서 유래하며, 또 사우존자(飼牛尊者) 전기에 보면 부처님 제자 중 **가밤바티**〔憍梵波提〕는 전생의 업보로 생김새가 소와 비슷한데다 꼭 소가 되새김하는 것처럼 언제나 입을 오물거리는 습성을 가졌는데, 여러 사람들이 소라고 조롱하므로 부처님께서 이것을 고쳐주기 위하여 구슬을 끈에 꿰어서 염주를 만들어주고 염불을 하도록 했다.

그는 소와 같은 버릇이 고쳐졌을 뿐만 아니라 깨달음을 얻고 훌륭한 부처님 제자가 되었다는 것이다.

(3) 염주 종류

염주의 종류는 여러 가지가 있다.

염주를 만드는 재료에 따라 자거 염주, 목환자 염주, 진주 염주, 율무 염주, 보리자 염주, 시우쇠 염주, 구리 염주, 수정 염주, 연자 염주 등으로 부르고 또 염주의 숫자에 따라 천 염주, 백팔 염주, 단주 등이 있다.

제일 큰 것을 1080주로 상품주(上品珠)라 하며 108염주를 최승주(最勝珠)라 하여 염주의 대표적이며 54주를 중품주 27주를 하품주라 한다.

백팔 염주를 자세히 말하면 12로 나누어 "최초의 머리 한 개는 석가무니 부처님을 표하고 4개는 네 보살, 6개는 육바라밀, 8개는 팔금강, 28개는 이십팔사, 또 28개는 28수, 4개는 사대천왕, 2개는 토지신, 18개는 18지옥, 그리고 마지막 1개는 염주를 가진 제자니라"고 했다.

〈수주경(數珠經)〉

(4) 염주의 공덕

염주가 표시하는 것은 불·보살의 위신력을 나툼이니 "염주 구슬은 보살의 수승한 과보(勝果)요, 꿰는 줄은 관세음 보살을 표시하며 모주(母珠)는 무량수(無量數)를 표시한 것이니 함부로 밟거나 넘어가지 말라"고까지 했다. 〈금강정유가염주경〉

또 "문수 보살이 말씀하시기를 염주의 재료는 다른 어떠한 구슬보다도 보리수의 열매로 하는 것이 가장 수승하여서 이 염주로 염불을 모시면 그 공덕은 이루 말할 수 없고, 법다운 염불을 못하는 자라도 다만 지니기만 하는 것으로도 커다란 뜻이 있다"고 하셨다.〈교량수주공덕경〉

일반적으로 염주에는 모주(母珠-큰 구슬)가 있어 부처님이나 보살을 표시하여 모시게 되는 것이니 백팔 염주를 가지고 염불을 하게 되면 우리 중생이 지니는 과거·현재·미래의 고통과 슬픔인 백팔 번뇌를 모두 소멸하고 안락을 얻게 되는 첩경이 되는 공덕이 있는 것이다.

염주는 염불을 하는데 수를 헤아리는 수주(數珠)로서만 아니라, 염불을 모시는데 일념이 되도록 도와주는 법구로서, 나아가 불·보살을 상징하는 공덕주로서 몸에 지니는 것만으로도 정신이 안정되며 모든 잡귀들이 보기만 하여도 도망쳐서 화를 쫓고 복을 부르는 신비한 영험까지 지니게 되며, 악한 자는 저절로 착한 마음을 지니게 되는 공덕을 나투게 되는 것이다.

5. 기타 승물(僧物)

(1) 스님이 갖는 여섯 가지 물건(六物)

스님들이 필요로 갖는 물건에 여섯 가지가 있으니 이미 설명한 옷 세 가지(승가리, 울다라승, 안타회)와 음식 그릇인 발우와 앉을 때 까는 좌구(坐具)인 니사단(尼師壇)과 물 속에 있는 벌레를 잘못하여 마시지 않을까 하여 물을 걸러내는 주머니인 녹수낭(漉水囊)이 있다.

(2) 스님들이 왕래에 필요한 열여덟 가지 물건(十八物)

보살계경에 보살이 두타행(이곳 저곳에 왕래하며 수행)을 할 때에 몸에 지니는 물건에 열여덟 가지가 있다고 한다.
이는 ① 칫솔〔楊枝〕② 비누〔澡豆〕③ 옷 세 가지〔三衣〕④ 물병〔軍持〕⑤ 발우(鉢盂) ⑥ 좌구(坐具) ⑦ 지팡이〔錫杖〕⑧ 향로(香爐) ⑨ 녹수낭(漉水囊) ⑩ 수건(手巾) ⑪ 머리 깎는 칼〔刀子〕⑫ 성냥〔火燧〕⑬ 족집게〔鑷子〕⑭ 승상(繩床) ⑮ 불경(經) ⑯ 율전(律典) ⑰ 불상(佛像) ⑱ 보살상(菩薩像)이다.

(3) 기타 승물

① 육환장(六環杖)·석장(錫杖)
스님들이 짚는 지팡이를 말한다. 지팡이 머리는 탑 모양으로 만들어 큰 고리를 끼웠고, 큰 고리에 작은 고리 여러 개를 달아, 길을 갈 때

에 땅에 짚으면 고리가 부딪히는 소리를 내어 짐승이나 벌레 등을 일깨우는 것이다.

또 남의 집에 가서 밥을 빌 때에 자기가 온 것을 그 집 사람에게 알리기 위하여 흔드는 것이다.

인도에서는 극기라(Khakkhara)라 하고 우리 나라에서는 육환장이라 한다.

② 불자(拂子) 또는 불진(拂塵)

모기나 파리 등을 쫓기 위하여 쓰이는 총채와 같은 것이다.

삼론종에서는 8불(不)의 바람으로써 8미(迷)의 망진(妄塵)을 떨어버리는 것을 말한다.

③ 묵언패(默言牌)·금족패(禁足牌)·상당패(上堂牌)

절에 들어서면 건물에 따라 나무 조각으로 패를 만들어 걸어 놓은 곳이 있다.

네모난 나무 조각에 묵언(默言)·금족(禁足) 또는 상당(上堂)이라 써서 걸어 놓는 것이니 묵언패가 걸려 있는 곳에선 일체 소리를 내지 말고, 금족패가 걸려 있으면 출입을 해서는 안된다. 이는 수행인들이 일념으로 정진하는 것을 방해하지 않도록 하여 스님들 스스로 뿐만 아니라 일반 신도들에게도 경계하는 것이다.

또한 옛날에는 법당을 출입할 때에는 상당패가 걸려 있을 때만 출입했으나 지금은 모든 대중에게 공개되어 있는 곳이 법당이기에, 상당패는 사라지고 볼 수 없게 되었다.

제5장 절에 가서 의문나는 점

1. 불상(佛像)은 우상(偶像)인가
― 불상에 예배하는 것은 우상 숭배 아닌가 ―

(1) 우상이란 실상이 아니고 허상

우리가 절에 가면 불상(佛像)을 모시지 않은 절이 없고 또 불교 신도라면 누구나 불상에 예배를 드리지 않는 사람이 없다.

그런데 세상에서는 가끔 이를 우상 숭배라고 하며, 미신적이요, 어리석은 일이라고 말하는 사람들이 있기도 하다. 특히 기독교인들 중에서 이와 같이 비판하는 사람들이 있게 되는데 그것은 기독교의 계명(戒銘)에 '우상을 숭배하지 말라'는 조항이 있기 때문인 것 같다.

우상(偶像)이란 허수아비의 모습이란 말이다. 실체의 모습이 아니고, 사람들이 비슷한 모양으로 꾸며 형상화한 것을 말한다. 곧 실상(實相)이 아니고 허상(虛像)이란 말과도 통하게 된다.

부처님께서는 "이 세상에 존재하는 모든 현상물은 허망한 것"이라고 말씀하셨다. 이로 보면 이 세상에 우상이 아닌 것이 없게 된다.

토·목·금·석으로 만들어진 불상의 문제가 아니라 우리 인간 자체도, 산하 대지도 영원하지 못한 허망한 것이기 때문이다.

그러나 우리는 상징물을 통해서 실상을 보게 되고 알게 된다. 곧바로 현상 속에 실상이 있고 빌려서 만들어진 것 가운데서 진실을 보게 되는 것이다. 현상으로부터 영원한 실상, 진리의 구현을 보게 되는 것이다.

(2) 우상 숭배는 무엇인가

그러면 우상 숭배는 무엇인가?

바로 진실되지 않은 허수아비를 숭배함이니, 이 세상의 진실이 아니고 진리가 아닌, 거짓과 꾸밈과 겉으로 나타난 현상만을 숭배함이 우상 숭배라 할 것이다.

동양 최대, 세계 최대 등 가장 큰 것에 대한 숭배, 권력이나 금력이면 이 세상을 다 지배할 수 있다는 권력과 금력에 대한 숭배, 물질 만능의 숭배 등 진실되지 않은 숭배를 오히려 우상 숭배라 할 것이다.

각 나라의 국기며, 오륜기, 유엔기 등을 만들고 십자가며, 마리아상이며, 불상을 모셔놓고 집안에서는 어른들의 사진을 걸어놓고 여기에 경례하고 예배하는 일은 하나의 상징으로부터 진실된 실상을 찾아 공경하는 일일 것이다.

그러나 이것도 한갓 나무며 천이며, 종이 조각에 불과하다고 보는 사람에게는 우상 숭배일 수밖에 없을 것이다.

그러나 허상으로 만들어졌거나 상징으로 표현된 것 자체를 숭배하고 경배한다면 이것이 우상 숭배일지 모르나 현상물을 통하여 그 실체를 파악하고, 상징하는 진실을 위하여 숭배하는 일이야말로 어찌 우상 숭배라 할 것인가?

(3) 부처님 말씀

부처님께서는 또한 말씀하셨다.

"만약 색신(色身-육체)으로써 나를 보거나 음성으로써 나를 구하려 하면 이는 삿된 도를 행하는 사람이라 진실된 부처(如來)를 볼 수 없으리라."

"법(法-진리)을 보는 자는 나를 볼 것이요, 법을 보지 못하는 자는 나를 보지 못할 것이다" 하신 말씀은 형상으로 나타난 것에만 숭배하거나 집착하면 참다운 도를 알지 못하게 된다는 것이다.

우리는 불상을 통해서 참다운 부처님을 생각하게 된다. 석가무니 부처님 앞에 조각된 불상을 보고 "앞으로 네가 말세 중생들을 많이 교화하라" 하셨다 한다.

(4) 불상을 통해 위덕과 자비를

아무런 형상이나 가르침도 없이 곧바로, 부처를 보고 부처에게 절을 할 수 있는 상근기(上根機)라면 불상이 무슨 필요가 있으랴!

허공 가운데서 참 부처를 찾지 못하는 중생들이기에, 불상의 미소를 통하여 부처님의 자비를 배우고, 의연한 자태에서 안정을 얻으며, 수없이 많은 경전 가운데서 지혜를 배운다. 그리고 고마우신 부처님께, 위대하신 성인께 예배를 드리는 것이다.

불상을 통하여 부처님의 위덕과 자비에 공경을 드리는 것이다.

부모의 사진을 종이 조각으로 취급하는 사람이 그 사진을 통하여 부모를 생각하는 사람에게 우상 숭배 이야기는 한낱 부질없는 희론에 불과할 것이다.

2. 나무 아미타불, 관세음 보살은 왜 부르는가

(1) 천백억 화신으로 화현(化現)

일반인들이 불교 하면 제일 먼저 떠올리는 말이 "나무 아미타불, 관세음 보살"이고 절에 가면 의당 하는 염불로 알고 있다. 심지어 텔레비젼이나 방송에서도 불교에 대한 대명사처럼 사용하고 있는데 "나무 아미타불, 관세음 보살"은 무슨 말이며 왜 부르는 것일까?

불교의 교주는 석가무니 부처님이시다. 석가무니 부처님은 인도의 가비라국에 우리와 똑같은 인간의 모습으로 탄생하셨던 역사적인 인물이다. 그러나 석가무니께서 증득한 부처의 경지는 이루 다 표현하기 어렵고 불가사의한 능력과 위신력을 갖춘 신비의 경지다.

여기에서 석가무니 부처님을 천백억 화신(千百億化身)이라 하여 갖가지 모습으로 화현(化現)하여 중생을 제도하신다는 믿음이 짙어지고 그 위덕(威德)에 따라 여러 부처님과 보살들의 명호가 등장하게 된 것이다.

(2) 나무 아미타불

아미타불은 영원한 생명, 한량없는 광명을 뜻하는 부처님의 명호다. 아미타붇다(Amitadha Buddha ; Amitayus Buddha)란 범어를 흔히 아미타불이라 부르고 뜻으로 무량수불(無量壽佛)·무량광불(無量光佛)이라 하여 영원한 생명과 한량없는 광명이신 부처님이라는 말이다.

여기에 나무(南無-Namo)라는 말을 덧붙이는데 이는 귀명(歸命) 귀의(歸依)로써 나의 신명을 던져 돌아가 의지하여 구원을 청한다는 뜻이다.

결국 **나무 아미타불**은 영원한 생명, 한량없는 광명인 깨달음의 본체에 돌아가 의지하여 구원을 얻는다는 뜻이다.

우리는 언제인가는 육체를 버려야 할 유한(有限)의 목숨, 무상한 삶을 가지고 있다. 그러나 생명의 본체는 영원하여 불변하다는 진리를 믿고 그 영원한 생명을 깨치고 얻으려는 발원은 모든 중생들에게 궁극적인 목적이 된다.

나 뿐만 아니라 모든 중생이 생명의 근원, 본래 생명, 생명의 본 고향으로 돌아가 의지하려는 간절한 염원이 나무 아미타불인 것이다.

여기에서 **나무 아미타불** 하는 여섯 글자의 명호를 부르며 염원하는 염불 수행법이 있게 되는 것이다.

(3) 관세음 보살

관세음 보살은 **아발로키테스바라**(Avalokitesvara)를 번역한 말로 관**자재**라고도 한다.

관세음 보살은 이 세상의 모든 소리를 관(觀)하는 보살이요, 깊은 지혜로 세상을 관조하여 자재로운 묘과(妙果)를 얻은 이란 뜻으로 대자 대비(大慈大悲)를 근본 서원으로 하는 보살 이름이다.

또 중생에게 온갖 두려움이 없는 무외심(無畏心)을 베풀어주는 시무외자(施無畏者)요, 자비를 위주로 세상을 구제하는 대비성자(大悲聖者)다. **관세음 보살**을 부르고 염(念)하는 것도 사바 고해에서 허덕이는 중생들이 대자 대비의 본원력으로 구제를 받으려는 염원인 것이다.

(4) 나무 아미타불 관세음 보살

나무 아미타불 관세음 보살은 불교의 근본 도리인 생명의 본체를 파악(見性)하여 본래 성품에 귀의하고, 대자 대비의 행으로 모든 중생을 구제하려는 각행원만(覺行圓滿)을 나타내는 부처의 대표적인 명호라 할 것이다. 미망(迷妄·無明)에 가리어 고해를 헤매는 중생이 눈을 떠(明) 생명의 본체인 부처로 돌아가 계합하려는 염원이요, 본원력으로 모든 중생을 성불시키는 대자재행의 표현인 것이다.

이로써, 중생으로서의 인간이 가장 위대하고 원만한 부처로 향하는 염원력으로, 구경에는 중생과 부처가 일치하는 경지에 이르게 되는 수행문이 되는 것이다.

염불을 할 때에 어떻게 해야 되는 것이며 어떠한 공덕이 있게 되는 것인가? 하는 자세한 것은 염불 수행법에서 이야기하기로 한다.

3. 부처님이 왜 여러 분인가?

(1) 역사상에는 석가모니 부처님뿐

절에는 불상이 한 분만 있는 것이 아니고 여럿이 있다. 대개는 불상 세 분이 같이 있으나 곳에 따라 천불, 삼천불 등 수많은 부처님을 모시고 있다.

어찌 이렇게 많은 부처님이 있는가?

부처님 하면 물론 석가모니 부처님을 말한다. 석가모니 부처님은 지금부터 약 3천 년 전에 인도에서 태어나신 역사적인 부처님이시다. 인류의 역사상에는 물론 석가무니 부처님 한 분 뿐이시다.

그러나 불교에서는 무한한 공간과 무한한 시간을 말하는 우주관과 세계관을 갖고 있다. 우리가 현재 알고 있고, 느끼고 있는 우주와 세계 외에 또 다른 우주 세계가 한량없이 펼쳐 있다고 보는 것이다.

또한 불교의 근본 사상은 생명이 있는 것이라면 누구나 마침내 부처를 이룰 수 있다는, 불성(佛性-부처가 될 수 있는 성품) 사상이 있으며, 각 세계마다에 부처님이 계셔 교화를 하고 있고, 먼 옛날 구원 겁부터 수없는 부처님이 출현하셨다는 사상이 있게 된 것이다.

(2) 과거, 현재, 미래에도 부처님이 존재

대승불교의 근본인, 한량없는 부처님이 있다는 사상으로 과거에도 현재에도 또한 미래에도 부처님이 계셔 삼세(三世)에 걸쳐 존재하는 영원한 부처님을 말하는 것이다.

헤아릴 수 없는 '장구한 시간' '영원한 시간'에 걸쳐 부처님이 차례로 출현하시어 세세생생(世世生生)으로 남김없이 중생을 구제한다는 자비와 중생 구제 사상의 극치의 표현이 제불(諸佛-여러 부처님) 사상으로 표현된 것이다.

옛날 과거로부터 천불(千佛)이 출현하고 현재에도 미래에도 천불이 출현한다 하여 삼천불이 계시고, 뿐만 아니라 동서 남북 중앙 각각 5방에 부처님, 나아가 시방(十方)에 가득하신 부처님을 말하니 실로 헤아릴 수 없는 부처님이시다.

가까이는 석가무니 부처님 바로 다음에 출현하시는 부처님이 미륵 부처님이요, 또 동방 세계에는 약사 유리광불, 서방 세계에는 아미타불 등 각 세계의 부처님이 우리에게 친근하다.

(3) 언제나, 어디에나 계시는 영원한 부처님

　부처님을 그 근본인 성품으로 보아 법신불(法身佛-비로자나불)이라 하고 부처님 덕의 과보로 나타남을 보신불(報身佛-노사나불), 우리 인간의 모습으로 출현하여 중생을 제도하는 응화신불(應化身佛-석가무니불)로 나누어 볼 때는 삼신불(三身佛)이나, 이 법·보·화 삼신은 결국 한 몸(三身一體)인 것이다.
　또한 어느 때의 부처님, 어느 곳의 부처님, 어떤 공덕의 부처님이라고 각기 시간과 장소와 역할에 대하여 나누어서 말하기도 하지만 이는 부처님의 위신력과 덕화와 원행의 표현인 것이요, 여러 이름의 부처님은 결국 체성(體性)에 있어서는 한 부처님인 것이다.
　이와 같이 한 부처님 뿐만 아니라 수없는 여러 부처님이 계신다는 제불 신앙은 끝없는 공간 세계와 무한한 세월에도 부처님은 그치지 않고 출현하여 중생을 제도한다는 영원한 희망이요, 발원의 결정이라 하겠다.
　이렇게 수많은 부처님이 계시다 하여 예불을 드릴 때
　"지심귀명례 시방삼세 제망찰해 상주일체 불타야중(至心歸命禮 十方三世 帝網刹海 常住一切 佛陀耶衆)"이라고 하니 이는 "시방 세계와 삼세에 걸쳐 수없는 국토와 세계에 항시 머무르시는 모든 부처님께 진심으로 귀의하옵니다" 하는 뜻이다.
　한량없는 부처님이 계시다 하여도 항시 일체에 함께 하시는 부처님이요, 모든 부처님의 가르침과 근본 성품은 같은 것이니, 어느 부처님을 더 받들고 신앙하는 것은 다만 중생들이 각기 근기에 따라 다를 따름이요, 부처님이 서로 다른 것은 아닌 것이다.

4. 사람이 죽은 뒤에는 어떻게 되나
― 극락과 지옥은 있는 것인가 ―

(1) 일체 만유는 윤회 전생(輪廻轉生)

사람이 죽은 뒤에는 어떻게 될 것인가? 정말 혼이라는 것이 있으며 또한 극락과 지옥이란 것도 있는 것인가?

이 세상을 살아가는 사람들이 모두 한 번쯤은 생각해보고 의심하기도 하며 또 궁금해하기도 한다.

불교에서는 중생들이 존재하는 모습을 말하여, 나고 죽음을 윤회(輪廻)라 하고 또 윤회 전생하는 기를 넷으로 나누어, 금생에 잉태하는 몸을 생유(生有)라 하고, 태어나서 죽을 때까지 살아가는 것을 본유(本有)라 하며, 금생에 목숨이 끊어지는 찰나의 몸을 사유(死有)라 하고, 죽고 나서 다시 생을 받기 전까지 중음(中陰)으로 있을 때를 중유(中有)라 한다.

이와 같이 사유(四有)로 존재하면서 태어나고 죽고 또 태어나는 생사 윤회를 계속하게 된다고 한다. 생사를 초탈하여 해탈을 얻기 전까지는 계속 윤회하며 생사를 반복하게 되는 것이니 중생은 죽게 되면 그 뒤에 반드시 다른 생을 받아 또 태어나게 된다.

(2) 업(業)에 따라 육도(六道)에 윤회

그러면 사람이 죽으면 다시 또 사람으로 태어날 것인가? 그것은 다 같질 않고 사람에 따라 다르다고 한다.

중생이 윤회하는 데에 여섯 갈래의 길이 있으니 지옥의 길, 아귀의 길, 축생의 길, 아수라의 길, 인간의 길, 천상의 길이다. 이렇게 육도(六道)를 윤회하는데, 그 길로 가게 되는 것은 오직 중생의 업(業)이 원인이 된다.

자기가 지어온 업에 따라서 결정되어 과보를 받게 되니, 좋은 업을 지었으면 좋은 과보를 받게 되고 악한 업을 지으면 악한 과보를 받는 것(善因善果, 惡因惡果)이다. 원인에 결과가 따르는 것은 틀림없는 사실이다. 즉, 인과 필연인 것이다.

그래서 인과경에 "자기 전생의 일을 알고자 하면 금생에 받는 것을 보아 알 것이요, 자기 내생의 일을 알고자 하면 금생에 하는 일을 보면 된다(欲知前世事 今生受者是 欲知來世事 今生作者是)"했다.

스스로 지어서 스스로 받을 따름(自作自受)이라는 것이 불교의 근본이니, 좋은 업(業)을 짓도록 노력하여 좋은 곳으로 태어날 씨앗을 심을 일이요, 사후가 없다고 믿지 않으며 방일할 일이 아니다.

(3) 해탈하기 전에는 사후가 있다

이 세상에서는 흔히 자기가 직접 보지 않고 겪지 않으면 믿으려 하지 않으나, 보지 못하고 겪지 못한 사실과 진실들이 얼마나 많은가?

현세에서 곧바로 일어나는 일들, 죄 지으면 필경에 형벌을 받아 감옥에 가고 좋은 일에는 표창하여 떠받드는 등의 일들을 미루어 보아도 목숨이 끊어진 뒤에 아무것도 남지 않으리는 생각을 할 수는 없는 것이다.

살아 움직이는 동안에도, 허공 속에 살면서 느끼거나 만져보지 못하고, 육체 속에 정신이 있으면서 찾지도 못하고 보지도 못한다고 없다 할 수는 없는 일이다. 육체가 있음에 영혼이 있을 것도 의심없는 사실일 것이다.

사람이 죽은 뒤에는 갖고 있던 육체를 버렸을 따름이요, 영혼마저 없어지는 것이 아니라, 다시 생을 받게 되는 것은 틀림없는 일이다.

또 어디에 가서 태어나느냐, 하는 것도 분명한 일이다.

그러나 깊은 수행을 쌓고 생사의 근본을 파헤쳐 깨달음을 얻고 해탈한다면, 그는 윤회의 수레바퀴에서 벗어나게 되는 것이니, 이는 부처님의 경지를 말함이다.

5. 극락과 지옥은 어떤 곳인가?

불교에서는 극락과 지옥이 있어, 사람들이 자기가 지은 바 업(業)에 따라 극락에 가기도 하고 지옥에 떨어지기도 한다 하는데, 극락과 지옥은 어떤 곳이며 또 죽어서만 가는 것인지 궁금한 일이다.

· 불교에는 분명히 극락과 지옥에 대한 말씀이 여러 경전에 자세히 나타나 있다.

(1) 극락은 영원한 생명의 본 고향

극락(極樂)은 안양(安養)·안락(安樂)·묘락(妙樂)·일체락(一切樂)이라고도 하며, 극락 세계·극락 정토·정토 세계라고도 한다.

극락 정토는 아미타불께서 서원으로 이룩하여 놓은 이상향(理想鄕)이다. 이 사바 세계에서 서쪽으로 십만억 국토를 지나간 곳에 있으며 칠보로 꾸며져 있고 부족함이 없이 모든 일이 원만 구족하여 항상 즐거움만 있고 괴로움은 없는 자유롭고 안락한 세계다. 그곳에는 지금도 아미타불이 설법을 하고 계시는 영원한 세계다. 〈阿彌陀經 等〉

극락 정토는 우리가 사는 사바 고해를 벗어난 안락의 세계요, 중생들이 머무는 더러움으로 오염된 곳(穢土)과는 멀리 동떨어진 청정한 정토(淨土)의 세계다. 모든 얽매임으로부터 벗어난 해탈의 세계요, 대자유의 세계요, 모든 번뇌가 다한 열반의 세계요, 생사가 다한 영원한 생명의 본 고향인 부처의 세계이기에 불국 정토(佛國淨土)라 한다.

(2) 지옥은 136 종류

지옥(地獄)은 불락(不樂)·무행처(無幸處)라 하여, 지하의 감옥을 말함이니 이곳에는 온갖 괴로움 뿐이요, 조금이라도 쉬거나 즐거울 수 없는 곳이다.

지옥에는 갖가지 종류가 있으니, 팔열(八熱) 지옥, 팔한(八寒) 지옥, 고독(孤獨) 지옥 등 모두 합하면 136의 지옥이 있다. 끓는 쇳물 속에서 벗어나지 못하는 화탕(火湯) 지옥, 칼끝이 산처럼 되어 있는 도산(刀山) 지옥, 괴로움을 벗어날 사이가 없는 무간(無間) 지옥 등이다.

(3) 극락과 지옥이 실재(實在)하는가?

극락과 지옥이 실지로 있는 가에 대해서 의심하는 사람들이 있다.
실지로 내 눈으로 보지 못하고, 또 갔다 왔다는 증명될 만한 사실이 없기 때문이라 한다.
그러나 과학이 발달된 현대 사회에서 직접 내 눈으로 보지 못했는데도 확실하다고 믿는 일이 부지기수며, 풀지 못하는 불가사의한 일도 허다하다.
또한 우리가 살고 있는 사바 세계의 현상을 미루어 보더라도 믿지 않을 수 없는 일이다.
옛날 어느 스님에게 한 사람이 찾아와서 물었다.
"지옥과 극락이 정말 있습니까?"

스님은 다짜고짜 그 사람의 머리를 옆에 있던 물 항아리 속에 집어 넣었다. 그 사람이 물 속에 머리가 처박혀 숨을 못쉬고 허덕이자 머리를 들어 풀어주니 크게 숨을 돌이켰다.

"어떠한가? 지옥과 극락을 보지 못했나?" 했다 한다.

우리가 살고 있는 이 세계에도 엄연히 극락과 지옥이 실재하고 있다.

좋은 집 좋은 환경에서 괴로움이 없고 즐거움만 있는 극락 생활이 있기도 하고, 또한 햇볕도 잘 들지 않는 캄캄한 감옥에서 고초만 받는 지옥 생활이 있다. 현실 세계에서도 극락과 지옥을 짐작할 수 있는데, 이 세상이 아닌 저 세상이라 하여 극락과 지옥이 없겠는가? 다만 우리 눈으로 보지 못할 뿐이다.

(4) 극락과 지옥은 죽어서만 가는 것이 아니다

사람이 죽으면 그가 지어온 업(業)에 따라 그 과보로써 극락이나 지옥에 간다는 것은 틀림없는 일이다.

그러나 사후에만 그 과보를 받는 것은 아니다. 우리가 살아 있는 동안에도 그 과보가 돌아와 극락 생활을 하기도 하고 지옥 생활을 하기도 한다.

사회에서 교통난으로 인하여 고통을 겪을 때 '교통 지옥'이라 표현하고, 살아 있으면서 극심한 고초를 겪게 될 때 '생함 지옥(生陷地獄)'이라 한다.

그러나 이 극락이나 지옥에는 모두 자기 스스로 만들어 스스로 가는 것임을 먼저 알아야겠다. 가는 길을 선택하는 것도 자기 자신이요, 극락을 누리고 괴로움을 겪는 것도 자기 자신이지 남이 대신할 수는 없는 것이다. 오직 자업자늑(自業自得)인 것이다.

나아가 현세에 받는 극락과 지옥은 그 근본적인 시초가 마음 가운데서 일어나 마음으로부터 먼저 받고 느끼게 된다는 것을 알아야겠다.

6. 연꽃〔蓮花〕이 왜 불교의 꽃인가

(1) 중생들의 근기가 연꽃같아

연꽃〔蓮花〕 하면 불교를 상징하는 꽃으로 널리 알려져 있다.

절에 가면 연꽃 무늬의 조각과 그림을 많이 볼 수 있고 특히 불상을 모시는 좌대(앉는 자리)는 거의가 연꽃 무늬로 조각되었으니, 이렇게 연꽃이 불교의 꽃으로 된 것은 무엇 때문인가?

연꽃은 본래 천축(天竺-서역 인도)에서 피어나는 꽃으로 뿌리는 물 밑에 뻗고 잎은 수면에 떠 매끄럽게 뻗어난 줄기 끝에 꽃이 피는데, 아침이면 피어나고 저녁이면 오므리는 청황적백의 우아한 꽃이다.

연꽃은 진흙 수렁에서 자라면서도 물들지 않고 더럽혀지지 않는 깨끗함과 향기로움을 지니고 있다.

연꽃은 색깔도 여러 가지로 피어서 청련(靑蓮)·홍련(紅蓮)·백련(白蓮) 등으로 희유한 꽃이요, 아름다운 꽃이다.

석가무니 부처님이 보리수 아래서 깨달음을 얻으신 뒤 이 세상을 관찰하니, 중생들의 근기(根機-인간의 능력과 개성)에 차별이 있는 것이 마치, 연꽃과 같이 물 속에서 피는 꽃도 있고, 혹은 수면에 떠서 피는 꽃도 있고, 물 밖에 높이 솟아 피어 있는 꽃도 있는 것과 같다고 보시어 이 세상에서 설법 교화하시기 시작했고, 부처님이 열반하실 때 하늘에서는 오색의 연꽃이 쏟아져 내렸다는 것이다.

(2) 연꽃은 불교의 이상을 표현

불교 경전에는 연꽃에 대한 말씀이 자주 나오고 특히, 최고의 경전이라고 불리워지는 경전이 묘법연화경(妙法蓮華經-약하여 법화경)이라 한다.

우리가 본래 가지고 있는 마음을 자성청정심(自性淸淨心)이라 하여, 근본은 물들지 않는 청정한 마음이기에 연꽃에 비유하여 연화심(蓮華心)이라 한다.

또 부처님이 앉으시는 자리를 연화좌(蓮華座)라 하니 이는 사바 세계의 진토(塵土)와 같은 곳에 중생들과 있으면서도 물들지 않고 청정함이며, 스님들의 법복인 가사를 연화의(蓮華衣)라 함도 마찬가지다.

또 불교의 가장 이상 세계는 불국 세계인데, 이를 연화장 세계(蓮花藏世界)라 한다.

연화장 세계는 향수로 된 바다 가운데 커다란 연꽃이 피어 있듯 하고, 본래 법신불(法身佛)이 천 잎의 연화대에 앉았는데 천 잎이 각각 한 세계가 되고 그곳에 화현한 일천 석가무니불이 계시며 다시 백억 나라에 모두 부처님이 계신 곳이라 한다.

중생으로 이 세상에 살면서도 부처가 될 수 있는 종자, 불성(佛性)을 가지고 본래 물들지 않고 청정함이며, 중생마다 근기의 차이가 있으나 모두 부처가 될 수 있으며, 결국 이 사바 세계를 불국 세계로 건설하는 것이 연꽃이 피어나는 성질과 물들지 않는 특성들과 같다 하여 연꽃을 귀중히 여기게 된 것이다.

(3) 연꽃은 부처님 가르침의 상징

이와 같이 연꽃과 같은 마음을 갖고 어려운 세상을 살아가기 위하여 기원드리며 두 손을 합하게 되는 연화 합장을 하고 마치 소경이 처음으로 눈 뜨는 것과 같이, 시골 사람이 처음으로 대궐에 들어간 것처럼 연꽃이 처음 피어날 때의 기쁨을 맛보는 것이다.

연꽃은 또 부처님의 가르침에 비유한다.

연꽃은 처음 꽃잎이 피어나면서는 그 속에 열매(연실 蓮實)를 보호하고, 꽃잎이 벌어지면서 열매를 내보이며, 꽃잎이 떨어지면 크고 평편한 꽃턱 구멍 속에서 열매를 보호하며 그 열매는 수명이 제일 길어서 2천 년 이상 묵은 것도 발아한다. 또한 연잎은 물에 젖지 않으며 잎자루 안에 있는 구멍은 지하경의 구멍과 통하고 있다.

부처님께서 중생을 제도하시는 가르침도 이와 같다.

처음에는 방편(方便)으로 시작해서 차츰차츰 실상(實相)을 열어보이시고 드디어 방편은 떨어지고 실상을 확연히 깨달아 들어가게 하는(開示悟入) 것이다.

—나무 아미타불 관세음 보살—

주해(註解)

1) 불타(佛陀)는 무엇인가에 대하여 제3편에서 다시 언급하겠거니와 대승불교에 들어서서 불타에 관한 고찰이 더욱 깊어져 [1] 불타의 본질로서의 법(法) 자체 또는 법이 구체화한 이상적인 불신(佛身)으로서 법신(法身)과 부모소생신(父母所生身)으로서 가비라국에 탄생한 인간 석가무니불타를 가리키는 생신(生身)으로 이신설(二身說), [2] 법신(法身)·보신(報身)·응신(應身)의 삼신설, [3] 자성신(自性身)·수용신(受用身)·변화신(變化身)의 삼신설, [4] 또는 사신설(四身說) 등이 있으며 선종(禪宗)에서 법·보·화(法報化) 삼신설이 있는 등 여러 설이 있으나 여기에서는 인격적인 부처님, 곧 응화신(應化身)인 석가무니 부처님의 일생을 말하는 것이다.

2) 도솔래의상(兜率來儀相)은 부처님께서 사바 세계에 출현하여 석가무니 부처님으로 중생을 교화하기 전까지의 수억겁생의 보살행으로 공덕을 쌓아온 수행 과정 중에서 강탄 직전 도솔천(兜率天)에서 호명(護明) 보살로 계시며 천신(天神)들을 교화하다가 사바 세계의 중생들을 제도하러 하강하시려는 모습을 말하는 것이다.

3) '선혜'행자의 이야기는 「태자서응본기경」「증일아함경」「과거현재인과경」「수행본기경」「불본행집경」「사분율」 등에 나오는 부처님의 전생 설화다.

4) 행원(行願)은 몸으로 행(行)하고 마음으로 원(願)하는 것을 말하며 발원(發願)이란 큰 소원을 세우는 것이니 발심(發心)과 같은 뜻이다.

5) 연등불 또는 정광불은 석가무니 부처님 이전에 이 세상을 교화하신 부처님 명호로 석가무니불 이전에도 수많은 부처님이 출현하셨다고 믿고 있으며 가까이는 과거칠불이라 하여 석가무니 부처님께서 과거불의 일곱 번째이고 멀리는 과거천불 현겁천불, 미래천불 등 삼천불의 명호까지 있다.

6) 이러한 말씀은 '자아타카(Jātaka-前生說話, 本生譚)라는 경전 중의 부처님 전생 이야기를 적어 놓은 책에 있는 설화다. 현재 남아있는 것으로는 '파알리어' 장경 속에 547종의 설화가 있고 또 범어·티베트어·한문으로 된 장경 중에도 많이 있다.

7) 나찰귀신(羅刹 Raksana): 사람을 잡아먹는다는 악한 귀신.

8) 부처님의 전생 이야기는 이외에도 '9색사슴의 이야기'-9색록경·육도집경, '원숭이와 왕이야기' '굶주린 범과 왕자이야기'-금광명경, 보살투신기아호기탑인연경, '비둘기를 살리는 왕이야기' 등 한량없으며 '파리'어 장경에만도 547종의 설화가 남아 있다.

9) 비람(毘藍)은 싯달타 태자께서 탄생하신 룸비니(Lumbini) 동산을 음역하면서 람비니원이라 하고 또 줄여서 비람이라 하였다. 중인도 가비라성의 동쪽에 있던 꽃동산으로 지금의 연합주지방 코라스크풀주의 북쪽에 해당한다. Bhagvānpur의 북쪽 2마일 Paderia 부근.

10) 왕비 마야(摩耶 Maya)부인은 석

가족의 한 갈래인 코리(Koli 拘利)족의 데바다하(Devadha 天臂)성 성주 선각장자(先覺長子)의 딸이다.

11) 중국의 법현스님이 서기 405년경 성지 유적을 순례하였을 때 그곳에 용왕이 물을 뿜었다는 곳이 우물과 연못으로 남아 있었고, 현장스님이 서기 643년 이곳에 순례하였을 때에도 유적이 있었다고 한다.

12) 1896년 인도 정부에서 위촉하여 '휼러'가 룸비니 성지를 발견하게 되니 유적으로 아쇼카(Aśoka-阿育)왕의 돌기둥에 이렇게 적혀 있다. "아쇼카왕은 즉위 20년 뒤 몸소 와서 예배하고, 이곳은 불타 석가무니께서 탄생하신 곳이므로 돌을 깎아 마상(馬像)을 만들고 돌기둥을 세운다. 이곳은 세존(世尊)께서 탄생하신 곳이므로 땅세를 감면 8분의 1만을 부과한다."

13) 전륜성왕(轉輪聖王)은 무력이 아닌 덕화(德化)로써 전 세계를 정복하고 통일시키는 위대한 왕을 말함.

14) 싯달타 태자가 가비라성의 동서남북 네 문으로 나가 다녔는데 동문에서는 늙은이를 보고, 남문에서는 병든이를 보고, 서문에서는 죽은 사람을 보고, 북문에 나가서는 출가 수행자를 보고서 드디어 출가할 뜻을 두었으니 이것은 태자의 출가를 재촉하기 위하여 제천(諸天)이 변화한 것이라고도 한다.

15) 유성출가상이란 성을 뛰어넘어 집을 벗어나는 모습이란 말이다. 출가란 범어로 Pravrajita이며 번뇌에 얽매인 속세의 생활을 버리고 성자의 생활에 들어가는 것이다.

16) 설산수도상은 설산에서 고행과 수도를 하신 모습이라는 뜻인데 설산은 인도의 북경에 있는 히말라야산을 말하며 산정에 눈이 덮여 있다하여 설산이라 번역하였다. 설산에서 성도하셨다 하는 것은 부처님 성도지가 가야산(붇다가야 지방) 보리수 아래인데 부처님 전생에 설산 동자로서의 수행하였음을 의미하는 말이기도 하다.

17) 태자를 따르고 있던 다섯 수행자—불전에서는 이들이 태자가 출가할 때에 부왕이 석가족의 왕속으로서 선발하여 태자를 호위하게 하였다고도 하고, 또 다른 불전에는 죽음에 이르도록 격렬한 고행을 한다는 소식을 듣고 위험을 우려하여 부왕이 다섯 사람을 파견하여 보호하게 하였다고 하고, 또 다른 경전에서는 그들이 석가족과 관계없이 태자가 고행림에서 열심히 수행하는 것을 부근에 있던 다섯 사람이 보고 감동하여 그 중 한 사람이 정반왕에게 그 모습을 알렸다고도 한다. 그들의 출신은 분명치 않으나 태자가 수행하던 곳에 같이 수행하며 그 모습을 지켜보았던 것은 확실하다.

18) 수하항마상이라 함은 보리수 아래에서 모든 마군이를 항복 받으시는 모습이다. 부처님께서 우주 만유의 근본 진리를 깨치시고 도를 성취하는 성도(成道)의 모습을 항마상으로 표현하고 성도 후 '나는 일체 승자(勝者)요 일체 지자(知者)라고 선언하시는 말씀에 유의하여야 할 것이다. 밖으로 육체와 더불어 모든 환경을 극복하고 안으로 심적인 고뇌와 갈등을 다 이겨내 마침내 인간과 우주의 근원인 진리에 계합되었다는 뜻이다.

19) 여기에서 말하는 생로병사의 근본 원인과 멸도(滅道)의 방법은 십이연

기설(十二緣起說)의 순관(順觀) 역관(逆觀)에 의한 것을 자세히 설하며 내지 고·집·멸·도의 사제법(四諦法)을 말함이다.

20) 삼명육통(三明六通): 삼명은 지혜가 분명히 대경(對境)을 아는 것을 명이라 하여 6통(六通) 가운데 숙명통·천안통·누진통에 해당하는 숙명명·천안명·누진명을 말한다. 6통(六通)은 6종 신통·6신통이라 하는데 ① 천안통(天眼通)은 육안으로 볼 수 없는 것을 보는 신통이니 자기나 다른 이의 다음 세상의 생활 상태까지를 아는 것이며 ② 천이통(天耳通)은 보통 귀로는 듣지 못할 음성을 듣는 신통이며 ③ 타심통(他心通)은 다른 사람의 마음을 자재하게 아는 신통 ④ 숙명통(宿命通)은 지나간 세상의 생사를 아는 신통이며 ⑤ 신족통(神足通)은 부사의 하게 경계를 변하여 나타내기도 하고 마음대로 날아다니기도 하는 신통이며 ⑥ 누진통(漏盡通)은 지금 세상의 고통을 알아 번뇌를 끊는 지혜를 말한다.

21) 녹원전법상은 부처님께서 성도하신 후 녹야원에서 법륜을 굴리어 아약교진여 등 다섯 사람을 제도하신 후 열반에 드실 때까지 설법 교화하시는 모습이다. 녹야원은 중인도 바라내국 왕사성의 동북쪽에 있다. 지금 베나레스시의 북쪽에 있는 Sarnath의 유적이 곧 녹야원 터다.

22) 사성제의 3전12행(三轉十二行)을 여실히 알아야 할 것이다. 십이연기·4제·팔정도 등 설법하신 기본 교리의 자세한 것은 교리편에서 앏일.

23) 대품(大品) 수계편 제1에 나오는 법문으로 모든 번뇌를 타오르는 불길에 비유하시고, 이와 같이 관(觀)하면 일체 육근·육경·육식 등 18계와 탐·진·치 삼독심과 고·락·불고불락의 삼수(三受) 등에 실증을 내고, 일체를 싫어하면 곧 탐욕을 여의고, 탐욕을 여의면 곧 해탈한다는 지혜가 생겨서 열반을 얻게 된다는, "모든 번뇌로부터 해탈하는 법"을 말씀하신 것이다.

24) 甘露法: Amrta-dharma 불생법(不生法)이라고도 한다. 중생을 고뇌에서 구하는 것이 감로수와 같은 법이라는 뜻.

25) 다른 경전에서는 '산자야'의 제자 5백 명 중 250명만 따라와서 부처님 제자가 되었다고 한다. 이로써 세 '가섭'과 함께 1천 명을 합하여 1,250인을 이끌고 계셨기 때문에 경전에 자주 나오는 1,250인과 더불어 함께 하시다는 말이 연유되었을 것이라고 후세에서는 생각한다.

26) 십이두타행(十二頭陀行): 두타는 수치(修治)·기제(棄除)라 번역하며 번뇌진(煩惱塵)을 제거하고 의·식·주를 간단히 하여 불도를 수행하는 행법.
① 在阿蘭若處 ② 常行乞食 ③ 次第乞食 ④ 受一食法 ⑤ 中後不食 ⑥ 節量食 ⑦ 著幣衣衲衣 ⑧ 但三衣 ⑨ 塚間住 ⑩ 樹下止 ⑪ 露地坐 ⑫ 但坐不臥

27) 기수급고독원(祇樹給孤獨園)이란 말은 '기타(祇陀)' 태자의 이름과 '수닷타' 장자의 별명인 '급고독'의 이름을 합한 것이다. '수닷타'는 본명이고, 그는 항상 의지할 데 없는 고독한 사람들을 구제하여 왔으므로 '아나타'(의지할 데 없는 지) '핀다다'(먹을 것을 주다)라는 별명으로 불리워 왔다. 한문으로 번역하여 급고독(給孤獨)장자라 한다.

죽림정사와 더불어 기원정사는 2대 정사로 유명하다. 서기 404년 중국 법현(法顯)스님의 견문기에는 이곳에 가서 들으니 기원정사가 원래 7층이었는데 우연한 화재로 7층이 모두 불타버려서 2층의 정사를 다시 지었다 하며 법현스님이 보았을 때는 정사의 문은 동쪽으로 나 있고 문 양쪽에 돌로 된 기둥(石柱)이 있었으며 이곳에는 많은 승려가 살고 있었다 한다. 그 뒤 백 년이 지나 현장(玄奘)스님이 갔을 때 보니 동쪽 문 좌우에 있는 석주는 높이가 70여 자[尺]였고 한 채의 전실 외에는 주춧돌만 남아 있을 뿐 황폐되어 있었다 한다. 근대에 유럽의 학자가 그 고적을 발굴 조사하여 주춧돌을 발견하고 기록에 있는 것처럼 대규모적인 정사가 실지로 있었다는 것이 증명되었다 한다.

28) 부처님께서 성도 후 고향을 방문하시게 된 때가 언제인가에 대하여는 확실하지가 않다. ① '파알리'어 경전과 불소행찬(佛所行讚)에서는 성도 후 2년경 죽림정사에 계시다가 고향을 방문하셨다는 것이다. ② 불본행집경(佛本行集經)에서는 성도 후 1년 녹야원에 계실 때 사절을 보내었다는 설이고 ③ 보요경(普曜經)·불본행경(佛本行經) 등에서도 성도 후 6년설을 말하는데 이는 '슈라바스티'(사위국)의 기원정사에 자리잡고 계시다가 고향을 방문하시게 된다. ④ 이 외에도 성도 후 12년설 등이 있으나 부처님께서 고국에 가시게 된 것은 열반에 드실 때까지 여러 차례였기 때문에 여러 가지 설이 있게 된 것 같다.

29) 부처님은 종교적 법통(法統)의 계보를 생각하신 것이다. 그 후에 불교도들은 석자(釋子) 혹은 불자(佛子)라 부르며 정신적으로 '석가무니' 부처님과 연결되었음을 표했다. 중국의 초기불교의 대표인 도안(道安)스님은 승려의 성씨를 석(釋)씨로 해야 한다는 승려 규범을 정하여 이후 스님들은 법명(法名) 앞에 석(釋)씨를 붙여 사용하는 일이 많게 되었다.

30) '난타'는 출가 이후에도 결혼을 하려 했던 '순다리'란 처녀의 아름다움을 잊을 수 없어 오랫동안 괴로워 했다. 수행하는 동안에도 '순다리'를 잊지 못하여 이따금 멍하게 앉아있는 모습을 부처님께서 보시고 어느 날 깊은 숲 속에 데리고 가시어 흉하게 생긴 암원숭이를 보여 주시고 「저 원숭이와 '순다리'를 비교하여라. 어느 편이 더 아름다우냐?」 다시 신통력으로 이 세상에서는 볼 수 없는 아름다운 선녀를 보이시며 다시 비교해 보라 하셨다. 총명한 '난타'는 깨달은 바가 있어 이후에는 수행에만 전념하였다 한다.

31) '라후라'의 출가 나이에 대해서도 여러 설이 있다. 태자가 아내 '야수다라'의 잉태를 확인하고 출가했다는 설이 있고 아들이 태어난 다음에 출가했다는 설 등이 있으며 또한 성도 후 고향을 방문하게 된 것이 몇 년째인가에 따라 ① 12세 출가설 ② 9세 출가설(未曾有因緣經) ③ 7세 출가설(有部破僧事 卷5, 卷12, 佛五百弟子自說本起經, 普曜經, 雜寶藏經 卷5, 摩訶僧祇律 卷17)설 등이 있다.

32) 이 때의 쥐는 '인드라(제석천)'의 화신(化身)이었다고 한다. 이 이야기는 후세에까지 전해져서 중국 당나라의 현장스님이 그 곳에 갔을 때 '친차아'를 삼켜버렸다는 깊이를 알 수 없는 구멍이

실지로 있었다 한다.

33) '앙굴리마라'의 뒷이야기는 '지혜로운 삶의 길' 12편, 24편에 약간 더 보충되어 있다.

34) '데바닷다'의 출가 인연은 경전에서 차이를 보인다. 불본행집경(佛本行集經)에서는 7인 중 '아난다'와 '데바닷다' 두 사람은 출가를 허락받지 못하여 다른 장소에서 계를 받았다 하고, 증일아함경에서는 '데바닷다'가 부처님으로부터 허락을 받지 못하고 스스로 삭발하고 '수라다'라는 비구에게서 가르침을 받았다 하며 율부소품7, 남전장경 등에서는 함께 출가한 것으로 기록되어 있다. '데바닷다'에 관해서는 여러 가지 불확실한 문제점이 있으나 여기서는 흔히 우리 나라에 전해진 설을 채택하여 기술하였다.

35) 관무량수경(觀無量壽經): '위제' 부인이 극락 세계로 선택함을 보시고 16관의 수행법을 설하시어 진리의 실상을 깨닫도록 한 경전이다. 정토삼부경(淨土三部經)의 하나로 아주 중요한 대승경전이다.

36) '데바닷다'가 주장하는 5개항은 파리어 율부 소품에 의한 것인데 경전에 따라서 약간의 차이가 보이나 현장스님의 글에는 벵골 지방에 있는 한 교단은 「유락(우유 제품)을 먹지 않고 데바닷다의 유훈을 받들고 있다」고 되어 있기도 하다. 당시 부처님의 생활과 정하신 계율에 대하여 비판하고 극심한 고행주의를 위주로 해야 한다는 주장이 있었던 것으로 보인다. 숲 속에서의 생활만이 아니라 재가하는 신도들과 접촉이 많이지고 정사(精舍)에서 기거하게 되었으며 신도들에게서 의복의 보시도 받고 나아가 음식의 경우에도 환자나 노약자 등 특별한 경우에 육식이 허용되었던 일이며 공양에 초청을 받으면 이에 응했던 일들을 비법(非法)이라고 비판하고 나선 것이 아닌가 한다. 또 부처님께서 열반하신 뒤에 승단의 생활 방법과 계율의 문제로 교단의 분열을 가져오는 근본이 된 역사로 함께 연구해야 할 일이라 생각한다.

37) 칠불퇴법(七不退法)은 한역경전 유행경(遊行經)의 내용이다. 파알리어경전에 의하면 조항의 약간의 차이가 있다.

① 비구들이 자주 성의껏 회합하고 많은 사람이 출석한다. ② 일치 화합하여 모이고, 일치 화합하여 결정하며, 일치 화합하여 실행한다. ③ 새로운 규정을 마련하지 않고 이미 규정된 것을 깨뜨리지 않으며 정해진 대로 계율을 지킨다. ④ 장로, 선배, 경험자, 승단의 아버지, 승단의 지도자들을 존경하고 받들며 그들의 말을 잘 듣는다. ⑤ 윤회의 원인이 되는 욕망을 일으키거나 그것에 굴복하는 일이 없도록 한다. ⑥ 인가에서 떨어진 곳에 살기를 좋아한다. ⑦ 자기 마음 속에 뜻을 세우고 훌륭한 수행자 동료들이 일부러 찾아오게 하며, 또한 이미 찾아온 사람들은 기꺼이 거기에 머무르도록 한다는 내용이다.

승단이 번영하고 멸하지 않을 법으로 특히 중요시하며 불교의 여러 부파에서 기록으로 남겨 놓은 것이라 할 것이다. 유행경에도 다른 7법·6법이 계속 첩첩히 설해지고 있다.

38) 승만경(勝鬘經)·승반사자후일승대방편방광경(勝鬘獅子吼一乘大方便廣經)의 약칭-대보적경 119

39) 이 법문은 삼학(三學)이라 하여 가장 기본적인 실천 형태인데 뒤에 6바라밀로 되는 중요한 법문이다. 열반경(涅槃經)에서는 이후 계속 되풀이하여 설하신다.

40) 여기에서는 발췌하여 실었으나 '파탈리'성의 건설을 보시고 모든 천신들이 자리를 잡는 모습이며, 사람들이 살 모습을 예견하시고 또 신통을 보여주시는 모습들이 기록되어 있다.

41) 쌍림열반상은 부처님께서 80년 동안의 생애를 마치시고 중천축의 쿠시나가라성 밖 발제하 언덕에 있는 한 쌍의 사라나무 사이에서 입멸하시는 모습을 말한다.

42) 입멸·반열반: 범어로 Nirvāna를 니르바나, 니원, 열반이라 음역하고 Parinirvana를 반열반이라 한다. 번역하면 입멸(入滅), 멸도(滅度), 원적(圓寂) 등인데 두 말을 같이 사용하기도 한다. 모든 번뇌의 속박에서 해탈하고 생사를 초월하여 불생불멸의 법신의 진제(眞際)에 돌아가는 것을 말한다. 좀더 자세한 것은 제3편 5장에서 다시 설명된다.

43) 팔종진동은 첫째, 자연 현상으로서 생긴 지진이요, 둘째, 다음은 부처님의 생애에서 중대한 시기가 있을 때마다 지진이 일어난다고 말한다. 셋째, 처음 보살이 도솔천으로 내려와 어머니의 태에 들어갈 때, 넷째, 모태에서 태어날 때, 다섯째, 성도하여 부처님이 될 때, 여섯째, 처음으로 법륜을 굴려 설법할 때, 일곱째, 교화가 끝나려 할 때 목숨 버릴 때, 여덟째, 마지막으로 반열반할 때라는 것이다.

44) 四大教法: ① 이것은 부처님 자신에게서 친히 들었다. ② 이것은 규정에 맞는 교단에서 들었다. ③ 이것은 많은 장로들로부터 들었다. ④ 이것은 한 사람의 유능한 장로로부터 들었다 하는 네 가지 경우에 그 자리에서 바로 찬성하거나 반대하지 않고 낱낱이 모든 경전에서 허실(虛實)을 참고하고 계율에 의하고 법에 의하여 그 본말(本末)을 연구한 다음에 '하지 말라' '받아 지녀라' 해야 한다는 가르침이다.

45) 「전단나무버섯」에 대하여 세상에는 여러 가지 설이 있다. '춘다'의 공양을 받고 병환이 나셨다 하여 이 버섯이 독버섯이었다고 하는 설이다. 또 파알리어 '열반경'에도 비슷한데 「춘다야 남은 '수카라 맛다바'는 땅을 파서 묻어버리는 것이 좋겠다. 온갖 하늘이나 생물 중에서 이것을 먹고 바로 소화시킬 수 있는 자는 부처 이외에는 아무도 없다」 「병을 안고」 「설사를 하면서」 등의 말이 있고, 「또 춘다가 공양을 바치고 후회할른지 모른다」는 기록들이 비슷하다. 따라서 어떤 특수한 음식을 드셨기 때문에 병에 걸리고 설사를 하셨다 하는 것이다. 여기서 '수카라맛다바'란 멧돼지란 뜻이다. 멧돼지의 날고기였다고 하고 또 다른 해석은 멧돼지가 즐기는 버섯이란 뜻으로 보고 또 한편에서는 일종의 약초를 말한다고 한다.

여러 가지 설이 있는 가운데 특별한 음식이었다는 것은 자연스러운 일이 종교적이고 신비적인 요소가 가미되었다고 보는 견해가 무난할 것이요, 지엽적인 음식물의 종류를 따지는 일은 별로 관심 두지 못할 일이다.

책을 펴내며

우리는 불교하면 우선 절(寺)을 생각하고, 부처님을 생각하고, 스님들을 연상합니다. 그리고는 절이란 어떤 곳인가? 언제 가는 것이 좋으며 또 가서는 어떻게 해야 하는가? 부처님은 어떤 분이며, 불교란 무엇인가? 여러 가지로 궁금해 합니다.

이렇게 일반인들 뿐만 아니라 절에 다니는 불교 신도들도 궁금해 하고 알고 싶어 하는 점들을 쉽게 알 수 있고 배울 수 있는 길은 없을까?

불교를 연구하고 포교를 한다고 하면서도 늘상 떠나지 않는 일이 나이 어린 학생들로부터 어른들까지, 일반인들로부터 불교 신도들까지 이해하기 쉽고 깨닫기 쉬운 불교의 기초적인 교재를 만드는 일이었습니다.

그래서 불교 학생회에서, 일반 신도 법회에서 포교하며 '성주법보'에 연재했던 원고를 모아서 단계적으로 불교를 알 수 있도록 엮고 그 기초가 될 부분을 「불교에 들어서는 길」이라 했습니다.

대개 불교하면 절을 생각하기에 '절을 찾아서'편을 넣어 절은 어떤 곳이며 무엇을 하고, 언제 가는 것이며, 또 절에 가려면 어떻게 해야 하고 절에 가서는 어떻게 하는 것인지? 절에 관한 궁금증부터 풀어보려 했습니다.

그리고는 부처님의 일생에 대하여 실었습니다. 불교는 부처님으로부터 비롯되고 부처님이 있으므로 존재하기 때문에 부처님의 일생을 알지 않고는 불교를 말할 수 없는 것입니다. 그러나 흔히 부처님의 생애를 잘 알지 못하는 것이 우리 불교 신도들의 현실정이기도 하여 꼭 알아야 할 과정으로 지면을 많이 할애했습니다.

다음 3편으로 부처님의 가르침입니다.

불교는 깨달음의 종교입니다. 인간과 우주 만유의 근본 진리를 하나도 모자람이 없이 완전히 깨달음입니다. 모든 존재의 근원적인 생명이며, 영원한 빛이요 본체(本體)의 실상(實相)이 부처입니다.

인간의 가능성을 몸소 체험하고 실증(實證)하여 영원한 생명, 부처를 이루신 석가모니 부처님의 '깨달음의 가르침'은 무엇인가? 가장 기본적이고 기초적인 가르침으로부터 차츰 심오한 진리에 들어갈 수 있도록 순서를 만들어 보았습니다. 그리고 흔히 대승(大乘)으로 일컬어지는 깊은 진리는 다음 책으로 미루었습니다. 그러나 대승의 진리도 근본 사상에 바탕을 둔 것이고, 근본 가르침을 알지 못하고서는 이해할 수 없는 것이기에 가벼이 넘길 수가 없는 것입니다.

다음에는 여러 가지 상식을 싣고 뒤에는 부처님 일생을 아는데 필요한 경전의 전거와 설명을 덧붙였습니다. 더불어 이 책에 인용된 말씀들은 되도록 전거를 밝히려 노력했습니다. 또 이 책에서는 근본 불교의 입장에서 초보적인 내용을 쉽게 하려고 했으나 오히려 난삽해진 점도 있고, 부처님 제자편과 실제 수행법, 생활 규범 등에 관하여 다 싣지 못한 아쉬움이 있습니다. 다음 책에서 더욱 보충하기로 하겠습니다.

이 책을 펴내며 너무나도 부족하고 미숙함을 다시금 실감했습니다. 부처님의 법은 가이없고 한량없으며, 깊고도 깊어 오묘한데 어떻게 필설로 다 표현할 수가 있겠는가? 부끄럽고 죄송스러움을 금치 못하면서도 부처님께서 펼치신 팔만사천 법의 문 가운데 한 문이라도 될 수 있다면 은혜에 보답하는 길이라 생각하고 용기를 내었습니다.

더욱이 송구스럽게도 구산선문(九山禪門)의 하나인 동리산(桐裏山) 태안사(泰安寺)에서 삼년결사 안거(安居) 중이신 청화(淸華) 큰스님께서 서문을 주심에 그 광영(光榮)으로 몸둘 바 모르며, 가르침 받들어 바른 지견(正見)으로 가는 길에 그르침이 없도록 정진면려할 것을 다짐하옵니다.

사해의 제현(諸賢)께서는 널리 살피시고 질책하시어 한 걸음 더 나갈 수 있게 되길 간절히 원하며 지심으로 귀명례 삼보하옵니다.

불기 2531년 정묘 3월 18일

정 창 영 삼가 씀